国名・地名から読み解く
アジアの思想と価値観

室谷　茂　著

清水書院

目次

はじめに　…1

第1章　東アジア文化地域　…3
1．現在の国名…3
2．王朝・王国名…6
3．市町村接尾辞・都市名・地域名…10
4．国名・地名からみた東アジアの特色…24
5．国名・地名からみた東アジア観…27

第2章　南アジア文化地域　…33
1．現在の国名…33
2．王朝・王国名…37
3．市町村接尾辞・都市名・地域名…41
4．国名・地名からみた南アジアの特色…50
5．国名・地名からみた南アジア観…53

第3章　西アジア・北アフリカ文化地域　…60
1．現在の国名…60
2．王朝・王国名…67
3．市町村接尾辞・都市名・地域名…71
4．国名・地名からみた西アジア・北アフリカの特色…80
5．国名・地名からみた西アジア・北アフリカ観…84

第4章　東南アジア文化地域　…90
1．現在の国名…90
2．王朝・王国名…94
3．市町村接尾辞・都市名・地域名…98
4．国名・地名からみた東南アジアの特色…106
5．国名・地名からみた東南アジア観…110

第5章　内陸（中央）アジア文化地域　…116
1．現在の国名…116
2．王朝・王国名…118
3．市町村接尾辞・都市名・地域名…123
4．国名・地名からみた内陸（中央）アジアの特色…130
5．国名・地名からみた内陸アジア観…133

第6章　国名・地名からみた文化地域（文化圏）の比較　…139
1．東アジアと南アジアの比較…139
2．東アジアと西アジア・北アフリカの比較…146
3．東アジアと東南アジアの比較…154
4．東アジアと内陸（中央）アジアの比較…161
5．南アジアと西アジア・北アフリカの比較…167
6．南アジアと東南アジアの比較…176
7．南アジアと内陸（中央）アジアの比較…183
8．西アジア・北アフリカと東南アジアの比較…188
9．西アジア・北アフリカと内陸（中央）アジアの比較…193

10．東南アジアと内陸(中央)アジアの比較…198

第7章　アジア全域　　…202
　1．一言で表す各文化地域（丸・楕円の部分）…203
　2．特色・価値観から分類するアジア（直線の部分）…209
　3．二つの価値観の境…216

おわりに　　…217

　注…219
　文献…225
　索引…229

はじめに

　現代世界は，国際交流やグローバル化が進展し，その結果国際的な思想や価値観は，自由・平等，人権主義，民主主義，合理主義，民族・部族主義，拝金主義，力の理論といった内容が主流になっているように思える。これは欧米の思想，特に第二次世界大戦後のアメリカの思想であり，その考え方は物質面を筆頭に精神面までも共通の価値観で評価しようとする傾向が強い。しかしこのような考え方や価値観を全世界の人々が等しく受け入れてはいない。受け止め方にも正と負の感覚があり，世界各地には反発も生じ，紛争も起こっている。その背景を考えると，各文化地域（圏）には，それぞれの生き方，尊厳，宗教観，様々な権利，伝統などあるが，これらが充分尊重されないところに原因の1つがあるように思われる。現代の欧米中心の価値観の良さは認めるが，完全なものではないし，またそれを御旗に各文化地域が古くから大切に育んできた伝統や価値観や権利など蔑ろにしても構わないということにはならない。各文化地域の生き方，尊厳，宗教観，様々な権利，伝統などは，風土に根ざし，何千年も引き継がれながら形成されたもので，それは文化地域のDNAのようなものと考える。これを尊重してこそ，相互理解や国際平和が進むものと思う。
　そこで，今後更なる国際化推進のためには，長年育んできた大まかな地域的特徴（DNA）をもう一度正しく捉える必要があると考え，北アフリカを含めたアジアの各文化地域（文化圏）を考察することにした。アジア[1]に北アフリカを含めたのは，文化的に分離できないからである。この対象地域には，世界の6割以上の人々が暮らし，長年育んできた伝統によって各文化地域は複雑化し，個性豊かで，その差異は激しいが，そのわりには欧米と比べて研究が進んでいないからである。この地域には世界四大文明の全てが含まれる。
　ここで，現代の文化地域を解り易く菓子パンに例えてみる。菓子パンは，表面を覆う小麦粉でできたパン生地の部分と中身のアンの部分からなる。表面の

パン生地の部分は，大航海時代以降の欧州の思想や価値観や文化，中でも特に20世紀以降のアメリカの思想や価値観や文化に相当する。そして中身のアンの部分は，各文化地域が長年育んできた独自の思想や価値観や文化（各文化地域のDNA）にあたる。その中身のアンが小豆アンか，イチゴジャムか，ピーナツクリームかといった違いは，そのまま文化地域の違いにあたる。一言に菓子パンと言っても中身の違いは大変重要であり，誰しも菓子パンを買い求めるとき，アンの違いを意識する。現代社会は諸々の出来事や人々をみるにあたって，パン生地にあたる部分，すなわち実際に目に映る価値基準だけを捉えて判断する場合が多いが，世界の文化地域や人々の心理を理解するには，長年育んできたアンにあたる部分を充分理解する必要があると考える。

　このような複雑多様なアジアの文化地域を考察するには，共通した物差しになる何らかの基準が必要となる。そこで，アジア全体を見渡した結果，共通する物差しとして国名と地名に着目した。その理由は，国名・地名はどの文化地域にも命名され，活用されている。しかも国名・地名は，その多くが現地の人々によって命名されたものであり，古くから親しまれて今に引き継がれている。また国名と地名さえあれば，各文化地域の研究の進捗度に関係なく，今に残されている資料の多少にも関係なく，同じ視点に立って各文化地域が分析できる利点があるからである。このような大局的な視点に限らず，もっと具体的に示せば，国名や地名の語源や由来を知る事によってそれぞれの特徴や個性がつかめる。国名や地名の形成年代やその後の改名等をみると歴史過程がわかる。現国名や王朝・王国名から文化地域内の動きや関係や変化が推測できる。国名や地名を特定のカテゴリーで括ると，文化地域独特の個性が浮かびあがってくる。市町村名の接頭・接尾辞をみると，文化地域の全体像や性格だけでなく，他文化地域への影響力までみえてくる。これ以外にも，国名や地名の分析の仕方次第で様々な内容を察知することができる。このような方法は，各文化地域を対等な立場で考察する事ができるし，文化地域間の比較研究も可能となる。

　この著書は，今後国際化が更に発展しようと，決して消え去ることの無い文化地域のDNAの理解と，各文化地域の比較という観点から記すものである。

第1章　東アジア文化地域

1．現在の国名

A．方位を基本とする国名

a)．中国

「中国(チュンクォア)」という表現は,「周(チョウ)」王朝が周辺諸侯の封土と対比し"中央の領地(中原)"とか"中心の国"を示す優越思想から生まれた。「中国」を現代世界に当てはめて訳せば"世界の真ん中に位置する国"という意味になる。また現政権名に用いる「中華人民共和国(チュンホワレンミンクンハークォア)」の「中華(チュンホワ)」も,本来"天下の中心で文化が最も栄える"という意味の地域名・文化名・権威名であった。「中華」の領域について,『史記(シーチィ)』では四河川(黄河(ホワンホー),済水(チーショイ),淮水(ホワイショイ),長江(チャンチヤン))に囲まれた土地[2] と記し,その外側の諸国や諸族を「夷狄(イーディ)」と記している[3]。「中華」の権威をうまく活用して最初に統一王朝を築いたのは,皮肉にも夷狄の地出身の「秦」であった。「秦」の後,2千年以上も中華の思想や政略は各王朝に連綿と受け継がれてきた。18世紀以降欧米列強が侵攻し,伝統ある中国の政治も多大の影響を受けた。その影響により,最終的には皇帝国家から国民国家へ変り,国名も漢字1字表現の伝統から多字表現へと切り替えた。すなわち,20世紀初頭,清の支配領域を引き継ぎながら国民国家を建設するため,孫文は漢人(民族)だけでなく,満,蒙,ウイグル,チベットの五族を含めて中華民族と称し,毛沢東も清朝領内の人民は全て中華民族であると称して,「中華」の名を民族名に代用し,国名に活用したのである。そうすると,「中華人民共和国」や以前の「中華民国(チュンホワミンクォア)」は,住民を優先した国名ということになる。

なお「民国」「人民共和国」という表現は和製漢語の借用である。清朝後の中国政府は，和製漢語であることを承知の上で活用したのである。
　次に，国際呼称名である「China」という表現について述べると，名称の発祥はインドと考えられる。インドでは，中国をサンスクリット語で「シナスターナ chinasthana（sthana は"土地，国土"の意味）」と記していた。このうちの china が西方に伝わったのである。因みに，インドより梵語仏典を輸入した中国人自身が，chinasthana を「秦地(チンティ)」とか「秦(チン)」と漢訳しているので，china は"秦"を意味したことになる。さらにロシアでは中国を「キタイ Khitai」と呼ぶが，これは遊牧民の「契丹 kitang」族（中国北部～モンゴル地域に 10～12 世紀「遼(リャオ)」を建国して西方と中国商品を交易）の名に由来する。

b），朝鮮

　現在使用する「朝鮮」の国名は，「李朝朝鮮」の国号の復活といえる。また「李氏朝鮮」は古代の「箕子朝鮮(キシャチョウソン)」の国名の復活[4]である（伊東ほか，1986, p.468）。李朝は 1393 年に「明」に伺いを立て，「和寧(リョン)」（李氏の出身地の旧名）と「朝鮮(チョソン)」の 2 つの名称から「朝鮮」を選定してもらった（授与された）経緯がある。「朝鮮」とは"朝の鮮やかな＝（中華の）東方"を意味する。「朝鮮」の名が国名に活用されたのは今回が 4 度目である。なお正式名「「朝鮮民主主義人民共和国(チョソンミンジュジュウインミンコンファグク)」の「民主主義人民共和国(ミンジュジュウインミンコンファグク)」も和製漢語である。
　国際名の「コーリア Korea」は「高麗(コリョ)」という王国名に由来する。

c），日本

　「日本」という名は，中国を意識して方位をとり入れた国名である。『旧唐書』には，「日本国は倭国の別種である。その国が日（太陽）の近くに位置しているので，日本を名とした。或いは倭国は自らその名がうるわしくないのを嫌って日本に改称した‥」とある[5]。そして我が国の特徴は，政権変更があっても「日本」を用い続けたことである。
　「Japan」は，マルコポーロが『東方見聞録』で伝えた「ジパング」からでた名称で，起こりは「日本国」の元代の華南語発音「ジペンクォ」に由来するという説が有力である。ジャパンは元朝の時代に形成された名称といえる。

B. 部族名を基本にすえた国名

a). モンゴル

　正式名の「モンゴル・ウルス」とは，"モンゴル族の国"を意味する。モンゴルの語源は mong "勇猛な"に gor，gar "人"をあわせたもので"勇ましい人"を意味するという（椙村,1985,p.248）。国名に活用されたのはチンギス・ハーンの時代で，「イェケ・モンゴル・ウルス Yeke Mongol Ulus」"大モンゴル国"と名乗った時である。そのため中国で栄えたフビライの王朝は，「大元」とも，「大元ウルス」とも，「ダイオン・イェケ・モンゴル・ウルス Daion Yeke Mongol Ulus」"大元大蒙古国"とも呼ばれた。それゆえ，「モンゴル」政府は現在でも同じ ulus を用いる。Ulus の語源はモンゴル語で"人民，民衆"を意味するが，転じて"部族集団"とか"国家""領地"を指す。ただ，現在ではモンゴルの領土も縮小し，ハルハ族のモンゴル領だけが残った国土となった。中国では「ハルハ・モンゴル」を「漠北蒙古」と記した。またゴビ砂漠以南の内モンゴルは「漠南蒙古」，ジュンガル地方は「漠西蒙古」，チャイダム盆地周辺は「青海蒙古」と呼んだ。またバイカル湖周辺のロシア領は「ブリヤート・モンゴル」と呼ばれた。本来の「モンゴル」領域はかなり広範囲だった。

b). 韓国

　現国名の「大韓民国（テハンミングク）」の「韓」の意味は，古代の韓族の名に由来し，"治める長，上"を意味するという（椙村,1985,p.16）。以前の「朝鮮（李氏朝鮮）」は，日清戦争を機に，もはや「清」の属国にあらずという意思表示を込めて，1897 年に清の年号借用停止と，独自年号（光武）の使用と，「大韓帝国（テハンチェグク）」への国名の改名を断行した。「韓」の名の使用は，「三韓」（馬韓・辰韓・弁韓）時代が最初である。ただ韓の頭文字の（馬・辰・弁）は漢の支配地の楽浪郡からみた方角なので，方位を意識した国名ともとれる。「韓」の文字使用は，現在が 3 度目となる。語尾の「帝国（チェグク）」「民国（ミングク）」という表現も，和製漢語である。

　国際名「コーリア Korea」は「高麗（コリョ）」に由来するが，「高麗」はモンゴル帝国に服従したので，モンゴルを通じて西方に伝わった名である。

2. 王朝・王国名

　東アジアの王朝・王国は，国ごとに違いがみられるので，A 中国，B 朝鮮半島，C 日本，D 遊牧地域に分けて特徴をみる。ただし東アジア以外の文化地域では国家ごとの区分が不可能なので，王朝・王国名の由来から分類する。

A．中国の王朝・王国名

　中国の歴代の王朝や王国名（国号）の由来は，①出身地名の活用，②封土名の活用，③物産名の活用，④文字の意味の 4 種類[6]に分けられるという。歴史書では，王朝名の「商」シャン（前 16C-前 11C），「秦」チン（前 8 c-前 206），「漢」ハン（前 202-後 220），「魏」ウェイ（220-265），「晋」チン（256-316），「隋」スゥイ（581-618），「唐」タン（618-907），「宋」ソン（960-1279）は②の封土名である。また春秋戦国時代(前 770-前 221)の「燕」イェン「韓」ハン「梁」リャン「曹」ツァオ「衛」ウェイ「陳」チェン「蔡」ツァイ「鄭」チュン「薛」シュエ「涼」リィアン「楚」チュウ「越」ユェ「呉」ウーという地方王国名も②の封土名である。封土は，本来国王一族の出身地である事が多く，①の出身地名と表現しても良い場合が多い。ただ今ここで列挙した封土名（王朝・王国名）の語源は，殆どが不明である。封土名の活用として「漢」王朝を例に示すと，漢江上流の漢中郡の王に劉邦が封ぜられた。その劉邦が天下を取ったので，"漢中の王が中華全土に君臨する"という意味で王朝名も「漢」と名乗った。この他，王朝名で ④（文字の意味）に該当するものに「元」ユェン（1271-1368），「明」ミン（1368-1644），「清」チン（1616-1912)がある。「元」は，モンゴル語では「Yeke Mongol Ulus」と名乗ったが，中国名としては「大元」ターユエンを使った。「元」は，『易経』の中の「大いなるかな乾元，万物よって始まる」[7]から採った。「明」（1368-1644）の開祖の朱元璋は封土を持たず，当時の新興宗教（仏教一派）であった白蓮教（明教）の信者から身を立てて権力を握ったので「大明」ターミンを国名とした（呉晗,1991,p.139）[8]。「清」チン（1616-1912）は女真（Djurchin）族の王朝で，以前に「金」ジン（115-1234,中国

支配）を建てた経緯から「後金ホージン」(1616-1636)と命名した。しかし以前の「金」は漢民族から嫌われ，三民族（満蒙漢）の上に君臨するには改名する必要があった。そこで女真族の信仰する文殊菩薩を祭る清涼山[9]の「清」を採り，「大清国 Daicing gurun」に改めたという（和泉,1997,p.332）。なおグルン gurun は満州語で"国"を意味する。

次に，中国史上で統一王朝が出ずに分裂時代を3度経験した。1度目の春秋戦国時代（前770-前221）の地方国名（地方政権）をみると，②の封土名か①の出身地名を用いている。2度目の三国時代から隋統一までの魏晋南北朝時代（220-581）と3度目の五代十国時代（907-960）の場合は，殆どが以前の王朝名か有力国名にあやかって命名し，1度目との違いがみられる。国名の借用行為を「漢」[10]を例にみると，三国時代の「漢（蜀漢ショクハン）」(221-263)，五胡十六国の「漢（前趙チェンツァオ）」(304-329)，五代の「漢（南漢ナンハン）」(917-971)，同じ五代の「漢（後漢ホーハン）」(947-978)などがあるが，これらは劉邦の「漢」王朝の威光にあやかって借用したものである。中国史上「漢」という国名を使った王国は9カ国もみられた。そこでこれらの国名を区別するために，後の国名には地名詞（蜀漢）や方位詞（南漢）や時間詞（後漢）などを付けて違いを表している。

歴史的他称名も記しておく。ギリシア・ローマは古代の中国を，陸路経由名で「セリカ Serica」"絹の国"と呼んだ（下中,1984,五 p.269）。海路経由名は「シナイ Sinae」で，これはインドの「シナスターナ」から伝わった名称である。ビザンチンでは中国を「タウガス Taugas」，アラビアでは「タムガージュ Tamghaj」と呼んだが，この両名は"唐家子タンチェアツ＝唐の中国人"か"拓跋＝鮮卑族の一部族名"に由来した名称であろう。ペルシアでは「ナンギアス Nangias」と呼んだが，これは"南家子ナンチェアツ＝南宋の中国人"を指した名に由来するといわれる（下中,1984,六 p.213）。

B，朝鮮半島の王朝・王国名

歴代の王国の発祥は南北にみられる。北方には「朝鮮チョソン」（前190以前），「高句コグ

麗」(1c-668)，「高麗(コリョ)」(918-1392)が興った。「朝鮮」の名は最も古い王国名で，歴史上4度活用された（国名参照）。「高句麗」は"貊族の城塞"を意味する（金沢,1994再版,p.26)[11]。「高麗」の場合は，高句麗の後継者を自負して，高句麗の中の2字からとった名である。なお「渤海(バルヘ)」(698-926)も北方に興ったが，「渤海」は現在の中国領に存在したので，中国系王国とも，朝鮮系王国とも主張されている。「渤海」とは"発族の海"を意味する(和泉,1997,p.330)[12]。

南方には，「三韓(サムハン)」(3c頃)，「百済(ベクチェ)」(4c-660)，「伽倻(加羅)(カヤ カラ)」(4c-562)，「新羅(シルラ)」(4c-935)などが興った。この中で「三韓」すなわち「馬韓,辰韓,弁韓」の「韓」はモンゴルのハーン khan と同じで"上，首長"を意味し，韓の頭文字（馬は十二支の馬の方向＝南方，辰は辰の方向＝南東，弁は己と同じで己の方向＝南南東をさす）は漢の楽浪郡からみた"方角"を表すという(椙村,1985, p.16〜p.17)。「韓」は3度国名に活用されており，「朝鮮」と共に特別な名称といえる。また「百済」は"貊族の国"を意味する（金沢,1994再版, p.24)[13]。「伽倻，加羅」には"城塞"を表すという説（金沢,1994再版,p.26）と"新開地"を表すという説（善生,1994再版,p.250）がある。「新羅」も"新しい国"を表すという説と"金の村（国）"を表すという説がある（金沢,1994再版,p.9）。

C. 日本の王朝・王国名

中国の記録をみると，漢代から唐代までは「倭」という名称が使用されていた。語源は，『前漢書』の内容から判断して"柔順"を表すという説,『後漢書』から判断して"伊都（倭土）"の略称であろうという説，他にも説があって不確定である（椙村,1986,p.306）。この記録に対し，日本の立場から考察すると，当時の日本の分裂諸集団は正式名称を名乗っていたのか，統一意識を持っていたのかさえも不明である。日本が他国に対して統一国名という意識を持ったのは，中華王朝に「倭」の使用をやめて「日本」と呼ぶように要求した時であると考える。この歴史的行為から判断すると，「倭」は日本が使った統一名称とは考えにくい。ただ「倭」の漢字は「ヤマト」の当て字に用いられた事もあり，

地方豪族名であった可能性はある。結論として，統一名としての「倭」とは，中華王朝に貢物を届けて認証を求めた日本の地方豪族名を，当時の中国の王朝が意図に統一名として用いた中国の蔑称である可能性が高いと考える。

「琉球」も中国の『皇明世法録』によれば，"海に浮く龍の如き島嶼群の地勢"という意味[14]で，種子島から台湾までの漠然とした列島の総称として用いたものであるという。

D. 遊牧地域の王朝・王国名

遊牧地域には，「匈奴」(前4c-2c)，「柔然」(5c-6c)，「突厥」(6c-8c)，「契丹」(10c-12c)，「高車」(5c-6c)，「西夏」(1038-1227)，「吐蕃」(7c-9c)，「魏(北魏)(386-534)，「遼」(916-1125)，「金」，「元」，「清」などが興った。

「匈奴 hun, hunni」とは匈奴語で"人間"を意味した（現代漢語ではシュンヌと発音）。さらに「柔然 zou-zan」は"礼儀，賢明"を意味し，「契丹 kitang」は"刀剣，切断する"を意味した。「高車」は"高い車輪"の意味で，高車輪を駆使したことから名付けた中国式の呼称である。「西夏(シィアチョウ)」は宋代の中国の地域名「夏州(シィアチョウ)」からとった名である（以上白鳥の説）。「吐蕃(トゥボ)」はチベット名の漢音表記で，チベットの語源は突厥系言語で"高い所"を意味する（椙村,1985,p.27）。つまり，「匈奴」「柔然」「契丹」「突厥」は，現地の名を漢音表記したもので，「吐蕃」は遊牧系他称名を漢音表記したものといえる。ところが「魏(北魏)(ウェイ)」「遼(リャオ)」「金(ジン)」「元(ユゴン)」「清(チン)」は，完全に中国式の表現といえる。具体的には，鮮卑族は中国王朝名を借用して「魏(北魏)」と名乗り，契丹族は鑌鉄が採れたので中国式に「遼」と名乗った（呉晗,1991,p.141)[15]。ちなみに，契丹族は中国商品を西方に伝えたので，「キタイ」の名が中国名として使われた。女真(満州)族は，阿什川に砂金が採れたので，「金」を国名とした（下中,1984,三 p.1)[16]。「遼」と「金」は中国式の国名分類方法に当てはめると ③の鉱産物名にあたる。王朝の「大清(清)」と「大元(元)」の意味や由来については，中国の項で述べたので省略する（詳しくは内陸アジア p 118～120 を参照）。

3．市町村接尾辞・都市名・地域名

　市町村名，地域名は無数にある。これらを全て調べることは不可能である。しかし地名からみえてくる特色を大まかに捉える方法がある。それは接頭・接尾辞の分析であり，地名の語源・由来等をみて，それらを特定のカテゴリーに括って分析する方法である。東アジアは国ごとに特徴があるので，国別にみる。

A．中国

a)．地名接尾辞

　中国で活用されている多様な接尾辞[17]を分類すると，自然発生の集落には「村（ツェン）」「家（チェア）」「荘（チョワン）」「子（ツ）」「房（ファン）」「集（チィ）」「場（チャン）」「墟（トゥ）」などが用いられた。行政所在地の名称には「州（チョウ）」「県（シュン）」「府（フウ）」「鎮（チェン）」「郷（シアン）」「旗（チー）」などが用いられた。軍事・防御の性格の集落から発生した名称には「屯（トュン）」「営（イン）」「城（チョン）」「堡（ハオ）」「関（コワン）」「寨（サイ）」などが用いられた。交易場所に発生した集落には「站（チャン）」「津（チン）」「浦（ブウ）」「橋（チャオ）」「口（コウ）」などが用いられた。商業・市場的集落から興った地名には「市（シー）」「店（ディェン）」「舗（ゾウ）」などが用いられた。現在では，「市」は都市接尾辞に活用されている。ただ漢民族領内では，行政所在地の接尾辞は全国的使用だが，他の接尾辞に関しては地域性がみられるものがある。例えば，「屯」なら東北に，「荘」「鎮」なら華北に，「店」「集」なら華北〜華中に，「舗」なら華中の長江中流に，「場」なら四川省に，「墟」なら華南に集中して活用されている。

b)．行政区画（行政所在地）を表す接尾辞

　中国の地方名や都市名をみると，行政区画名に関連した地名が多い。また『現代中国地名辞典』の「序」には「中国の地名は行政区画と切り離しては考えられず，行政区画は政治と密着している」と記している。実際，「市」を基本として，「省（シェン）」「州（チョウ）」「県（シェン）」「府（フウ）」「鎮（チェン）」「郷（シアン）」「旗（チー）」「自治区（ツチイ）」「区（チイ）」の字の付く地名が今も各地にみられる。「省（シェン）」は元代から，「州（チョウ）」は伝説の王朝時代か

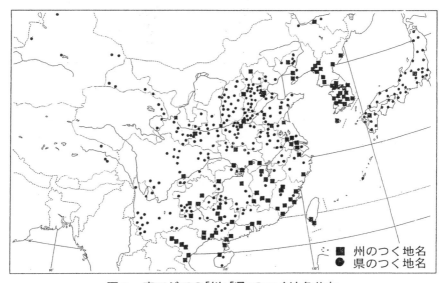

図1　東アジアの「州」「県」のつく地名分布
「中国大地図」「中国歴史地図集」「韓国基本地図」「The Times Atlas of The World」等を参考に著者作成

ら、「県(シェン)」は秦代から、「鎮(チェン)」は宋代から、「旗(チー)」は清代から、「郷(シィアン)」は周代から、「自治区(ツチチイ)」は現代から用いられた。また古い時代は「道」「路(ルウ)」「庁(ティン)」「郡(チュン)」「軍(チン)」「盟(モン)」の行政区画名も用いられた。接尾辞という視点からみて、秦の「郡県制」は中央集権政治の始まりとして重要であり、地名命名という点からみても中国全土を強く意識して命名する思想が固まった時期といえる。

c)．軍事関連（特に防衛のため）の接尾辞

図2のように、遊牧民との抗争地（万里の長城付近）の中国領内には「堡(バオ)」"砦"、「城(チョン)」"城壁"、「関(クワン)」"関所"、「口(コウ)」"出入場所"の接尾辞の付く地名が特に多く残っている。それが万里の長城の内側にあるという事は、防御のための集落接尾辞である。また"辺境の境、出入り口"を指す「門(メン)」の接尾辞は交易の最前線か城壁のある集落に多く用いられた。「門」は漢民族と異民族の接点だった場所にも多くみられる。これらの接尾辞の分布からみて、防衛線は華北平原と関中盆地（渭水(ウェイショイ)盆地）に到るルートが特に重視だったことがわかる。万里の長城から判断して、明代まではこのあたりが漢民族の北限であった。

図2　農耕地域と遊牧地域の境にみられる防衛的接尾辞の分布

「中国大地図」「中国歴史地図集」「韓国基本地図」「The Times Atlas of The World」を参考に著者作成

d)．政治的意図の地名

　図3や図4のように，中国の都市名には好字や嘉字が用いられ，政治的願望を込めて命名された地名[18]が多い．その幾つかを挙げてみる．「北京」"北の都"や「南京」"南の都"．「重慶」"喜ばしいことが重なる"．「安寧」"平和で安全"．「寧化」"平和に変える"．「和平」"平和"．「互助」"助け合い"．「興隆」"勢いが増し栄える"．「建徳」"徳（良い事）を起こす"．「泰順」"従順で安らか"．「大慶」"大いなる喜び"．「懐化」"慕うように変えていく"．「敦化」"手厚く教化"．「開化」"文化が開けていく"．「彰化」"明らかにしていく"．「鎮遠」"遠い地が鎮まる"．「鎮西」"西域の安定"．「鎮江」"大河流域の安定"．「永康」"長く安らか"．「遂昌」"栄えさせる"．「南昌」"南域が栄える"．「崇慶」"たっとび喜ぶ"．「永寿」"長くめでたい"．「長安」"長く続く平和"．「長興」"長く発展し栄える"．「広州」"広布恩信の地"．このような政治支配願望を込めて命名した地名が数え切れないほどある．

　列挙した地名から特色を分析すると，「化」の付く地名は，支配領地が中国王朝に従い，また中国化に馴染むように願って用いられたもので[19]，上記の「寧化」「懐化」「敦化」「開化」「彰化」が該当する．「鎮」の場合は，鎮圧やその後の服従を願って命名し，「鎮遠」「鎮江」「鎮西」が該当する．「永」「長」「広」の付く地名の場合は，時間的・空間的な願望を込めて命名した地名で，「永康」「永寿」，「長安」「長興」，「広州」が該当する．また「安」や「寧」の文字は国家や地域の平和や安定を願って用いた地名である．

図3　中国の政治的意図によって命名された主な地名例
「中国大地図」「中国歴史地図集」「中国歴史・文化地理図冊」「中国地名大辞典」を参考に著者作成

図4　東アジアにおける「安」のつく地名分布と異民族地名分布
「中国大地図」「中国歴史地図集」「韓国基本地図」「The Times Atlas of The World」を参考に著者作成

このような政治的意図による好字や嘉字地名の代表として，図4に「安」の付く地名を挙げた。「安」は，地域や都市の平和や安全を願い，また支配下の地域が従順になるように願って与えたものである。歴史地図（譚，1991）をみると，戦国時代あたりから「安」「安邑（アンイ）」「安陽（アンヤン）」「安陵（アンリン）」などの地名がでてくる。地名から判断して，古くは中央の重要都市，後には治安が不安定になりやすい遠隔地の地名，さらに行政区分名にも活用されたことが読み取れる。そして支配地の拡大や歴史の経過と共に「安」の字の使用範囲も拡大していった。現在では，中国だけでなく朝鮮半島や越南（ヴェトナム）にも多く用いられている。

e）．政権交代による改名

　中国では，政権交代の度に，都と主な各地方の中心都市（城市），さらに政治区分地名に至るまで頻繁に改名された。これが中国の地名の大きな特徴である。表1から大都市を判読すると，「北京」の場合，「薊（スウ），上谷（サンゴー），析津（ザーチエン），燕京（イェンジン），南京（ナンジン），中都（チョンドゥ），大都（タードゥ），京都（ジンドゥ），北平（ベイピン）」などと改められている。つまり「北京（ベイジン）」「南京（ナンジン）」「開封（カイフォン）」「西安（シーアン）」など都の置かれた都市ほど頻繁に改名され，大都市でも「蘇州（スーチョウ）」「武漢（ウーハン）」「揚州（ヤンチョウ）」など都に匹敵するような重要都市ほど幾度も改名されている。また分裂時代より統一王朝時代の方が改名した地名は多い。特に秦，漢，晋，隋，唐，宋の時代は，地方城市まで大規模に改名を行い，また元や清の時代は，遊牧地域も中華帝国の支配下に置いたので，遊牧地域まで含めた命名や改名が行われている。ただ改名されても以前の名称は消え去るわけではなく，後の時代に復活するか，歴史的名称として受け継がれている。

表1　中国における政治的意図による主要都市名の改名

～前256	前221～前206	前202～220	220～280	265～420	439～589	589～618	618～907	907～960	960～1279	1271～1368	1368～1644	1636～1912	1912～	時代区分 現在	王朝	語源
周	秦	漢	三国	晋	南北朝	隋	唐	五代	宋	元	明	清	現代	現在		
薊	薊 上谷	薊	薊 幽州	薊 幽州	薊	薊 幽州 涿郡	幽州 范陽	析津 幽州	燕京 南京 中都	大都	北京 京師	北京 京都	北平 北京	ベイジン（北京）ペイチン		"北の都"
金陵	秣陵	秣陵	建鄴 揚州	建康	建康 建陵 丹陽	江寧 建康	金陵 建康	金陵 江寧	建康	集慶 建康	応天 南京	江寧 南京 天京	南京	ナンジン（南京）ナンチン		"南の都"

市町村接尾辞・都市名・地域名

周	秦	漢	三国	晋	南北朝	隋	唐	五代	宋	元	明	清	現代	現在	王朝 / 語源
豊京鎬京	咸陽	長安	長安	長安	長安	大興	長安	長安	京兆	奉元	西安	西安	西京	シーアン(西安)	"西の安寧"
洛邑	三川	洛陽	洛陽	洛陽	洛陽	洛陽	洛陽	洛陽	洛陽	河南	河南	河南洛陽	洛陽	ルオヤン(洛陽)	"洛水の北側"
大梁浚儀	大梁	浚儀	浚儀梁	浚儀梁	浚儀梁陳留	浚儀梁留	浚儀陳留梁州	開封	大梁汴州	東京開封南京汴京	南京汴京	北京開封	開封	開封	カイフォン(開封)	"国境を広げる"開拓封疆
広陵	広陵	広陵	広陵歴陽	広陵	広陵	江都	揚州平城	揚州	揚州	揚州	揚州	揚州	揚州江都	ヤンチョウ(揚州)	"陽気な江南人の地方"
	銭塘	銭塘	銭塘	銭塘	銭塘	杭州	杭州銭塘	杭州	臨安	杭州	杭州	杭州	杭州杭県	ハンチョウ(杭州)	「杭」は"渡る"銭塘江の渡航口
	平城	平城	平城	平城	平城	平城	雲州	大同	西京	大同	大同	大同	大同	タートン(大同)	"平らで広々とした地"
									海津直沽	直沽	天津	天津	天津	テンチン(天津)	"天子(永楽帝)の地の渡し場(港)"
呉姑蘇	呉県会稽姑蘇	会稽呉県	呉郡	呉郡	呉州	呉州	呉州蘇州	呉州平江	呉州平江	呉州蘇州	呉州蘇州	呉州蘇州	蘇州呉	スーチョウ(蘇州)	"姑蘇山の地方"
鄞	鄞県	鄞県	鄞県	鄞県	句章	鄞県	鄞県明州	慶元明州	慶元	明州寧波	寧波	寧波	ニンポー(寧波)	"波は穏やか"
会稽	山陰	山陰	会稽	会稽	会稽	越	越	紹興越	紹興	紹興	紹興	紹興	シャオシン(紹興)	"紹興元年(1131)"
	成都益蜀	成都益蜀	成都益蜀	成都	成都	成都蜀郡	成都	成都	成都	成都	成都	成都	成都	チョントー(成都)	"川の合流するところ"
						上海(浦)	上海	上海	上海	上海	上海	上海	上海	シャンハイ(上海)	"海へ","海外へ出かける(浦)"
	巴郡江州	江	江	江	塾江	巴郡	巴県渝州	巴県重慶	巴県重慶	巴県重慶	巴県重慶	巴県重慶	重慶巴県	チョンチン(重慶)	"喜ばしい事が重なる"双重慶賀
大夏	晋陽	陽曲太原晋陽	太原	太原	太原	汾陽太原	井州太原	晋陽	井州太原	太原	太原	太原陽曲	タイユワン(太原)	"大きく高い平原"
									盛京	瀋陽	瀋陽	瀋陽	シェンヤン(瀋陽)	"瀋水の北側"
											長春	長春	チャンチュン(長春)	"キンセンカ"の花
		沙羡	沙羡夏口江夏	汝南沙羡鄂州	汝南夏江	汝南江夏	汝南鄂州	武昌漢陽鄂州	武昌漢陽	武昌漢陽漢口	武昌漢陽漢口	武昌漢陽漢口	武漢	ウーハン(武漢)	"武昌、漢口、漢陽"の頭文字
	長沙臨湘	長沙臨湘	長沙臨湘	長沙	湘	長沙	潭	潭	潭長沙	天臨	長沙	長沙	長沙	チャンシャー(長沙)	"長い砂丘"
		南昌豫章	豫章	豫章	豫章	豫章	洪	洪	洪	竜興	南昌	南昌	南昌	ナンチャン(南昌)	"南の辺境地を栄えさせる"
番禺	番禺南海	番禺南海	番禺広州	番禺	番禺南海	番禺広州	番禺広州	番禺広州南海	番禺広州	番禺広州	番禺広州	番禺広州	広州広東	コワンチョウ(広州)	「広布恩信」より「広」は"恩と信を広く行き渡らせる"

注・下線のある地名は王朝の首都
中国歴史地図集第Ⅰ～第Ⅷ冊、中国地名辞典、中国古今地名大辞典、中国地名大辞典、東洋史辞典、世界歴史事典、アジア歴史事典、大漢和辞典、漢語林、中日大辞典などを参考に著者作成

表2 中国の行政区分とその名称の由来

	名称	由来, 意味
1	ヘイロンシャン（黒竜江）	黒竜江の名より。黒竜江は満州語のサハリンウラ"黒い江"を中国語化。
2	リヤオニン（遼寧）	遼河地域の安定。遼は"遠くにある, 遥かに遠い"の意味。
3	ホーペイ（河北）	黄河の北側。黄河とは"黄色く濁った川"
4	シャンシー（山西）	太行山脈の西側。山脈名は太行（"大きな一列になった"）山の名より。
5	シャントン（山東）	太行山脈の東側。
6	ホーナン（河南）	黄河の南側。
7	フーペイ（湖北）	洞庭湖の北。洞庭湖は湖中にある君山の古名である洞庭山の名から。
8	フーナン（湖南）	洞庭湖の南。山名の洞庭は「洞府の庭」"仙人の住まい"から。
9	チョーチヤン（浙江）	銭塘江の旧名浙（塘）江より。浙江とは"曲がりくねった川"
10	チンハイ（青海）	青海湖より。水の色から。海は中国語で"塩湖"を指す。
11	スーチョワン（四川）	長江支流の四つの川（金沙江, 岷江, 沱江, 嘉陵江）域より。
12	ユンナン（雲南）	"雲嶺より南"。雲嶺とは"彩雲がみられる山"
13	コワントン（広東）	"広州地方の東都地域"。「広南東路」の略で「広東」。
14	ハイナン（海南）	海南島より。"海に面した地方"の意味。「海北海南道」の海南が残った。
15	シェンシー（陝西）	"陝（サンメンシャ）県西部"。三門峡は"三門（人門, 神門, 鬼門）の峡谷"
16	チアンシー（江西）	江南西道の地方より。"長江の南の西方地域"の意味。
17	チーリン（吉林）	吉林市名より。吉林とは"沿う, ほとり"の意味。
18	コイチョウ（貴州）	貴山のある地方。古代の「鬼方の国」で「鬼」を同音の「貴」に変えた。
19	アンホイ（安徽）	安慶市と徽州市の頭文字より。「安徽」は「平安吉慶」より。
20	フーチエン（福建）	福州市と建甌市の頭文字より。「福州」は福山の名より。
21	チアンスー（江蘇）	江寧市と蘇州市の頭文字より。「江寧」は現在の「南京」,「蘇州」は姑蘇山
22	カンスー（甘粛）	甘州市と粛州市の頭文字より。「甘州」は甘泉山（甘くうまい水）から
23	コワンシーチョワン（広西壮）族	"広州地方都地域とチョワン（壮使）族の地"。「広南西路」。
24	ネイモンゴル（内蒙古）	ゴビより中国側のモンゴル人の地。清朝時代の区分名。
25	シンチャンウイグル（新疆維吾爾）	新疆は"新しく開発された"。ウイグルは"Hun（人）とgur（外国人）の合成
26	ニンシャホイ族（寧夏回）	寧夏は"西夏の地の安寧", 回（ホイ）族は"イスラム教を信じる部族"
27	チベット	"ボト（チベット）族の地"

中国歴史地図集第Ⅰ～第Ⅷ冊, 中国地名事典, 中国古今地名大辞典, 東洋史辞典, アジア歴史事典, 大漢和辞典, 漢語林, 中日大辞典などを参考に著者作成

f), 方位を表す地名

中国では,「東, 西, 中, 南, 北」などの方位も多く用いている。方位は単に位置を示すだけでなく, 陰陽五行説として括られる中国哲学の五方の考え方も含まれている。さらに物事を対比させる思想も生かされ,「陰と陽」,「東と西」,「北と南」,「華と夷」,「内と外」などとして活用された。方位では,「東北」「華北」「華南」のように中華全体を意識して用いられる場合,「河北」や「河南」のように河川（自然）を基本とする場合,「北京」「南京」「西京」「東京」のように都の位置から命名する場合など, 基準とするものは様々である。また中国の22省と5自治区の名称を表2からみると,「東, 西, 南, 北」の方位を入れた名称は13あり, ほぼ半分を占める。さらに「陰」「陽」を用いる地名では,「瀋陽」「洛陽」のように「陽」の活用が多く,「陽」は河川の北側で陽当たりが良い場所, 山脈や山岳の南の陽当たり良い場所に好んで用いられた。

g), 地名の字数

見方を変えて都市名・地方名・町村名をみると, 歴史地図から判読して, 地名は本来漢字1字で表した。しかし戦国時代あたりから2字化が進み, のち都

市名では2字化が基本となった。その後さらに2字漢字の地名に，新たに「子」や「城」などといった地名接尾辞を付け加える地名もでてきて，小都市や大村などでは3字地名もかなり多くなった。逆に1字の地名は現在では殆ど用いられなくなった。ちなみに，現在，漢字1字の表現は，歴代の王朝・王国名と名字に引き継がれている。この事実から判断すると，国も人間も郷土を基本として成り立つ思想を持っていたことになる。また，本来異民族地であった所は，異民族の発音から漢字4字～6字を用いて表す地名が多く残り，明らかに違いがある。これは「呼和浩特（フフホト）」のように異民族の現地発音地名に，そのまま漢字を当てはめた場合が多いからである。もう1つは，河北省「孟村回族自治県（モンツワンホウエイツゥチシェン）」のように異民族名をそのまま地名として活用しているからである。

h)．その他の特色

中国を中心とする東アジアの地名には，小地名は別として，主要地名に限って言えば，個人の名をあてた地名が出てこない。これが特徴である。中国では秦の始皇帝（政）も，漢の劉邦も，唐の李淵も，元のフビライも，明の朱元璋も，清のヌルハチも，中華人民共和国の毛沢東も，権力掌握中に，死後に，名誉をたたえて命名した地名はない。儒家の孔子や道家の老子の名さえ地名化されていない。これは朝鮮半島でも，日本でもおおむね同様である。しかし東アジアでは，一族集団の名前なら残される場合がある。例えば中国で「家」の字の付く地名がこれにあたり，「張家口（チャンチャコウ）」は"張家"に，「石家荘（シーチャチョワン）」は"石家"に，「李家屯（リィチェアトゥン）」は"李家"に由来する。ただ今述べた一族名や現代中国の姓氏の名も，その語源を探れば彼らの出身地の地名からとったものが非常に多い。この背後には地域や一族を重視する思想がある。

これに対し南アジア以西の地名をみると，図9や図14のように古代から数多くの人名が地名化され，当時の権力者名や国家建設者名を権力掌握中か死後に地名に用いた。このような人名の活用は現在でもみられる。特に移民の国アメリカでは約2000市町村の4割程が人名（大石，1981，p.31）の地名化である。また社会主義国時代のソ連でも多くの人名を用いた。しかしソ連と同じ社会主義国家となった共産党主導の中国では，人名を地名に用いなかった。この現象

をみると，地名に関しては社会主義より中国の伝統を尊重したことになる。

　同様に宗教関連地名も，東アジアでは山岳などの特定の地形や寺院などの立地場所などに用いられても，大地名には殆ど用いない。しかし南アジア以西では，図8や図15のように重要地名に宗教地名が普通に用いられている。

B．朝鮮半島

a）．地名接尾辞

　朝鮮半島の主な地名接尾辞をみると，行政区画名には「面ミョン」「里リ」「洞トン」「市シ」「郡グン」「州チュ」「道ト」「府プ」などが用いられ，軍事関連名には「屯トン」「鎮チン」「堡ポ」「城ソン」「営ヨン」「伐ポル」などが用いられている。また，交易関連名には「浦ポ」「津チン」「橋キョ」「口ク」などが用いられ，施設関連名には「堂ダン」「亭チョン」などが用いられている。数からみて行政区画名の「面」「里」「洞」「市」「郡」「州」が特に多く使用されている。接尾辞は，中国の接尾辞と同じか同じ発想である。

b）．政治的意図の地名

　朝鮮半島では，「道ト」（日本の都道府県にあたる）や「市・郡シ・グン」（市・郡にあたる）などの大地名や主要地名にも，図4のように政治的意図を含む「安」や「寧」の字を用いた地名が非常に多い。「州」や「安」の活用度は本場の中国より高い。この他「東トン，西ソ，南ナム，北ブク」といった方位や，位置を示す「陽ヤン」の活用も多い。これらも明らかに中国の地名命名方法を取り入れた例である。さらに韓国・北朝鮮では，現代の「道」（行政区分）の名は，表3のように合成地名（例，江原カンウォンド道は江陵カンルンシ市と原州ウォンジュシ市の合成）を多用し，有力都市名を単独で用いる方法はとらない特徴があるが，これも中国と同じ命名手法である。

c）．地名の改名

　歴史的動きをみると，中村（1925,pp.85-86)によれば，高句麗の地名は新羅時代に，新羅の地名は高麗時代に，高麗の地名は李氏朝鮮時代に改名された場合が多いという。例えば，「ソウル」も「慰礼城ウィレソン，漢州ハンジュ，楊州ヤンジュ，南京ナムキョン，漢陽ハンヤン府プ，漢城ハニャンプ府，京城キョンソン」と変更された。改名行為も中国と同じ発想である。

表3　朝鮮半島の行政区分名

国名	行政区分名称	由来，意味
朝鮮民主主義人民共和国	ハムキョンブグド（咸鏡北道）	咸興、鏡城の両市の頭文字。咸興は合併により咸州と興南の頭文字。
	ハムキョンナムド（咸鏡南道）	鏡城は女真語モラング"鏡"の意味。"モラングの城塞"。
	リャンガンド（両江道）	鴨緑江（中国語"鴨の頭のような緑色の水"）と豆満江（満州語"一万"）。"2つの河川地域"。
	チャガンド（慈江道）	慈城、江界の両市の頭文字。慈城は"慈城江の川岸にある城塞"。
	ピョンアンブグド（平安北道）	平壌、安州の両市の頭文字。平壌は"大きな平野"。
	ピョンアンナムド（平安南道）	平壌、安州の両市の頭文字。安州は"安寧な行政区"。
	ファンヘブグド（黄海北道）	黄州、海州の両市の頭文字。
	ファンヘナムド（黄海南道）	黄州、海州の両市の頭文字。海州は"大海（黄海）に臨んでいる"。
	カンウォンド（江原道）	江陵、原州の両市の頭文字。
大韓民国	カンウォンド（江原道）	江陵、原州の両市の頭文字。
	キョンギド（京畿道）	赤県（京県）、畿県の両市の頭文字。"都の周辺地域"。
	チュンチョンブグド（忠清北道）	忠州、清州の両市の頭文字。
	チュンチョンナムド（忠清南道）	忠州、清州の両市の頭文字。
	キョンサンブグド（慶尚北道）	慶州、尚州の両市の頭文字。慶州は"慶事を行う州治＝めでたい行政区"。
	キョンサンナムド（慶尚南道）	慶州、尚州の両市の頭文字。
	チョルラブグド（全羅北道）	全州、羅州の両市の頭文字。全州は，新羅の支配が9州に及び，"完備＝全備したから"。
	チョルラナムド（全羅南道）	全州、羅州の両市の頭文字。
	チェジュド（済州道）	済州島より。済州とは"海のかなたにある州"。

東洋史辞典，アジア歴史事典，大漢和辞典，朝鮮を知る事典，外国地名語源詞典，世界大百科事典，世界歴史事典などを参考に著者作成

d），朝鮮半島独自の地名

　朝鮮半島独自の地名をみると，小地名に用いる「面(ミョン)や邑(ウブ)」（町村にあたる）・「里(リ)や洞(トン)」（大字(おおあざ)にあたる）の接尾辞の前に付く固有名詞は，殆どが漢字の字義からは理解できない現地語由来の名称（善生,1994再版,p.237）[20]である。

　つまり地名を数のうえからみると，朝鮮半島独自の地名が多いが，町村などの小地名に多く，都市や広域を指す大地名（重要地名）に関しては中国の命名方法を借用したものが多い。以上のことから，国家造りや統治に必要な主要地名に関しては中国の命名方式を積極的に取り入れたという結論になる。

C，日本

a），接尾辞と地名（中国の影響）

　日本では，律令時代以降の行政区画名に用いた「国，州，府，道，郡，市，郷，里」などは中国の行政区画名を取り入れた表現である。日本は8世紀初めから全国を「国，郡，里(郷)」に区分して行政組織を整えた。行政区画名の活用

だけでなく，行政区画名の前に付ける固有名詞にも改革が進められた。その地名は中国式命名手法を取り入れて，嘉字化，二字化，地名の統一化（以前は1地域に多様な地名表記がみられた）を推進したものであった。ただ基本となる固有名詞自体は，中国のような政治的意図の強い地名を用いたのではなく，自然発生の郷里地名を昇格させて活用した。このような地名の命名が行き届いたということは律令体制が行き届いたことを意味する。それはまた全国の人身を統制し，租税を納めさせることが可能になったことも意味する。すなわち初めて統一した国家組織や国家体制が完成したことを間接的に示している。それ以前は地方豪族による独自の領土支配であって，統一国家体制が確立されたとは言えなかった。日本最初の行政改革は，日本最初の大地名改革だったのである。

b），日本独自の地名

日本の地名を，表4の47都道府県名と表5の都道府県名と異なる名称をもつ17の県庁所在地名の特徴から分類してみる。64地名の中で半数以上が自然名称に関連する地名が占めている。例えば，山地関連では（岩手，静岡，松山），丘・岡では（岡山，和歌山），川の特色では（石川，香川，神奈川，札幌），川の中洲の特色では（高知，広島，徳島，仙台），平野関連では（奈良，名古屋，長野），平野の中の小高い丘では（福島），坂を表すものでは（大阪，佐賀），湿地関連では（秋田，熊本），海岸地形では（横浜，新潟），島関連では（鹿児島，島根），岬は（長崎），山への入り口では（山口），海への出口では（水戸），神社のある台地の端では（宮崎），水の湧き出る所では（愛知）がある。森では（青森，盛岡，高松），植物では（茨城，千葉，栃木）などがある。

また自然の特色以外の地名をみると，位置的表現では（埼玉，山形），軍事関連では（兵庫），交通では（大津，津），農耕地では（大分），特産物では（山梨），鉱産物関連では（金沢），漁場では（沖縄，那覇），地名の移転では（福岡），蝦夷地の改名では（北海道），施設設備に関する名では（福井），曲がりくねった道に基づいた名では（三重），伝説では（愛媛），古代語より出た名では（滋賀），古代の駅に関連する名では（前橋），古代朝廷の職官に関する名では（宮城），古代の職業に関する名では（鳥取），氏姓制度に関わる名では（群

表4　日本の都道府県名

地名	由来	意味
北海道	蝦夷地	大和朝廷が名付けた蔑称の蝦夷(かい)の字の読み換えにあてて北海道とした
青森	漁村名	"青々とした森"
秋田	城下町名	"低湿地"
山形	城下町名	"山の方に寄った地"
岩手	古代からの郡名	"岩のむき出しになった地"
宮城	古代からの郡名	陸奥の"遠の朝廷の城下"の地
福島	城下町名	福は接頭語で敬称、島は"盆地内の丘"
群馬	古代からの郡名	豪族の「車持君(くるまもちのきみ)」の名から
栃木	町村名	"トチの木"、ほかに社殿の"10本の千木"
茨城	古代からの郡名	"イバラの木"
埼玉	古代からの郡名	中山道経由からみて前多摩(さきたま"多摩郡の前方")、他にタマ"湿地"サキ"先端"
東京	東の都	"東の都"
神奈川	港町	河川名の「上無川」より
千葉	古代の郡名	葛の"葉が多く茂っていた"、または「ちはやふる」の枕詞
新潟	港町	"新しくできた潟の地"
富山	城下町名	"神宿める山"、または富山寺の寺号
石川	古代からの郡名	"石の多い川"
福井	城下町名	福は接頭語で敬称、城内にあった井戸
長野	町村名	"ひらたく延びた原野"
岐阜	町村名	中国地名の借用。岐蘇川の字と、周王朝の故事と合わせて命名
山梨	古代からの郡名	"山を開いた土地"、または"ナシの木の山"
静岡	城下町名	賤機(しずはた)山の当て字
愛知	古代からの郡名	"水の湧き出るところ"
三重	古代からの郡名	古事記では"足が3重に曲がるほど疲れた"、または"曲がりくねった道"
滋賀	古代からの郡名	"そこ"、"それ"を指す古代語のササナミノシガより、または砂州
京都	日本の中心、都	京は"みやこ"を、都も"みやこ"を意味
奈良	町村名	"平坦な土地"
大阪	政経拠点、城下町名	平坦地の中にある"坂の土地"
兵庫	港町	関を守る"兵器庫"の跡、または難波方面からみて"向うにある"
和歌山	城下町名	岡山→若山→和歌山で、城のある丘の名
岡山	城下町名	丘のような山
広島	城下町名	デルタの中の"大きく広い島"
山口	城下町名	"山への入り口"
鳥取	城下町名	鳥を捕る職名から(和名抄の鳥取郷より)
島根	古代からの郡名	"島"、"断崖"、"島嶺"などの説あり
徳島	城下町名	河口の三角州の"島"、徳は接頭語で敬称
香川	古代からの郡名	"草木の茂った所を流れる川"、"枯川"などの説あり
愛媛	伝説名	古事記伝説の愛比売(えひめ)より
高知	城下町名	"川の間の土地"
福岡	城下町名	備前福岡"丘"に因む、福は接頭語で敬称
佐賀	城下町名	"坂"、"河口の洲処(すか)"などの説
長崎	港町	"長い岬(崎)"
熊本	城下町名	"崖下の低湿地"
大分	古代からの郡名	多説あり、"大きい田"、"大きく分けた田"、"刻まれたような地形"、"大きな段"など
宮崎	古代からの郡名	"神社(宮)の崎(台地の端)"
鹿児島	城下町名	"カゴ(崖)の島"
沖縄	島名	"沖魚場(おきなば)"、または"沖ノ島"

参考文献は、表5と同じ文献を活用して作成しているので、表5を参照。著者作成

馬)、荘園関連の名では(神戸)がある。政治関連地名では(京都，東京，甲府)，信仰関連では(富山，宇都宮)がある。隣国の中国の故事や地名に由来する名では(岐阜，松江)がある。

表5　日本の都道府県名と異なる県庁所在地名

都市名	由来・意味
札幌	アイヌ語で"乾いた大きな川"の意味
盛岡	"森の丘"の意味,「盛」は好字化
仙台	"川に挟まれた地"の意味
水戸	"水門"とか"湖水や海水の出口"
宇都宮	二荒山(ふたらやま)神社を現宮(うつのみや)という。別説に「一の宮」の転化
前橋	厩橋(うまやばし)。古代の官道の"駅(うまや)のそばの橋"の転化
横浜	半島状に砂州が横に伸びた地形より。"横に延びた砂州"
金沢	金採掘の"金洗い沢"の意味。他説に兼六園内の金城霊沢(きんじょうれいたく)の短縮
甲府	"甲斐国の国府"の意味。甲斐は"山と山との間"の意味
名古屋	「なご」は"おだやかな"＝"凪"とか,"なごやか"＝"平坦地"の意味。「や」は"処,場所"
大津	「逢津(あふつ)」が「大津」へ転化。逢は「淡海(あはうみ)」の「あは」より。"近江の港"
津	"港"の意味。古くは"安濃津"といったが,後に「津」だけを残して用いる
神戸	生田神社に由来。"神社の封戸"の意味
松江	中国浙江省の松江府に似ている。鱸とジュンサイの産地の中国の松江に似ている
高松	"大きな松の林"を指す
松山	"松林の丘"の意味。平野の中の城山に松があったことから。
那覇	那覇はナバの変形で"漁場"の意味

表4と表5は,日本歴史地名体系1〜49,都道府県名と国名の起源,日本「歴史地名」総覧,日本地名ルーツ辞典,日本文化地理などを参考に著者作成

c). その他の特色

　日本史上,大掛かりな地名改革は2回あって,第1回目は律令時代,第2回目は明治の廃藩置県の時であった。大地名改革を行った明治の廃藩置県では,全国を府県名に編成し,府県の前に付ける固有名詞は,府県庁所在地とした城下町名,郡名,町名などをそのまま用いた。そのため日本の主要地名は,中国や朝鮮半島にみられるような「安,寧,鎮,化,永,長,広」などといった政治的・鎮圧的(軍事的)意図を含む文字を使用した地名は非常に少なく,また方位地名も少ない。すなわち中国の影響は,地方区画を表す「府」「県」「郡」と「村」「郷」などの接尾辞を除いて殆どみられない。府県名だけでなく,地方に任せた明治時代の郡区市町村再編の場合は,合成地名,新地名など,当地で合意可能な名称が多く用いられた。この中で合成地名は,中国,朝鮮半島にもみられるが,日本の場合は異なる村落同士の合併の合意手段から生じたもので,地域の代表都市名の1字を合わせるような中国や朝鮮の命名手法とは異なっている。日本の地名命名は,中国や朝鮮半島に無い独自の捉え方がある。

　日本の地名の特色は,漢字の殆どを表音文字として判読せねばならず,また語源をみれば,人々の生活,自然環境,方言と結び付いている点に特徴がある。

D．遊牧地域

a）．地名接尾辞

　東アジアに属する遊牧地域は，民族でいえばモンゴル系（山岳部はチベット系），ツングース系が中心であるが，東アジアからヨーロッパに至る遊牧圏としてみれば，東からツングース系，モンゴル系，トルコ系となる。

　この三民族系に共通する接尾辞をみると，まず「アイル ail」がある。アイルは"天幕"を語源とし，これから"村落，穹廬"を意味し，定住化によって"村"の意味も含む接尾辞となった。「オルド ordo」類も共通である。モンゴル語の「ordu」"宮殿，陣営"，ツングース系満州語の「ordo」"宮，亭"，トルコ系（ウイグル語の「ordu」"汗の軍営"，キルギス語の「orda」"宮殿，城郭"，オスマン語の「ordu」"軍営"，チャガタイ語とアゼルバイジャン語の「orda」"スルタンの牙城"など）は同語である。アルタイ山脈以東のモンゴル高原や東北地方（満州）には，「ホト khoto, hoto」，「ホタン khotan」，「ホトン khotun」の付く地名があり"垣，城壁，都城，町"を意味する（図 21）。中国化された満州，朝鮮半島では「屯」という接尾辞があるが，「khoto」類と「屯」は字義的には同根語である。満州では，khoto はそのまま「屯」の文字に書き換えられた地名が多くみられる。またアイヌ語の「コタン kotan」は"部落"を意味するが，これも同語である。モンゴル語の「バリク baligh」も khoto 類と同根語であるといわれる。Khoto 類は，遊牧地域に共通するが，東域に多く，モンゴル系とツングース系と東アジア農耕地域の東北部一帯にでてくる共通した接尾辞である（詳しい内容については，内陸アジア p 123〜129 を参照）。

b）．地名

　Ordo 類の付く地名では，黄河流域の「オルドス」"宮殿の人々"が代表にあげられる。khoto 類の付く地名では，モンゴルの首都の正式名「ウランバートルホト」"赤い英雄の都城"，内モンゴルの「フフホト」"青い都城"，古名では旧満州の「ムクデンホト」（"盛京"と意訳）が代表にあげられる。Baligh の付く地名では元代の北京名「カンバリク」"汗の都城"が代表にあげられる。

4. 国名・地名からみた東アジアの特色

A. 国名からみた特色

① 現国名をみると，東アジア5カ国の中で，中国，朝鮮，日本の3カ国が方位ないし方位に関連する国名を用いている。他にモンゴルと韓国の2カ国が部族関連名を用いている。この2種類の特色に分れる事からみて，現在の東アジア領域には2種類の文化の起源がある事を間接的に表している。

② 東アジアは農耕地域が中心で，農耕地域は漢字文化圏となっている。そこで，遊牧の文化を持つモンゴルを除いて漢字文化圏の越南(ヴェトナム)を含めてみれば，5カ国中4カ国（中国，朝鮮，日本，越南）が方位に関連する国名となる。国名の由来をみると，中国は"中心"，周辺諸国は中国からみた方位（日本は"東"を，朝鮮も"東"を，越南は"南"）を表している。

③ 中国をみると，古くからの伝統である漢字一字の国名表現は，国家名と政権名を兼ねる役割を果たしてきた。20世紀に入り，伝統であった漢字一字から漢字4字や7字表現に国名を変えた。これには，国内の多民族を中華民族（"中華国家の領域に住む民族"の意味）であると表現して抱き込んだ事，皇帝の専制政治から国民国家に変更した事，中華の伝統と名誉を残しつつ世界の中の一国として新たに歩み始めた事が背景にあった。

④ 遊牧地域には古来より遊牧民の王国が栄え，王国名には古代から現代に至るまで一貫して民族名が用いられた。これは民族が全ての基本であり続けた事を意味する。現在のモンゴル国も同様で，部族はハルハ系である。

⑤ 清朝滅亡後，東アジア各国は，国家表現に和製表現の「民国」「人民共和国」「民主主義人民共和国」「帝国」という表現手法を自らの意思で採用した。つまり20世紀の中華世界の国々は，為政者も国民も，日本から学ぶという意識が自然に芽生えた時代であった。

B. 王朝・王国名からみた特色

① 中国では，王朝名と春秋戦国時代の主要国名は，封土名か出身地名を用いている。この命名行為からみて，地域重視の思想や一族重視の思想は国家形成時代から既に存在していたことがわかる。

② 中国の王国名の中で，三国時代と魏晋南北朝の分裂時代は，国名の借用が多かった。これは，中華世界における伝統や権威に頼った事を意味する。中国は権威や伝統や名声を抜きにして語れない世界観を持っている。

③ 朝鮮半島も基本は出身地を尊び，それに伝統や名声を重視して国号を命名してきた。それと共に朝鮮，韓国，高麗などは先の王国名との関連で国号を考案した。この命名方法は中国と同じ発想で，中国の影響を強く感じる。また，朝鮮王朝は中華王朝に国号の授与を求めたので，中華王朝に従属しながら生きる道を模索してきた国であった事も間接的に示している。

④ 日本は，倭（委）からの改名後は，政権の変更があっても一度も国名を変更することなく，同一名を千年以上にわたって用い続けてきた。このような国は世界でも殆ど例がない。また国名も日本から要求した名称である。同じ中華世界の中にあって，国号の授与を求めた朝鮮とは逆の思想（独自性の強さ）が感じ取れる。

⑤ 遊牧地域では国名に部族・民族名を用いてきた。これは国家の基本を政治集団ではなく民族集団においてきた事を意味する。しかし中華世界に侵入すると，中華式表現の国名を用いた。このような行為からみて，中華世界に侵入すれば，全てを中華式に変えなければ支配できなかった事や，中華の高い文化に敬意を払っていた心理的背景も推測することができる。

C. 市町村接尾辞・都市名・地域名からみた特色

① 中国の地名命名手法は漢字文化圏全域に広がっている。これは中国中心の文化圏であることを意味する。中国，朝鮮，日本の間には，軍事支配や民

族移動も殆どみられなかった事から考えて，中国（中華）に対する敬意と共に中華世界の秩序意識が各国に存在していたことがわかる。

② 都市名・地方名・町村名には，「州」「県」など行政区画名の活用が多い。さらに政治的意図による地名の命名も多い。また政権が代われば主要都市名も地方区分名も頻繁に改名された。この事実は国家権力が強大であった証拠である。この他南北など方位の使用も多い。方位の活用は単なる位置を示すだけでなく，中国独自の風水地理説を重視する思想も含まれている。

③ 東アジアでは，どの国をみても，人名や宗教関連地名は，主要地名に限れば殆ど用いない。これから総合的に判断して，個人より地域集団，宗教より政治を優先する価値観の世界だったと推察する。

④ 中国では，地名は本来漢字1字で表し，その後2字中心に変わった。また時代と共に地域開発も進み，接尾辞も加わって3字表現もかなり使用されるようになった。地名の表記手法については変化がみられる。

⑤ 地名をみると，古くからの漢民族の居住地域は，異民族に支配されても異民族文字による表記は残っていない。つまり元や清が全土を支配してもモンゴル文字や満州文字が定着せず，逆に支配者の方が漢字に切換えてきた。漢字は言葉が通じなくても意味は理解できる。漢字使用は，異民族を含めた統一支配や共通文化形成に好条件であったと考える。

⑥ 遊牧系言語地名は，漢字で表記すると4字以上で表す場合が多く，漢語地名との違いがわかる。遊牧系語源地名と漢語語源地名が重なる地域は，東北地方，西域回廊，南部（内）モンゴル，チベット高原東部である。この領域は本来遊牧地域であったことを示している。農耕地域の拡大である。

⑦ 主要地名から中国，朝鮮・韓国，日本の関係を比較すると，中国と朝鮮・韓国との間には共通性が多いが，日本の場合は地名接尾辞を除いて中国との共通性が大変少ない。

⑧ 遊牧地域は農耕地域とは異なり，部族名がそのまま地名に用いられてきた。部族名であるが故に，政権交代によって伝統地名が消えるという特色もみられた。地名をみると，遊牧民と農耕民は価値観が異なることがわかる。

5. 国名・地名からみた東アジア観

　地理的見方や領域全体を扱う場合は「東アジア」の表現が，文化的・歴史的・宗教的見方や農耕地域のみを扱う場合は「中華世界」の表現が適当と考える。

A. 中華世界にみられた伝統的特色

　中華世界の国名は，方位（中国，朝鮮，日本，越南）を基本に作成し，方位は中国を中心に命名している。また歴史をみると，中華王朝は「朝鮮」「越南（ヴェトナム）」に国号を授与し，倭（日本）にも『漢委奴国王』『親魏倭王』等の称号を与えた。国号授与という行為や，称号に「漢」や「魏」の文字がある事から，歴代の中華王朝は，盟主としての自覚と同時に，朝貢国の領土も「中華王朝の版図（はんと）」と考える独特の世界観と政治思想を持っていた事がわかる。また周辺諸国をみると，中国の行政区画接尾辞や政治的意図の強い地名を見習い，律令なども取り入れながら国家制度を整え，さらに漢字の借用や中国仏教・儒教等も学んで自国文化の発展に活用してきた。つまり遊牧地域を除く中華世界（中国と周辺諸国）は，"教え，学ぶ"という平和交流が行なわれてきた世界であった。
　また中国では行政区画接尾辞を多用し，政治的意図の地名を多用し，政治的意図を含む漢字を多用し，政権交代の度に主要都市名の改名を多用してきた。そして政治権力は"天が与えたもの"と表明し，威厳を持ち，国内からも周辺諸国からも"崇拝"されることを望んできた。もう１つ，現代でも使用する「中華」の「華」の意味から推察できるように，"文化の高さ"とそれに付随する"尊厳・栄光・品格"といった尊敬の念の享受も重視してきた。国名・地名の分析から，この価値観（政治権威，文化の高さと尊厳）は数千年にわたって絶えず両輪になってきたと推察する。このような中華世界独特の国家間交流や特有の価値観は，他の文化圏にはみられない特色といえる。

B. 国名命名の変化が明かす中華世界の変化

　歴代の中華王朝名をみると，領域の範囲内だけで国号を考え，主に封土（出身地）名を用いて国号を表現してきた。これを現代国家論に置き換えてみれば，「中国」や「中華」（文化名，権威名も含む）という表現は国家名に相当し，「秦」や「漢」といった国号は政権名に相当する。ただ中国では，国号だけで政権名も国家名も兼ねてきたのである。ところが18世紀から欧米が侵攻し，20世紀には王朝の「清」が滅亡して伝統的皇帝政治は終り，国民国家に移行した。それに伴い，国内の多民族を「中華民族」という統一名にして抱き込み，同時に「中華」の名称も政権名に活用する方法を採った。このような異民族を抱き込んで同化する思想は，秦代から延々と存在したのである。もう1つ，国号表現を漢字1字の伝統から漢字4字や7字に変え，「民国」「人民共和国」という表現を用いたことである。周辺諸国も独立後に「民国」「民主主義人民共和国」などの表現を用いたが，実はこの表現手法は日本が作成した和製漢語なのである。和製漢語をアジア各国が用いたという事は，20世紀初頭，日本が東アジア（中華世界）の中心に成長した事を周囲諸国が半分（政治・軍事力と文化の高さ）認めた事になる。ただ後の半分（政治的崇拝や精神的尊厳）は未完のままであった。そうすると，この時点で伝統ある中国中心の政治システム（中華世界）は崩壊した事になる。これは歴史的大転換である。東アジアは国民国家形成という面と国家間の権威の面で史上最大の変革を体験したのである。

C. 地縁と一族・宗家を重視する中華世界の社会思想

　中国歴代の王朝名の多くが封土名を用いた。地方王国名も春秋戦国時代は封土名・出身地名を用いた。三国時代以降は名門王朝名などを借用した。朝鮮半島でも以前の王国名の活用が幾度もみられた。また諸外国の用いたタムカージュ（唐の中国人）やナンギアス（南宋の中国人）の意味も一族・宗家思想から起こった事を間接的に示している。さらに市町村名の中で「石家荘」など「家」

の付く地名は一族名を表している。地名以外でも中国人の姓氏の名称の起こりは郷土名に由来するという。逆に個人名は地名化しない特徴もある。

現代に目を向ければ，中国南部に「客家(ハッカ)」"よそ者"集団が居住する。海外では華僑・華人が「郷幇(キョウバン)」"出身地の地縁集団"や「業幇(ギョウバン)」"職業的連帯集団"という協力組織を形成し，日本にも「南京町」を形成して活動している。朝鮮半島では両班などの一族組織がみられた。これらは集団の活動である。

以上の内容を総合して中華世界を考察すれば，個人より一族・宗家を重んじ，名門を尊敬し，郷土・地縁・組織を重視する価値観で成り立っていると判断する。そして個人は集団の中の一員であり，先祖まで含めた集団の中に個人を位置付ける思想が強いと推察する。そうすると，欧米風の個人主義や人権主義思想は，東アジアでは最重要の価値観ではなく，育ちにくい環境にあるといえる。

D，中国の領域の形成

中国の王朝・王国名や図2をみると，中国の農耕地域と遊牧地域との関わりは，朝鮮半島や日本と比較にならないほど深いことがわかる。同時に，図2と図4と図21を合わせて考察すると，現在の中国領域の中で，漢民族からみて本来夷狄の領土であったのは，東北地方，内モンゴル，西域回廊，チベット高原全域，華南西部だった。それは，これらの地に4字以上の地名（少数民族地名を漢字表現）が残っているので容易に判別できる。この異民族地が中国に取り込まれていく実態に視点を当てて地名から推測すれば，漢民族の王朝時代より異民族の王朝・王国時代の方が中国化への進展は早かったという結論に達する。その理由は，「北魏」「遼」「金」「元」「清」といった異民族国家は，国名や地名までも積極的に中国化し，領域に蔑視的地名は用いず，異民族自ら中華的な王国を自負して支配する政治形態をとった。「清」も，満州文字から漢字に切り替え，中華王朝の形成に力を尽くした。逆に漢民族の王朝の場合は，異民族地に対して漢民族に都合の良い政治的意図の強い地名か，権利主張の強い地名か，蔑視的な意味を含む漢字地名を多く用いた。この地名命名心理の背後

には，自尊心の強さと，異民族への差別意識の根強さが内在していたと考える。地名からは同胞意識らしきものは感じ取れない。現在の中国領土は，清朝が「中華帝国」として異民族地も含めて総合的に支配したから，ロシアの強烈な侵略にもかかわらず，新疆ウイグル，東北（満州），内モンゴルなどが残ったと判断する。もしこれが「漢民族の王朝」時代だったら，異民族地は簡単に明け渡し，中国の領土も遥かに狭くなっていたと推察する。そうすると，異民族地を含む現在の中国の広大な領土は，異民族王朝「清」の置き土産であるといえる。

　国民国家となった現在，清朝の領域を受け継ぎ，国内 55 以上の民族・部族を「中華民族」と称して国名を作成した。これは民族・部族を平等に扱うという風にもとれるが，見方によっては漢民族化してしまうという意味にもとれる。

E．巨大国家形成の背景にあるもの

　中国は人口も領土も巨大である。ヨーロッパのような国家意識なら，数カ国から数十カ国に分国しても不思議ではないほど地域差もみられる（注 75 も参照）。しかし分国運動は起こらなかった。その理由を地名から考えてみる。まず中国では「州」「県」などの行政区画名が多い。さらに政治的安寧を願う「安」「寧」や，鎮圧的な「化」や「鎮」などの付く地名も全国に命名してきた。また政権交代の度に主要都市名の改名を行って為政者の権力を人々に誇示してきた。これは皇帝による支配体制が全国隅々まで行き渡っていた事を物語っている。このような全国一律の地名命名政策に加え，統一王朝時代が長く，また地方色が発生しやすい分権的な封建体制を各王朝はとらなかった。中国では，中央集権制度は 2 千年以上受け継がれてきたのである。このような長年の政治形態が，国家優先思想と同一民族意識を育成する要因になったと考える。中国とヨーロッパ全域（45 カ国）を比べると，面積はほぼ同じで人口は 2 倍もある。それでも分国しないのは，人心に政治的一体感が強いからだと考える。

　ただ近年，中国の中でも，部族独自の文化を持ち，漢民族の王朝に殆ど支配された経験の無いチベット族やウイグル族の間に，分離独立の動きが出てきた。

F. 朝鮮半島の生き方

　歴史的背景から国名命名をみると，朝鮮半島では部族名（高句麗，渤海，三韓，百済）を基本に据えた名称が多い。方位を重視する漢字文化圏の中で，部族名を名乗るのは異質である。この背景には，民族の根源には遊牧系の血を引き継ぐ歴史を持つと共に，部族主義思想も強く，また漢民族とは異なる部族であり，中国に吸収併合されてはならないという意図（危機感）が強かったからだととれる。ところが併合されないと判断すると，明王朝から「朝鮮」という国号を授かり，朝鮮半島各地の主要地名に中国の地名命名方式を殆どそのまま取り入れ，年号も中華王朝の年号を借用して中華王朝に従属の礼を尽くす行動をとった。しかし反面，『朝鮮王朝実録』には「野人（女真族＝満州族）と倭人（日本人）は我領域であり，我臣民」[21]などという中国と同じ発想の中華思想的な記録も残している。これらを併せて考えると，歴代の朝鮮半島の王国の本意は，①独立国であることを絶対条件とし，②中国には事大主義で対応し，③それ以外の国には中華思想で対応する国家思想を保ち続けてきたととれる。朝鮮の王国は「中華」を強く意識し，逆に「中華」と直接領土を接しない日本を，尊敬に値しない文化的劣等国として長く位置づけてきたと考えられる。

G. 日本の生き方

　日本の場合は，「倭」といった時代は，「倭」の名の由来や日本に与えた称号の中に漢や魏の名がみられることから，中華王朝と君臣関係を望んだが，「日本」と改名した後は徐々に君臣関係は望まなくなったといえる。その理由は，日本各地の地名をみると，律令時代は中国の地名命名手法を手本としたが，その後は風土や生活中心の日本独自の地名を命名するようになった。そのため現在の日本国内に用いられている地名は多様性があって，政治的意図・行政区画関連の多い中国や朝鮮半島の地名とは違いが感じられる。日本は，早くから中国を頂上とする「中華世界」という政治思想や政治体制から半分離脱していた

ことを，国名・地名から推察することができる。その後単なる貿易（日宋貿易など）へと変化したが，日明貿易の一時期のみは形式的に朝貢の形をとった。すなわち「倭」から「日本」への国名変更は，日本人の自立心の強さを示す前触れだったと捉えることができる。そしてその後，「日本」という国名の変更は，どの政権も行わなかった。この点が中国や朝鮮半島の国家と決定的に異なるところである。中華世界の中でも，日・中・韓の政治理念や生き方は大きく異なっていて，国家による差がみられるのは東アジア特有の現象といえる。

H．東アジアの遊牧世界

　東アジアの遊牧地域に栄えた歴代の王国は，殆どが民族名を基本に国号を作成した。これは，国家の基本は領土でも文化でもなく，部族・民族であることを示している。東アジアに含まれる遊牧国家はモンゴル1国なので，中央アジア5カ国の現国名や歴代の王朝・王国名を加えて判断しても，やはり基本は部族・民族名である。これは領土や文化レベルや伝統に価値基準を置く農耕文化の「中華世界」とは異なる価値観を持っていたことを意味する。

　また遊牧民内部の性格をみると2つの特徴がある。1つ目は，モンゴルの用いたulusにある。ulusは"部族の衆，部族集団の国家"の意味をもつ。つまり支配者に従えば異部族でも同士であり，同士なら部族はもちろん部族の文化や宗教にも干渉しなかったことを示している。モンゴル帝国が短期間で大国家になり得たのも，従う部族を同士（同胞）として尊重したからである。2つ目は，遊牧地域の支配者名・部族名は，そのまま国名であり，地域名であった。ところが「匈奴」「車師」「柔然」「契丹」「西夏」などの名を，今は地名から知ることができない。地名が消された背景を考えると，ordoやkhoto"軍営，陣営"の地名があることから推察して，征服者に敵対すれば徹底して叩き，一瞬にして民族も国家も地名も消滅させたことを意味している。つまり支配者への服従を重視した社会であった。そして消滅させた地には，新民族，新国家，新地名を形成していったのである。このことを地名が間接的に教えてくれている。

第2章　南アジア文化地域

1．現在の国名

A．神話・宗教を基本とする国名

a)．バーラト（インド）

　インドの正式国名は「バーラト Bhārat」である。政体名を付けた呼称名はヒンディー語で「バーラト・ガナラージャ Bhārat Ganarājya」となる。「バーラト」とは，古代からの表現であった「バーラタバルシャ Bhāratavarsha」に由来し，サンスクリット語で"バーラタ族の国土"を意味する。これは古代の叙事詩『マハーバーラタ』"偉大なバーラタ族"に因んだ名称で，神話・宗教関連からとった名である。バーラタ族の名の出所は，広く四方を統治したバーラタ王の名に由来するという。

　「バーラト」の国際呼称名は「インド India」または「インド共和国」である。「インド」はインダス川の名に由来し，語源はサンスクリット語のシンドゥ Sindhu で"海，流れ，川"を意味する。これをペルシア語では Hindhu（土地は Hindhustan）と表現した。この名がギリシアに伝わって Indos，さらにラテン語に伝わって India となった（フランク，1995,p.378）[22]。「インド」の地名は，西方諸民族が使った他称名で，発生は古い。また「インド」の名は特定の王朝名や国名ではなく，本来地域名であり，インド亜大陸の総称名でもあった。インドの名は，ムスリムによるインド支配が強くなってから盛んに使用されるようになった。

　インド世界の歴史的な表現では，バラモン教徒はドラビタ系の地域を除いて

「アーリアヴァルタ Aryavarta」"アーリア人の国"と呼んだ。これは，バーラタ族はバラモン教を奉ずるアーリア人の一派であったことに由来する。ちなみに「アーリア」の本来の意味は，"部族の宗教を忠実に遵法せるもの"という意味であり，これが"同じ部族の人々"の意味に転じ，さらに社会的状況から"支配者階級の人々"とか"生まれも育ちも尊貴な人々"という意味に転じた名称である（中村,1977,p.60）。つまりアーリアとは宗教と階級によって形成された名称で，他部族より優れた種族という中華思想を表した名である。これに対し，仏教徒やジャイナ教徒は，意図的にこのような種族的な差別概念を否定し，神聖な意味を込め，インド世界を「ジャンブドヴィパ Jambudvipa」"ジャンブ樹の大陸"（ジャンブとは仏教宇宙観にあらわれる世界の中心須弥山に生える神聖な樹木の名）と呼んだ（中村,1977,p.60）。この表現はマウリヤ朝のアショカ王（前3世紀）にも採用された名称であった。この2つの歴史的な名称は，どれも政治的な概念はなく，部族の宗教観念に基づく名称であった。

また中国の『史記』ではインドを「身毒（シンドゥ）」と記し，『後漢書』や『旧唐書』などでは「天竺（ティェンズゥ）」と記しているが，これらは共に「シンドゥ」の漢音訳である。現在国際呼称名の「インド」は，「バーラト」より活用度が高い。

b)．スリランカ

「スリランカ」の正式国名「スリランカ・プラジャサンスリカ・サマジャヴァディ・ジャナラジャヤ Sri Lankā Prajathanthrika Samajavadi Janarajaya」は，"スリランカ民主社会主義共和国"を意味する。なお「スリランカ」のスリはサンスクリット語で"光り輝く"を，ランカはバラモンの呼称で"光輝燦然たる"を意味する。大叙事詩『ラーマーヤナ』"ラーマの行程"では，魔王ラーバナの居城があった土地とされている(椙村,1985,p.320)[23]。

スリランカも1972年までは他称名の「セイロン」と名乗っていた。セイロンは，シンハラ（"ライオン"の意味）族の名に因んだシンハラ・ドゥィーパ Sinhara-dvīpa "シンハラ（族）の島"に由来する。この名がアラビア語に入りセレンディプ Serendip，そしてポルトガル語に入りセイラン Cilan，さらに英語に入りセイロン Cylon に転訛したという（Adrian,1974,p.65）。

歴史的名称表現では，アショカ王の刻文にみられる「タンバパンニー Tambapamnī」やギリシア・ラテン語の「タプローバネー Taprōbanē」という名がみられるが，この名はサンスクリット語で"紅い蓮で覆われた池"の意味であるという（アシモフ,1969,p108）。

c)．パキスタン

「パキスタン」の正式国名「イスラーミー・ジュムフーリーエ・パーキスターン Islāmī Jumhūrī-ye Pākistān」は，"パキスタンイスラム共和国"を意味する。「パキスタン」はウルドゥ語の pak "清浄な"に stan "国"をつけた名称で，ムスリムによる"神聖な国"を意味する。この名は現在のパキスタンの州を構成する「Punjab」（"5つの河川"地方）のP，「Afgan」（"アフガン"地方）のA，「Kashimīr」（"カバシャ神の湖"）のK，「Sindh」（"インダス"川の地方）のSの頭文字と「Baluchestan」（"Baluch（"遊牧"）族の領土"）の stan の合成であり（石田,1971,p.151），イスラム教徒の領域を合わせた造語と言う説もある。ただ独立当時，「パキスタン」として独立したベンガル Bengal（現バングラデシュ）の頭文字も接尾辞も入れていないことから考えると，地方名の合成とみるより宗教的意味合いの方が強い名称と考えた方が理にかなっている。

d)．ドゥルックユル（ブータン）

「ブータン」の正式国名「ドゥルックユル Druk Yul」は，"竜の国"を意味する。ゾンガ語の「ドゥルックユル」の名の起こりは，ラマ教のドリュッパ Druk-pa（"竜の人"の意味）派に統一され，これが現国家形成の基になったからである。宗教関連地名を国名とする国家である。

国際呼称名の「ブータン」は，サンスクリット語のボータンタ Bhōtanta の変形で"チベットの端"を意味し，地域名に由来する（Adrian,1974,p.50）。

B．地域名を基本とする国名

a)．ネパール

「ネパール」の正式国名「サンギーヤ・ロターントリク・ガナタントラ・ネ

パール Sanghīya Loktāntrik Ganatantra Nepāl」は，"ネパール連邦民主共和国"を意味する。「ネパール」は，「ヒマラヤ」（hima"雪"＋alaya"居所"）山脈と「マハーバーラト」（"大バーラタ族"）山脈の間の盆地名に由来する。盆地名ネパールは，チベット語で"神聖な土地"を意味するニャンパル niyampal という説と，サンスクリット語で"山麓の住居"を意味するネプアラヤ nep-alaya という説がある。(召献冬ほか,1983,p.111)。

b)．バングラデシュ

「バングラデシュ」の正式国名「ゴーノプロジャトントリ・バングラデシュ Gônoprojatontri Bangladesh」は，"バングラデシュ人民共和国"を意味する。なお「バングラデシュ」とは"ベンガルの国"を意味する。ベンガルの名は，古代，中世に用いられた地方名の「バンガラヤ Bangalaya」に由来する。バンガラヤとは，banga"バンガ族"に alaya"場所，居所"を加えたもので"バンガ族の住居地"を意味する（和泉,1997,p.107）。またバンガ族の名は，叙事詩『マハーバーラタ』によれば，バンガ王子がバンガ国を建てたという故事に由来している。語源名まで遡ると，ベンガルという地方名も神話・宗教地名に属することになる。

独立時は（東）パキスタンとして，現パキスタンと共にイスラム国家を結成し，一国家を形成していた。しかし宗教意外はすべて異なり，政治も西パキスタン優先であったため，1971年再度分離独立を達成した。

c)．ディヴェヒ（モルジブ）

「モルジブ」の正式国名「ディヴェヒ・ラージジェーゲ・ジュムフーリッヤ Dhivehi Raajjeyge Jumhooriyyaa」は，"ディヴェヒ諸島共和国"を意味する。島名ディヴェヒ Dhivehi の語源は"島に住む民"を意味する。また Raajjeyge は"諸島"を意味する。

国際呼称名の「モルジブ Maldives」は，サンスクリット語またはパーリ語の mala"花輪"と dheep"島"より"花輪の島"の意味とか，malu"魚"と dheep"島"より"魚の島"の意味とか，mal"1000"と dheep"島"より"1000（たくさん）の島"の意味とか説かれている(辛島ほか,1992,p.853)。

2. 王朝・王国名

　歴史上インドといえば，普通インド亜大陸を指す。南アジア（インド世界）にはおびただしい数の王朝・王国が興亡した。その数は非常に多くて存在さえ不明確な王国もある。このようなインドに興った王朝・王国の中で，比較的主要な王朝・王国名を，由来から分類してみる。

A，人（支配者）名・人（支配者）名関連に因む王朝・王国名。
B，家名（kula）や家系名に因む王朝・王国名。
C，種族名・部族名・民族名に因む王朝・王国名。
D，都市名に因む王朝・王国名。
E，その他の王朝・王国名。

大まかにこの5つに分類する。以下この区分に従って説明する。

A，人（支配者）名・人（支配者）名関連に因む王朝・王国名

　建国者名をそのまま王朝・王国名に用いた例をあげる。「シャイシュナーガ朝」（前6c後半-前4c）はSaisunāgaに因んだ。「カーヌヴァ朝」（前68-前23）はKanvaに因んだ。「ハルジー朝」（1290-1320）はトルコ系のkhaljに因んだ。「トゥグルク朝」（1320-1413）もトルコ系のTughluqに因んだ。「ヴァルダナ朝」（606-647）は1代限りのHarsa Vardhana王に因み，正確には「ハルシャ・ヴァルダナ朝」という。また建国者の特徴に絡めた人名活用もある。南インドの「イクシュヴァーク朝」（3c-4c）は，古代アヨディーヤの伝説上の王Ikṣvākuの名を借用したのでこの名で呼ばれる。「バフマニー朝」（1347-1527）は，トルコ系の太守がBahman Shāh（古代ペルシアのバフマン王の子孫）と自称したことに由来する。「サイイド朝」（1414-1451）は，ヒズル・ハンがSaiyid（貴族の称号で"主君，領主，君侯"の意味。マホメットの子孫を指す）と自称し

たことに由来する(下中,1973,一二,p.3)。さらに個人名に「シャーヒー」(ペルシア語の Shāh と同じで"支配者・王"を意味)という尊称をつけて呼ぶ王朝・王国名では,「イマード・シャーヒー朝」はヒンズー教からの改宗者である Imād Shāhī (別名ベラール王国, 1484-1574) に因んだ。「アーディル・シャーヒー朝」はペルシア出身の Ādil Shāhī (別名ビージャプル王国, 1489-1686) に因んだ。「ニザーム・シャーヒー王国」は Nizām Shāhī (別名アフマドナガル王国, 1490-1633) に因んだ。「クトゥブ・シャーヒー朝」はペルシア出身の Qutb Shāhī (別名ゴールコンダ王国, 1518-1687) に因んだ。「バリード・シャーヒー朝」は奴隷出身でトルコ系の Barīd Shāhī (別名ビーダル王国, 1492-1656) に因んだ。なお上記の Shāhī の付く5つの王朝は,イスラム系の王国である。また今述べたハルジー朝,トゥグルク朝,サイイド朝と,後で述べる奴隷王朝,ロディー朝の5つの王朝は,共にデリーを都としたので,まとめて「デリー・スルタン五王朝」と呼び,五王朝もイスラム系の王朝である。

B. 家名・家系名に因む王朝・王国名

「サータバーハナ朝」(前1c-3c)は南部インドの Sātavāhana 家から名付けた。ちなみにサータバーハナ朝の中心部族はアーンドラ族であったので,「アーンドラ朝」とも呼ぶ。「カダンバ朝」(4c-6c)は Kadamba 家の名に因み,その家名は屋敷のカダンバの木が見事な花を咲かせていたことから採ったといわれる (山崎ほか,1999,p.282)。「ラーシュトラクータ朝」(753-973)は Rāṣtrakūta 家から名付けられ,家名は "rastra(地方)の長官" の意味である(下中,1973,三一,p.294)。「プラティーハーラ朝」(8c-11c)は Pratīhāra 家から名付けられ,家名はサンスクリット語で pratihāra "門番,侍従,親衛長官" を意味した (下中,1973,二七,p.43)。ラーシュトラクータ家とプラティーハーラ家は,共に家系の職業に由来する名称である。「チャールキヤ朝」(6c-13c)は Cālukya 家から命名され,家名はバラモンのチュルカ culuka "くぼめた手" の意味からでたものという(山崎ほか,1999,p.265)。「ホイサラ朝」(11c-14c)は Hoysala 家か

ら，「ヤータヴァ朝」(別名セーヴァナ朝, 1185-1318) はYādava家から，「カーカティーヤ朝」(1000-1326) はKākatīya家から採ったが，この3家は，主家のチャールキヤ家の封臣から独立した王朝である。少し内容は異なるが，「グプタ朝」(320頃-550頃) は歴代の全ての支配者が個人名にGuptaの表現を付けていたために呼ばれた名称である。「セーナ朝」(11c-13c) も家名であると共に歴代の支配者にsenaが付くために呼ばれた名称である。

C, 種族名・部族名・民族名に因む王朝・王国名

インド有数の巨大王朝である「マウリヤ朝」(前317-前180頃) は，Mayuraと呼ぶ種族名 ("孔雀"を意味) に因んだ名称である (下中,1955,二九,p.23)。同時代の南部の「アーンドラ朝」(別名サータバーハナ朝, 前1c-後3c) も部族名であり，Āndhra族の名はバリ神の6男の名に由来するという (和泉,1997,p.74)。「クシャン朝」(1c-?) はアフガニスタンから侵入してきたKushāna族の名に因んだ。「パッラヴァ朝」(3c-9c) はイラン系のParthava ("辺境の人々"の意味) 族の名に因んだ (下中,1984,七,p.434)。「グルジャラ朝」(9c-11c) はグルジャラ ("ラジャ(王)族の国") 族の名に因んだ。「パーラマーラ朝」(10c-14c)はラージプート族の一派のパーラマーラ族の名に因んだ。「ロディー朝」(1451-1526) はアフガン系Lodī族の名に因んだ。大帝国を形成した「ムガール帝国」(1526-1858) はペルシア語でモグールmogūl "モンゴル"と名乗ったのでこの名で呼ばれる (下中,1984,九,p.3)。今列挙した王国名の中で，古代の「マウリヤ朝」と「アーンドラ朝」を除くと，他は乾燥地域の西アジアと中央アジアからインド世界へ侵入してきた部族 (民族) の王国である。

D, 都市名に因む王朝・王国名

「アフマドナガル王国」(別名ニザーム・シャーヒー朝,1490-1633) はデカン高原西部の都市アフマドナガル "アフマド王の町"に因んだ。「ビーダル王国」

（別名バリード・シャーヒー朝,1492-1656）はデカン高原西部の都市ビーダルに因んだ。「ビージャプル王国」（別名アーディル・シャーヒー朝,1489-1686）はデカン高原南部の都市ビージャプル"勝利の町"に因んだ。「ゴールコンダ王国」（別名クトゥブ・シャーヒー朝,1518-1687）はデカン高原東部の都市ゴールコンダに因んだ。「ガズナ朝」(962-1186)はアフガニスタンの都市 Ghzni に因んだ。「ヴィジャヤナガル王国」(1336-1649)はデカン高原南部の都市ヴィジャヤナガル"勝利の町"に因んだ。「ヴァラビー国」（別名マイトラカ朝,5c-8c）は西インドの都市ヴァラビーに因んだ。「セーヴァナ朝」（別名ヤータヴァ朝,1185-1318）はデカン高原北西部の都市セーナプラ"守られた町"に因んだ。「コーター王国」(17c-18c)はラジャスターン州南東部の都市コーターに因んだ。「マイソール王国」(1761-1947)は南アジアの都市マイソール"水牛の町"に因んだ。

　これらの都市名は全て王国の首都名である。王国の首都名を用いた王朝名は，アフガニスタン方面から侵入した王朝・王国名と，デカン高原地域に興った王国名に多くみられる。また規模からいえば，中規模の領域を持つ王国に首都名を代用する傾向が強い。

E．その他の王朝・王国名

　インドの母体となった「マガダ国」（前6c-後6c）は古代北東インドの地方名 Magadha に因んだ。「カラチュリ朝」(6c-12c)はトルコ語で kuluchur "高官"を意味する（下中,1984,二,p.234）。「パーラ朝」(8c-12c)の pala は"保護者"を意味する（下中,1973,七,p.416）。「ゴール朝」(1186-1215)はアフガニスタンの Ghur 地方（中世ペルシア語 gar は"山"を意味）に因んだ。「奴隷王朝」(1206-1290)は支配者が ghlam "奴隷"出身であった事に由来する。「ベラール王国」(別名イマード・シャーヒー朝,1490-1574）はデカン高原北部の Berār 地方に因んだ。「マラータ同盟」(1708-1818) はマハーラータ Maha Ratha（"大ラータ族"）諸侯の連合より生じた名称である。

3. 市町村接尾辞・都市名・地域名

　南アジアも東アジア同様，接頭・接尾辞の分析と，地名を特定のカテゴリーに括って分析し，それから地域性を考察する。ただ東アジアのような国別による考察は無理なので，地域全体で分析する。

A．サンスクリット系接尾辞

　南アジアでは，図5のようにアーリア系民族やヒンズー文化の影響の強い都市名には，サンスクリット語系の pur, pura, pore "城，都市，町"などの接

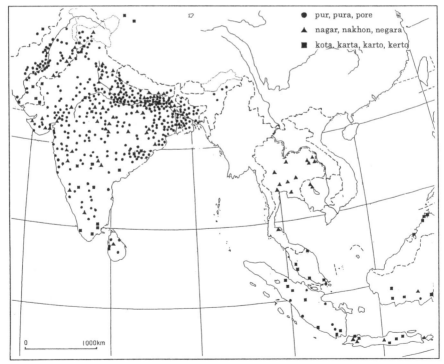

図5　サンスクリット系接尾辞を持つ地名の分布
「The Times Atlas of The World」を参考に著者作成

尾辞が用いられている。マウリヤ朝の都「パータリプトラ」が古くは「クスマプラ Kusumapura」"花の都(城)" と称され，またクシャン朝の都の「ペシャワル」が古くは「プルシャプラ Purshapura」"辺境の都(城)" と呼ばれていたことからみて，プル pur 類の名は，都市が充分発達していなかったアーリア人の侵入当時から用いられていたことがわかる。語源からいえば，本来 pur は丘の上の "石や土で造った塞冊" または "砦" を指したものである(中村，1977,p.57)。現在では，pur は南アジアだけでなく pura, pore などに変形して東南アジアに至るまで拡大している。因みに pur はギリシアの polis と同根であるという。

さらに "人の集まるところ" = "町" を指して nagar, negara, negeri と呼んだ。これらも pur と共に古く，同様にヒンディー語に受け継がれている。また nagar 類はドラビタ系言語にも取り入れられて nakar, nagaru として用いられ，"町，市" だけでなく "宮殿，寺院" など立派な建物を指す表現になっている。東南アジアに伝わった nagar 類は "都市国家，国家" の意味に活用され，タイでは nakhon に変形させ，カンボジアではアンコール Angkor という固有名詞まで作り出している。(水野，1968,p.250)。Nagar もギリシアの agora "広場" と同根であり，印欧祖語の基礎をなしている。

これ以外に "城，城塞，都市" を意味する kota, kotta, kotte も，インド世界だけでなく東南アジアにも活用されている(椙村，1992,p.357)。

B，ドラビタ系接尾辞

南部には図6のようにドラビタ系諸語に "小町，村" を意味する patnam, pattinam という接尾辞や，同種の palli, patti, pari という接尾辞がある。これらはサンスクリット語の nagar 類に対応する接尾辞である。また patnam, pattinam, palli, patti, pari には "牛舎，羊小屋，牧畜を主とした村，動物の寝床" などという意味も含まれている (椙村，1992,p.366)。この他 "集落，居所，村" を意味する halli, palli, pari は，逆にサンスクリット語にも取り入れられているが，halli 類はサンスクリット語では "未開の部族の集落，小

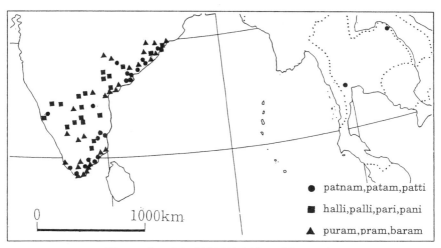

図6　ドラビタ系接尾辞を持つ地名の分布
「The Times Atlas of The World」を参考に著者作成

屋"などの意味に用いられている。さらに pur と patnam の組み合わせから形成された"市，町，村"を意味する puram, baram などの接尾辞もみられる。これらドラビタ系の地名をみていると，人も家畜も含めて人の住むところを指した場所が"村"の基本で，人口の規模や都市の特色から分類するという考え方をとっていなかった事が理解できる。

　このように多様な接尾辞を持つインド系地名をみると，部族ごとに多様性に富むが，全体としての基本は pur, nagar であり，数も圧倒的に多く，インド世界全域に広がり，文化圏としての一体感をあたえている。

C，イスラム（ペルシア）系の接尾辞

　イスラム征服王朝，特にムガール帝国の時代はペルシア語が公用語となり，この時代を中心にして積極的・意図的に使用された地名接尾辞がある。図7と図 10 のように，本来"町や都市"を意味するペルシア語のアーバード ābād（注 42 参照）は，インドでは"砦，城壁都市，町"の意味を兼ねて用いられた（椙村,1992,p.359）。さらにペルシア語のシャハル shahr は"市，町"の意

味で用い，アラビア語のヒサル hissar も同様に"町，市"の意味で用いられた。また"国，領土，土地"を表すペルシア語のスタン stan も普通に活用された（J・Bartholomew,1994,p.1～4）。このようなムスリム[24]が用いた接尾辞の中でも特に ābād の活用が多く，半島南端（非征服地）とバングラデシュ（ナワーブ"太守"による間接支配）の大部分を除いて，ほぼ全域に用いられた。

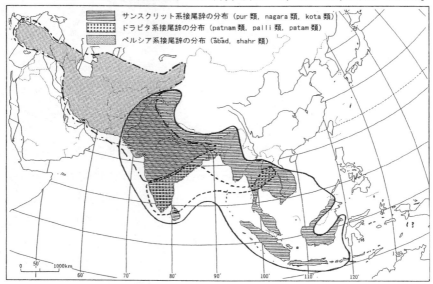

図7 サンスクリット系，ドラビダ系，ペルシア系接尾辞の分布
「The Times Atlas of The World」を参考に著者作成

接尾辞の内容から少し逸れるが，インド世界では1947年の独立における宗教対立から，ヒンズー教徒はインドに，イスラム教徒はパキスタンに移住した。現在のインド国内の ābād の数の多さ，パキスタン国内の pur や nagar の数の多さを知るだけでも，多くの犠牲を払った悲惨な移住を読み取る事ができる。

D．主要都市名

表6にインド世界の主要都市名を幾つかあげてみた。数は少ないが由来語，語源説，旧称や別称，形成年代などの特色を分析すると，いろいろな社会背景

表6 南アジアの主要都市名

	由来語	語源説	正称,別称,他称,旧称	形成年代	特色	出典
デリー Delhi	サンスクリット語	ディール王,または入り口	古インドラプスタ,シャーシャジャハナ	前1000年頃	インドの首都,イスラム諸王朝の都	(1)p.79
ムンバイ Mumbai	ヒンディー	ムンバ女神	旧ボンベイ	1534	インド最大の都市	(1)p.52
コルカタ Kolkata	ヒンディー	カーリー女神	旧カルカッタ	1690	インド第2の都市	(1)p.60
チェンナイ Chennai	タミル語	チェンナッパ(領主の名)の	旧マドラス(マンダ女神)	1640年	英東インド会社の拠点	(22)p.692
バンガロール Bangalore	カンナダ語	エジプト豆	正ベンガルール	16世紀	インドハイテク工業の中心	(4)p.82
ハイデラバード Hyderabad	ペルシア語	ライオン都市	古ダクシナパタ,旧バーガナガル	1587年	ハイデラバード藩王国の都	(1)p.106
アーメダバード Ahmedabad	ペルシア語	アーマダ王の都市	旧アサワル	1411年	グジャラート王国の都	(8)p.26
ルディアナ Ludhiana	ペルシア語	ロディー(王の名)朝の地		1480年	パンジャブ地方の中心の1つ	(22)p.572
スーラト Surat	ヒンディー語	良い土地		12世紀頃	17世紀前半までインド最大の貿易港	(24)p.572
ナーグプル Nagpur	ヒンディー語	蛇(神)の都市		18世紀	ナーグプル王国の都	(3)p.173
カーンプル Kanpur	ヒンディー	穀物の都市		1801	工業都市	(3)p.18
ラクナウ Lucknow	サンスクリット	ラクスミ女神	旧ラクシマプラ	13世紀	ウッタルプラデイシュ州都	(4)p.91
インドール Indore	サンスクリット語	インドラ神	古インドレシワル	1715年	交通の要衝,工業都市	(3)p.100
アグラ Agra	サンスクリット語	アーリア人の家	別アクバラバード	1501年	ロディー朝,ムガル帝国の都,観光地(タージマハル)	(8)p.267
ジャイプル Jaipur	サンスクリット語	ジャイ王の都市		12世紀	ジャイプル藩王国の都	(4)p.88
アムリットサル Amritsar	サンスクリット語	不滅の池(泉)		14世紀	シク教の本山,国際交易都市	(12)1-p.86
マドゥライ Madurai	サンスクリット語	甘露(スヴァ神の神から落ちる)	旧マドゥラ	前5世紀	古代,中世に栄えたパーンディヤ王国の首都,南部の重要な商工業地	(8)p.441
ビジャカパトナム Vishakhapatnam	ドラビタ系言語	ビジャカ神(宇宙)の町		11世紀	港町,商工業都市	(24)六p.147
マイソール Mysore	タミル語	水牛の町	古マヒシャウ	紀元	マイソール藩王国の都	(22)p.6
ヴァーラーナシ Varanasi	ヒンディー語	バラナ川とアシ川	古カシー,別ベナレス	前6世紀	ヒンズー教最大の聖地	(22)p.790
コジコーテ Kozhikode	ヒンディー語	雄鶏(kodi)の城塞(kotta)	旧カリカット	8世紀	15世紀以降ヨーロッパの門戸	(4)p.83
ガンディーナガル Gandhinagar	ヒンディー語	ガンジーの都市		1965年	グジャラート州の州都	(4)p.78
ジョドプル Jodhpur	ヒンディー語	ジョーダ王の都市		1459年	交易の町,工業都市	(22)p.366
アウランガバード Aurangabad	ペルシア語	アウラングゼーブ帝の町	旧カドケ	17世紀	デカン高原の中心の1つ	(14)p.1
ボパール Bhopal	ヒンディー語	ボイ王のダム		11世紀	マディヤプラデシュ州の州都	(8)p.209
トリヴァントラム Trivandrum	マラヤーラム語	聖なる蛇の町	別ティルヴァナンタプラム	18世紀以	トラバンコールの都	(22)p.502
チャンディガル Chandigarh	ヒンディー語	チャンディ女神の町		1953年	ハリヤナとパンジャブの州都	(4)p.93
パトナ Patna	サンスクリット語	城市,町(Pattana)	古パータリプトラ	前5世紀	ナンダ朝,マウリヤ朝,シュンガ朝などの都	(4)p.77
アラハバード Allahaabad	ペルシア語	アラーの都市	古プラヤーガ,旧イラーハ	前3世紀頃	ヒンズー教の聖地	(5)p.360
ライプル Raipur	ヒンディー語	ライ王の都市		14世紀	チャティースガル藩王国の都	(8)p.56
ブバネシュワル Bhubaneswar	サンスクリット	世界の王(神)		8世紀以前	宗教都市	(4)p.87

都市名	言語	意味	旧名	年代	備考	出典
マンガロール Mangalore	サンスクリット語	幸運の土地	旧マンガルプラ	14世紀以	港市(ポルトガル、イギリス、インド)	(8) p.224
ジャムシェドプル Jamshedpur	ヒンディー語	ジャムシェドの都市		1907年	インドの大製鉄都市	(22) p.341
ジャムナガル Jamnagar	ヒンディー語	王の町		1540年	ナワーナガル王国の都	(8) p.246
プネ Pune	サンスクリット語	清浄な	旧プーナ、現プニャ	1735年以	マラータ王国の中心都市	(22) p.636
コーチン Cochin	タミル語	小さい(砦)		1503	コーチン藩王国の都	(4)p.83
ハルドワル Hardwar ハラドワル Haradwar	ヒンディー語	神の門、Dwarは門	古カピラ、グピラ	古代より	hariはヴィシュヌ神を、haraはシヴァ神を意味する。七大聖地の一つ	(24) p.1011
スリナガル Srinagar	サンスクリット語	聖なる都市	旧プラバラプラ	前3世紀	ジャンムカシミールの州都	(22) p.636
イスラマバード Islamabad	ウルドー語	イスラムの都市		1966年	パキスタンの首都	(1) p.109
カラチ Karachi	ウルドー語	クラチ(バロチ)族より、balochiは"遊		1843年	旧首都、パキスタン最大の都市	(1) p.114
ラホール Lahore	サンスクリット語	Loh(ラーマ王の息子)の町、とlavanapur"塩の都市"		古代より	最古の都市の1つ	(1) p.120
ファイサラバード Faisalabad	ウルドー語	ファイサル(サウジアラビア)国王の都市	旧リアルプル	1892年	農作物の集散地	(8) p.182
ラワルピンジ Rawalpindi	パンジャブ語	ラワル家(ヨガ行者)の村		16世紀以	パキスタンの暫定の首都	(5) p.361
ペシャワル Peshawar	ウルドー語	辺境の町	旧プルシャプラ	前5世紀	古ガンダーラの中心	(4)p.70
ダッカ Dacca	ベンガル語	ダケスクリー女神		1608年	バングラディシュの首都	(1)p.75
チッタゴン Chittagong	アラカン語	戦争は戦われなかった	旧イスラマバード	2世紀以前	古代からの貿易港	(4) p.108
カトマンズ Katmandu	サンスクリット語	カスタマンダプ(木の家)寺院	旧カンティープル	1596年	ネパールの首都	(1) p.115
ティンプー Thimphu	ブータン語	寺院		1962年	ブータンの首都	(4) p.106
スリジャヤワルダナプラコッテ Sri Jaye wardenepura Kotte	シンハラ語	聖なる勝利をもたらす都市 Kotte(都城)		16世紀	スリランカの首都	(5) p.371
コロンボ Colombo	シンハラ語	港口	旧カラントッタ	16世紀	旧スリランカの首都	(9) p.128
ジャフナ Jaffna	タミル語	天国の港	別ジャフナパタム	不明	ジャフナ王国の都、タミール人の都市	(8) p.346

PLACE NAME OF THE WORLD(1),WORDS and PLACES(2),外国地名源詞典(3),世界の地名・その由来(4),世界市町村名称(5),イスラム事典(6),世界地名の語源(7),世界地名語源辞典(8),外国地名解説(9),スタンダード英語語源辞典(10),世界歴史事典(11),アジア歴史事典(12),東洋史事典(13),世界大百科事典(14),シルクロード事典(15),世界歴史大事典(16),世界地理名称上・下(17),アシモフ撰集世界の地名(18),周書(19),隋書(20),古代遊牧帝国(21),南アジアを知る事典(22),東洋神名事典(23),世界地名大事典(24)を参考に著者作成

やインド世界の特色がみえてくる。まず南アジア(インド世界)の主要都市名の特色を総合して言えば、サンスクリット系語源地名はインド世界全域に分布している。そしてサンスクリット系語源地名に重なるように南部にはドラビタ系語源地名が、北西部や中央部にはペルシア系語源地名が分布する。

E．神話・宗教地名

　図8をみると，都市名，地方名，州名，国名，自然名に至るまで神話名や宗教名が多く活用されている。さらに図8以外でも，神話・宗教関連地名は，各聖地[25]のほか，河川，河川合流点，湖，海岸沿いなどの水のある場所，山脈，高山なども神聖な場所とみなし，その場所やそこにある市町村名にも神話・宗教関連の地名が用いられている。特に大河は女神とみなされ，女神名が多くあてられ，山岳もヒマラヤの高峰は特に神聖な場所で，神話・宗教関連の地名が用いられている。宗教地名は特定地域に偏ることなく，インド世界全域に広がっている。インド国歌も「神よ，あなたは国民の運命を決める者・・・」から始まり，全体が宗教的内容の構成からなる歌詞となっている。

　宗教地名の代表的な例として，自然名では「ガンジス」（ガンガ女神）川，「クリシュナ」（クリシュナ女神）川，「ナルマダ」（ナルマダ女神）川，「ブラマプトラ」（ブラフマー神）川などの重要河川，「チョモランマ」（世界の母神，水域の聖なる母），「マナスル」（霊魂の土地），「ナンダデビ」（祝福された女神）などの世界的な山岳名，「コモリン」（クマリ女神）岬などは神話・宗教地名である。「ビハール」（寺院），「カシミール」（カパシャ神），「ハリアナ」（ハリ神）という地方名（州名）にも宗教地名が用いられている。数が最も多いのは都市・村落名である。表6で無作為に採りあげた主要な５１市のうち，約４割の２０市が神話宗教関連の名称である。それは各都市・各村落にはそれぞれの守り神があって，その名がそのまま地名として代用されたからである。表6の中でいえば，世界に知られた巨大都市「ムンバイ＝ボンベイ」（ムンバ女神），「コルカタ＝カルカッタ」（カリー女神），「マドラス」（マンダ女神），「ダッカ」（ダケスクリー女神）などは，そこに祀られていた神の名である。ちなみに人名にもクリシュナやラクシュミなど，神の名が多く活用されている。また古代から，インドにはムレッチャ mlecchas "蛮族，夷狄"という表現があるが，これはヒンズー教（インド世界発祥の宗教の総称名）や，４ヴァルナ（カースト）の秩序の無い社会を蔑視して呼ぶものであり，社会思想も宗教を基本にすえてい

ることがわかる。インド世界では自然への畏敬，社会や文化に対する敬意を神様に代えて表しており，それらは人々と一体化しているように映る。

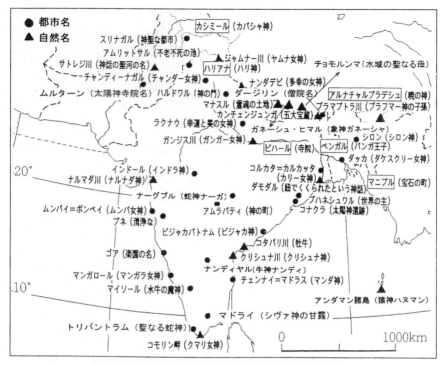

図8　南アジアの主要な神話・宗教関連地名
表6と同じ資料を参考に著者作成

F．人名，部族名の地名

　南アジアの特徴の1つに，図9のように王朝名だけでなく主要都市名にも人名がかなり用いられている。人名の地名化は，西アジア，ヨーロッパ，南北アメリカやオセアニアにも同様にみられるので，インド・アーリア語族が用いる特徴の一つであるといえる。人名もよく吟味すると，イスラム系支配者名が特に多く用いられ，次にアーリア系の支配者名，最も少ないのがドラビタ系という特徴がみられる。図9のように，百万都市の「デリー」（ディル王），「アーメ

ダバード」(アーメダ王),「アウランガバード」(アウラングゼーブ帝),「ジャイプル」(ジャイ王),「ファイサラバード」(ファイサル国王),「ハイデラバード」(ニザーム王の称号) など, 各地方の重要都市に人名が活用されている。

現在のインドの州名をみると,「グジャラート」(グジャラ族) 州,「ラジャスターン」(ラージプート族) 州,「アッサム」(アホーム族) 州のように部族名も用いられている。インドは独立後に言語による州区分を行ったので, その基準となる部族・民族名をあてたものである。インド国内の部族の多さや複雑さがそのまま地名に表れている。

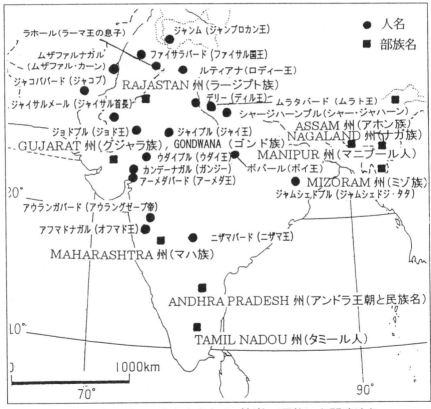

図9　南アジアの主な人名および部族（民族）名関連地名
表6と同じ資料を参考に著者作成

4. 国名・地名からみた南アジアの特色

A. 国名からみた特色

① バーラト（インド），ドゥルックユル（ブータン），パキスタン，スリランカは宗教関連の国名である。さらにネパールとバングラデシュは地方名だが，その語源は神話・宗教に由来する。そうすると7カ国中6カ国が神話・宗教に関連しており，神話・宗教の影響が強い文化圏といえる。

② 神話・宗教関連の国名は，パキスタンを例外として，バラモン教，ヒンズー教，仏教に関連する名称である。歴史的な呼称名も同じである。これから判断して，南アジアは伝統的にインド発祥の宗教思想や文化，すなわちアーリア人の思想文化が中心である事を意味する。

③ 南アジアのもう1つの特徴として，地方名を基本に国名を作成している。インド，ネパール，バングラデシュ，ブータン，モルジブが該当する。パキスタンの由来も地域名の合成という主張もある。そうすると6カ国が該当する。これは地域中心主義の考え方も強い文化圏であるといえる。

④ イスラム国家のパキスタンは，国名や首都名にイスラムの名称を用い，ムスリムの侵入者・移住者が多いことを間接的に表している。しかしバングラデシュの場合は，国名も首都名も仏教・ヒンズー関連の名称である。そうすると仏教，ヒンズー教の思想・文化の下に信じられるイスラム教であり，信仰神を替えただけの改宗であったことが推察できる。バングラデシュのイスラム化と東南アジアのイスラム化は，似た感じを受ける。神や経典や行事等は同じでも，パキスタンとは大きな違いを感じる。

⑤ 「インド」という表現は，国名だけでなく文化名・宗教名・大陸名などでも用いる。そうすると国家「インド」は，多民族共存社会の中心であることを示している。扱い方は東アジアの「中華」と似ている。

B. 王朝・王国名からみた特色

① 王朝・王国名は部族名・種族名が多い。古代のマウリヤ朝とアーンドラ朝以外は，西アジア・中央アジアからの侵入者の王朝・王国名である。部族名・種族名の多さをみると，幾度となく部族侵入を受けた事が理解できる。

② インド世界では人名を用いた王朝・王国名もかなり多い。人名活用の多くがイスラム系の王朝・王国名である。これも①の部族・種族名活用と同じ侵入王朝・王国の特徴である。特色として，支配者個人による権限が特に強かったことが推察できる。

③ 家名を用いた王国名もみられる。家名はヒンズー系の王国に多く，しかもインド南部の小国に多くみられる。②と同じ発想の命名であるが，②との違いは地域に根付いた王国であり，幾代にわたる伝統が推測できる。

④ 都市名が王国名に代用されている。都市名の殆どは王朝・王国の首都であった。首都が王朝・王国にとって極めて重要な役割を果たしていたことがわかる。インド世界の王朝・王国の中でも，特にイスラム系の侵入王朝・王国名に都市名が多い。部族名，人名と共通する命名手法と考える。

⑤ インド世界の王朝・王国名は２種類の呼び方を持つ国家が多い。これは，国号を正式に表明していなかったことを表している。それ故，現代の学者が王国の特徴を分析して，適当な名称を国号に代用したのである。

⑥ インド世界では記載した以外にもよく分かっていない王国名もある。これは，いつの時代でも多くの国家が併存する群雄割拠が普通であった事と，永遠なる神話・宗教と違って，特定時代のみの王国には関心が薄く，また国王も中国のような崇拝の対象ではなかった事を間接的に示している。

⑦ ヒンズー系の王朝・王国名に，神話・宗教名は用いられていない。これはヒンズー教のバラモンと，王朝・王国のクシャトリアとの関係は無縁だったことを意味している。これに対し，イスラム系王国の場合は宗教と政治は一体化していた。王国の支配者はイスラム教の権威者・指導者でもあった。ここにヒンズー系王国とイスラム系王国の大きな違いがある。

C. 市町村接尾辞・都市名・地域名からみた特色

① インド世界では，神話・宗教が重視され，それが地方名，自然名，都市名，農村名などあらゆる種類の地名に用いられ，全土を覆っている。大半はインド発祥の名称である。宗教の社会浸透と重要性が明確に理解できる。

② サンスクリット系の地名接尾辞の pur 類や nagara 類が全土を覆っている。pur 類や nagara 類も神話・宗教地名も，アーリア人から発生しているので，セットにして扱うべきであろう。また南部にはドラビタ系接尾辞の patnam 類，palli 類などがあり，インド南部はアーリア文化と共に，ドラビタ系文化も栄える二重構造地域であることも理解できる。

③ Ābād, shahr などペルシア系接尾辞も多く，南アジアの南部・東部の一部分を除く広域に活用されている。この特徴から 10（主に 13）世紀以降ムスリムの侵入があって，その影響はインドの大半に及んだ事がわかる。

④ 人名・部族名が活用され，人名は主要都市名に，部族名は州名に多く用いられている。そうすると，都市は国王（支配者）の影響が特に強く出る場所であり，地域全体は部族の影響が強く出る場所であったことがわかる。

⑤ サンスクリット語からドラビタ語に入った接尾辞や地名をみると，上層関連の地名や高貴な地名に用い，逆にドラビタ語からサンスクリット語に入った接尾辞は下層関連の地名や卑しい地名に用いられている。これは間接的にドラビタ人がアーリア人の支配下に入っていたことを示す証である。

⑥ インド系の地名や接尾辞は，東南アジアにも広がっているが，北部や西部の遊牧地域には殆ど活用されていない。これは南アジアの人々の関心は，内陸アジアや西アジアより，熱帯の東南アジアにあった事を意味する。

⑦ 行政区画を表す地名や地名接尾辞が出てこない。これはインド社会全域を網羅する政治力や組織力は充分発達していなかったことを示している。

⑧ インドとパキスタンにパンジャブとカシミールの地名があり，インドとバングラデシュにベンガルの地名がある。つまり 2 カ国に同一の地方名が存在する。これは本来同一文化・民族の地であったことを意味する。

5. 国名・地名からみた南アジア観

　地理的内容を扱う場合は「南アジア」という表現を用い，文化的・宗教的・民族的・歴史的内容などを扱う場合は「インド世界」という表現が適当だと考える。

A. インド世界の多様性

　インド世界では部族名や支配者名を持つ王朝・王国名が多い。それに加え，都市名には人名，州名には部族名が多く用いられている。王朝・王国名と州名に用いる部族名をみると，中央アジアや西アジア方面との関連性が強いことがわかる。中でも特に13世紀後半以降は，ムスリム（ムサルマーン）の侵入が激しくなった。侵入した多くのイスラム系王国は，都市名に支配者名を用いたり， ābād の接尾辞を付けてイスラム化の推進を図ったりしたことが推測できる。また南アジアの中心種族であるアーリア人自身も，古い時代に北西から侵入してきた人々である。そう考えれば，インド世界は古代から幾多の侵入者によって創られた文化，社会であるとみることができる。またカースト[26]も，種族的カーストと職業的カーストに大別されるが，種族的カーストはこのような異民族侵入による支配，被支配の歴史過程が社会の中に残ったものといわれる。このような侵入部族の歴史を持つがゆえに，インドは「8里行けば言葉が変わる」とか，「179の言語と544の方言がある国」（G・A・クリアソンの調査）となってしまった。またインド紙幣のルピーも17種類の異なる言語で記されている。当然現在のインドは，言語，文字，民族，宗教，制度，文化などが大変複雑で，地方色の豊かな社会となっている。インド一国でもヨーロッパ全域に匹敵して余りある多様な構造を持っている。このような現状から判断すると，インドはヨーロッパのような中小国家が数多く独立したとしても不思議ではない社会であるといえる。つまり，年代も出身地も言語も異なる多様な部族・

民族の流入は，政治的・社会的に不安定な要因を助長し，統一性のない割拠の社会状態をつくったといえる。南アジアでは，古代から先住者と侵入者との抗争が，インド世界（南アジア）の歴史を作ってきたのである。これは南アジアの持つ本質的な特徴であると捉えるべきである。

B．インドの人々の関心と南アジアへの侵入民族の範囲

地名をみると，サンスクリット系言語の pur や nagar，kota などがインド世界と東南アジアに数多く命名されているが，北西のアフガニスタンやイラン，中央アジアには殆どみられない。あってもその数は東南アジアの比ではない。これはインドの人々は西部や北部に移住しなかったことを示している。アフガニスタンや中央アジアに少し残るインド系の地名も，その語源から判断すれば仏教などの文化伝播によるものが多い。地名からみて，インド以西や以北の地は，インドの人々にとっては全く魅力の無い世界と映っていたと判断する。

逆にインド系地名の多い東南アジアとの係わりをみると，東南アジアで用いるインド系地名の特徴や語源から判断するなら，インドからの多数の民族移住を伴った移動ではなく，文化の導入が中心であったように思われる。その理由は，東南アジアの人々にとって都合の良い神話名や，権威あるサンスクリット系接尾辞などは多く借用したが，他の多様なインド系地名はあまり取り入れていないし，身分差別の強いカースト制度も取り入れていないからである。ちょうど，日本が中国の文化や地名を導入したのと似た状況が連想できる。このような理由により，インドから東南アジアへの移住は，平和的で，しかも小集団による各地域への入植程度であったと結論付けてよいだろう。

次にインドへの侵入部族に視点をあてて考察すると，インド系の人々と逆の価値観を北西部の遊牧部族が持っていたことになる。北部や西部の遊牧地域・オアシス地域で，人口が増えて飽和状態になれば，軍事力をつけて南アジアに侵入し，そこに生活の場を求めたのである。つまり南アジア（インド世界）は西アジアや中央アジアの人口の受け皿だったといえる。 Shahr, ābād, stan

の使用や，歴史的な王国名の語源などを参考にして侵入者の故郷を割り出せば，西はおおよそペルシア系住民の居住地域から，東はアルタイ山脈以西の地域（現トルコ系諸部族の居住地）であったことが推察できる。見方を変えれば，南アジアという地域は，何千年にわたって人口を受け入れるだけの豊かさと魅力を持った地域であると表現することもできる。

C．集団の社会

　インド世界では，王国名や州名に民族・部族名が多用されている。これは様々な民族・部族が暮らし，様々な言語・文化・生き方がある事を示している。また宗教地名が多く，宗教が生活と一体化していることも示している。これに加え，インド世界では政治組織は伝統的に弱い。このような特徴を持つインド世界を，統一性の無い社会と置き換えて表現する事もできる。では，統一性の無いインド世界は何を基準に成り立ってきたのか？　それは集団による社会と言ってよいだろう。その集団とは，宗教集団，部族集団，言語集団，カースト集団，職業集団，村落集団，共同家族集団等々である。そして各集団には独自のルールがある。また何か特別な行動を起こす場合は，集団を結集させる力として，あるいは集団の利権を実現させる力としてリーダーを必要とした。インド世界には，独立の父ガンジー，以前のアーマド王，財閥の創始者ジャムシェドなど多様な人名が地名化されて残っているが，彼らは皆各集団のリーダーであった。リーダーの全てが地名として残る訳ではないが，図9の地名はその幾つかが残ったものといえる。大きな動きになるが，第二次世界大戦後のジンナーによるパキスタンの独立，ラーマンによるバングラデシュの更なる独立，部族代表によるインドの州再編成といった動きも，集団行動の中の1つに含められる。インド世界では社会の末端まで多様な集団が組織化され，活動している。そして集団内では強烈な仲間意識を持って助け合う。しかし集団外はよそ者であり，かかわろうとしない。つまりインド世界では，集団を抜けては生きられない社会である。それゆえ「民族」という概念も欧米とは定義を異にし，共通

意識を持つ集団を意味する。ここにインド社会の持つ大きな特徴がある。

D．インド社会の政治形態

　歴代の王国名をみると奴隷王朝という呼び方があり，また1国に2通りの呼び方をする場合もあって，王国名に曖昧さが感じられる。これは，王国は国号を用いなかったか，あるいは強く表明しなかったものと推測する。さらに南アジアには，行政区画名に当たる地名も地名接尾辞も出てこない。これらを合わせて考えると，インド世界ではしっかりした政治支配体制は整っておらず，政治的統率力は弱かったのではないかという推測が成り立つ。

　そこでインド世界に存在した王国の支配方法について調べてみると，山崎(1986,pp.12-17)は，自治組織をもつ村落の有力者にその支配の一翼を担わせ，カーストなどの社会制度を活用して支配したと述べている。これはイスラム系諸王国の支配時代でも同様であった。またインドの国王は租税徴収の権限は持っていたが，土地や農民の支配権は耕作者か地主が持っていて，王に無かったとも述べている。つまりインド世界は，支配者の権力が弱く，土着民の制度や宗教の力を借りなければ支配できない社会であったと捉えることができる。

E．神話・宗教の世界

　インド思想は，神話・宗教のような永遠なるものを重視するが，王国のような限りあるものにはあまり興味を示さない特徴がある。それが地名にも表れ，図8のようにインド独自の神話・宗教名を多く用いた。また「バーラト」をはじめとする現代の国名や，歴史的呼称名である「アーリアヴァルタ」「ジャンブドヴィパ」も宗教観念に基づく名称である。これに加え，伝統あるサンスクリット系接尾辞の pur や nagar などが神話・宗教関連地名を補佐するように用いられてきた。これらは政治的に不統一の歴史をもつインド世界に社会的一体感を与えてきた。このように宗教関連の国名や地名を多用してきたというこ

とは，人々の生活や行事も神と結びつき，ヒンズー教に基づくダルマ（宗教思想や規律）を尊び，それと一体化して成り立つカースト制度も利用して社会を律してきたことを間接的に裏付けている。梅棹は『文明の生態史観』の中で，「インドの絵画は神様の絵，彫刻は神様の像，舞踊は神様の踊り，休日は神様との関係，商店街は神様と同盟であり，聖なるものと俗なるものが融合して分離できない。全ての社会現象は宗教的現象と結びついて成り立っている」と述べている。地名もこのような社会現象の関連の下で命名されている。

もし現在のインドが，宗教地名を国名とせず，歴史的王国名のように部族・民族を基本に据えて国家の独立を望んだとしたら，インド１国だけでも現在の州の数２８やインド紙幣のルピーに記載されている言語の数１７ぐらいの独立国が出来ていても決して不思議ではなかった。

これらの条件を総合して考えると，インド世界は軍事力や政治組織力によってまとまる文化圏ではなく，神話・宗教でなければまとまらない社会であったと結論付けられる。それゆえ政治的な安定を望むこと自体が，本来無理な文化圏であると推察する。インドは20世紀になって初めて本来のインド世界の姿に気づき，宗教を基本に据えた国造りを行ったといえるだろう。

F．ヒンズー教の力

ヒンズー教は，宗教に限らず，個人の生き方，全ての社会組織や社会現象にも絡んでいると述べた。アル・ビールーニ[27]は「インド人はインドに匹敵する国も宗教も科学も無いと信じ，自負心が極端に強い」と述べ，梅棹(1974,p.34)も「インド人は恐ろしいほど中華思想が強い」と述べている。この背景には，宗教に裏打ちされた生き方や社会への強い自負心が存在するからである。このような宗教的中華思想をもつヒンズー教徒に対し，イスラム教徒は10（主に13）世紀以降，武力で支配して，まず都市住民の一部と多くの最下層民，商人などをイスラム教に改宗させて取り込んだが，多数を占めるインドの農民までは取り込めなかった。インド世界は，ムスリムによる支配が7~800年以上の長期

に及んだのに，北西部からの侵入者が多く住み着いた西部と仏教徒の多かった東部以外は，農民を改宗させる力もヒンズー社会[28]を変える力も無かった。逆にインド世界では，カースト制度の施行される社会は，何の神を信仰しようがヒンズー社会の範疇と見なされた。つまりアッラーも多様な神の1つであり，カーストを構成する宗教団体の1つとして扱われたのである。英領からの独立にあたり，カースト制度やヒンズーの価値観・文化が社会全体を律している現状で独立すれば，インドムスリム（ムサルマーン）も，いつかは古の仏教と同じようにヒンズー教に飲み込まれてしまう結果になる。これを恐れ，ムサルマーンは人種・民族的共通性を犠牲にしてまで分離独立を求め，武力衝突と宗教対立に突入したのである。つまりインド世界では，ヒンズー教は他の宗教でも武力でも変える事ができない程の圧倒的な強さを持っているのである。と同時にヒンズー教を抜きにして，何も語る事ができない文化圏なのである。

G. インド世界のイスラム教

インド国内の ābād と sahar の接尾辞からイスラム教を分析すると，サスクリット系の pur や nagar の数には及ばないにしても，図10のようにかなり活用度が高い。それも重要都市名に多く用いられている。インド国内におけるābād と sahar の多さは如何なる理由によるものかを推察すれば，侵入ムスリムはペルシア語を公用語とし，都市を支配し，都市を基盤に勢力拡大を図ったと考えられる。農村に関しては，ムスリムの多くは遊牧生活やオアシス都市からの侵入者だったこともあり，インド世界の基本を成す農耕社会の制度や生活には慣れていなかった。それゆえ農村には充分入り込めず，結局都市に集中して生活したものと結論付けられる。つまりイスラムの支配者は，農村を税制面で支配できても，文化や精神面まで支配することは不可能だったのである。言い方を変えれば，複雑多様な風土に根ざし，多くの神々を祭るヒンズーの思想や文化をイスラム風の一神教的・画一的性格に改めさせることは不可能だったともいえる。結局インドムスリムの存在感を示すために，支配下の重要都市に

ābād や支配者名を多用したのであろう。インド世界におけるイスラム教の立場をみると，古の仏教と同様に特に都市に発達した宗教だったのである。

H．インド世界東部から東南アジアに広がるイスラム教

インド世界東部のバングラデシュや東南アジアのインドネシア，マレーシアには，パキスタンでみられる ābād や sahar や人名の使用は殆どない。それなのにイスラム教が信仰されている。そうすると，バングラデシュ，インドネシア，マレーシアのイスラム化は，パキスタンのような武力を伴った民族（ムスリム）侵入による信仰拡大とは異なる改宗だったと捉えなければならない。

そこで，バングラデシュをもう少し深く考察してみる。歴史書では，東ベンガルはマウリヤ朝からパーラ朝まで仏教理念に基づく王朝・王国が支配し，仏教中心の社会で，その後ヒンズー教理念のセーナ朝に1世紀ほど支配され，勢いは減少したが仏教信仰は消え去ることはなかったという。ところがムガール支配時代（16～19世紀）に入ると，イスラム教への改宗者が急増し，仏教がほぼ消えたといわれる。ではムガール帝国の支配地が全てイスラム化したかと言うとそうではない。この仏教徒消滅現象を，歴史書では組織力の弱さとか仏教の教義が難しくなって民衆の心から離れていったとか説明している。しかしこの説明だけでは十分納得がいかない。組織力の弱さや仏教教義が難解という問題だけなら，もっと以前から人心が仏教から離れていったはずである。歴史的動きからみて，イスラム教への改宗には別の要因が存在したように思える。推測できる事として，宗教形態面では仏教は多神教だが，インド世界ではブッダ個人への信仰が強くて一神教的性格であった。宗教思想（教え）面では，仏教の平等思想とイスラム教の神の前の平等，さらに貧民の救済等の教えに共通する思想が多々あった。つまりブッダ信者には，アッラーが受け入れやすかったのではないかと推察する。そして宗教社会面では，政治的・社会的支柱（保護）を失った仏教信者は，ムガール帝国の下で，宗教と社会生活と政治を一体とする教えのイスラム教へ集団で改宗したのではないかと考える。

第3章 西アジア・北アフリカ文化地域

1. 現在の国名

A. 部族・民族名を用いた国名

a). トルコ

「トルコ」の正式国名「チュルキエ・ジュムフリェティ Türkiye Gumhuriyeti」は、"トルコ共和国"を意味する。Türkiye[29]は、トルコ族の名に由来し、語源は"兜"を意味する。この名称は中国西部からヨーロッパにまたがる諸族の総称名として、また遊牧連合体名としても用いられ、両方の意味がある。ちなみに中国語ではトルコを「突厥」と表記する。

b). イラン

「イラン」の正式国名「ジョムフーリーイェ・エスラミーイェ・イーラーン Jomhūrī-ye Eslāmī-ye Īrān」は、"イランイスラム共和国"を意味する。Īrānとは"高貴な、尊敬される"を意味する(Adrian,1974,p108)。この名は周辺諸族に対する中華思想から生じた名称で、これが民族名になり、さらに国名へと活用された。1935年までは、ギリシア語表現の「ペルシア」[30]を国名としていたが、緩衝国からの脱却、民族意識の高揚もあって「イラン」に改名した。

c). アフガニスタン

「アフガニスタン」の正式国名「ジョムフーリーイェ・エスラミーイェ・アフガーニスターン Jomhūrī-ye Eslāmī-ye Afghānistān」は、"アフガニスタンイスラム共和国"を意味する。Afghānistānとは主要住民のAfgan ("騎士") 人 (自称名パシュトゥーン) の名に由来する(Adrian,1974,p279)。

d)．イスラエル

「イスラエル」の正式国名「マディナット・イスラエル Madinat Israel」は，"イスラエル国"を意味する。Israel の語源はヘブライ語で"神と競う"とか"神と共にある人"という意味である。この国は欧州からの入植者が 1948 年に建てた国で，国名はユダヤより遥かに古いイスラエル十二支族の名＝民族名をあてた。イスラエルの名は古代のイスラエル王国の復活名でもあり，さらにイスラエルはヤコブの別名なので宗教地名でもある。イスラエルはこの 3 つを兼ねた名称である(Adrian,1974,p109)。

e)．アラブ首長国連邦

「アラブ首長国連邦」の正式国名「アルイマーラート・アルアラビーヤ・アルムッタヒダ Al Imārāt al Arabīya al Muttahida」は，"アラブ首長国連邦"[31]を意味する。アラブは"荒野"を意味する自然名からおこり(和泉光雄,1999,p56)，この名が民族名にも用いられた。国名はペルシア湾岸のアラブ系 9 小土侯の連邦で話が進められ，最終的に 7 土侯をもって独立を達成したので，正確にはアラブ系の土侯（首長）の連合という意味になる。

ちなみにアラブという民族名を重視した名称なら，1958 年の「アラブ連合共和国」や，同年のハシミテ家[32]支配下のイラクとヨルダン両王国連合の「アラブ連邦」や，1971 年結成の「アラブ共和国連邦」が代表例といえる。

f)．ハヤスタン（アルメニア）

「アルメニア」の正式国名は「ハヤスタニ・ハンラペッチェン Hayastani Hanrapetut'yun」で，一般に「ハヤスタン」と呼ぶ。ハヤスタニ，ハヤスタンは"ハイ人の土地（国）"を意味する。国際呼称名「アルメニア共和国」のアルメニア Armenia はハルミンニ Harminni に由来し，Har は"山"で"ミンニ人の山"を意味する（高橋勝,1928,p32）。

g)．サカルトベロ（ジョージア）または（グルジア）

「ジョージア」の正式国名「サカルトベロ Sakartvero」は，"カルトヴェリ人の国"を意味する。国際呼称名の「ジョージア」はグルジ地方に因んだもので，その語源は守護聖人ゲオルコス"農夫"に由来する(和泉光雄,1999,p173)。

h). アゼルバイジャン

「アゼルバイジャン」の正式国名「アゼルバイカン・レスプブリカシー Azerbaycan Respublikasi」は、"アゼルバイジャン（人の）共和国"を意味する。アゼルバイジャン（アゼリー）人の名の由来は、古代アケメネス朝ペルシア時代、この地の太守の Atropate という人名に由来するという説と、Azer"火"に Baijan"保護する者"を合わせた名という説がある（和泉光雄,1999,p176）。

「アルメニア」「ジョージア」「アゼルバイジャン」のカフカス3国は、ソ連崩壊まではソ連圏の国家として西アジアから分割されていた。

B. 民族名と伝統的地域名・都市名を合わせた国名

a). シリア・アラブ

「シリア」の正式国名「アルジュムフーリーヤ・アルアラビーヤ・アッスーリーヤ Al Jumhūrīya al Arabīya as Sūrīya」は、"シリア・アラブ共和国"を意味する。Sūrīya の語源は、"アッシュール(asu は"太陽、日の出")という最高神の国"を意味する(Adrian,1974,p189)。シリアは、前5世紀以降地中海東岸地域からメソポタミア北部にかけて用いられた地方名であった。「シリア」も、国内ではアラビア語で「アッシャーム Ash Sham」"北＝左（イエメンの反対）"（蟻川,1993,p.102）[33]と呼ぶ。これは首都ダマスカスの正式名称「デマシュク・アッシャーム」から採った国名である。

b). ミスル（エジプト）・アラブ

「エジプト」の正式国名「ジュムフーリーヤ・ミスル・アルアラビーヤ Jumhūrīya Misr al Arabīya」は、"ミスル・アラブ共和国"を意味する。Misr はアラビア語で"軍営都市"を意味する。首都の「ミスル・アル・カーヒラ＝カイロ市」に因んだ国名である[34]。国際呼称名の「エジプト Egypt」[35]は、古代の都メンフィスの別名「ハトカプタ」"puta 神の祀られているところ"をギリシア語化したもので、hat が ai に、ka が gy に、puta が putos に置き換えられ、「Aigyputos」から「Egypt」の名が生じた（日本イスラム協会,1991, p.358）。

c)．リビア・アラブ

「リビア」の正式国名「アルジャマーヒーリーヤ・アルアラビーヤ・アッリービーヤ・アッシャアビーヤ・アルイシュティラーキーヤ・アルウズマー Al Jamāhīrīya al Arabīya al Lībīya al Shabīya al Ishtirākīya al uzmā」は，"大リビア・アラブ社会主義人民共和国"を意味する。Lībīya とはギリシア女神の名に由来する。他にギリシア語の Liba "南西風"という説等もある。(召献冬ほか, 1983, p202)。

1958年にエジプトとシリアが国家統合して「アラブ連合共和国」を結成したが，1961年に解消した。1971年にはエジプト，シリア，リビアが「アラブ共和国連邦」を結成したが，これも1977年に解消した。

C．王家の名と地方名を合わせた国名

a)．サウジアラビア

「サウジアラビア」の正式国名「アルマムラカトウ・アルアラビーヤトウ・アッサウーディーヤ Al Mamlakatu al Arabīyyatu as Saūdīyyat」は，"サウド家のアラビアの王国"を意味する。アラビア半島の大部分を統一して独立した1926年の時点では，主要地方名を併せて「ナジュド・ヒジャス王国」と名乗った。支配体制が安定してくると，サウド家の名を前面に出し「サウジアラビア王国」と改名した(Adrian, 1974, p180)。

b)．ヨルダン・ハシミテ

「ヨルダン」の正式国名「アルマムラカ・アルウルドゥニーヤ・アルハーシミーヤ Al Mamlaka al Urdunnīya al Hāshimīya」は，"ヨルダン・ハシミテ王国"を意味する。ヨルダンは川の名で，語源はヘブライ語の jarden "溝，川床"か，jarda "流れ下る，流水"の意味であろうという。イギリスの委任統治領から独立したときは「トランスヨルダン王国」"ヨルダン川の後背地"と名乗った。しかしヨルダン川西岸地区を併合したとき，名門ハーシム家の名を付け「ヨルダン・ハシミテ王国」と改名した(Adrian, 1974, p112)。

D. 首都名・主要都市名が起源となった国名

a). クウェート

「クウェート」の正式国名「ダウラ・アル・クーワイト Dawla al Kūwait」は、"クウェート国（王朝）"を意味する。砂漠の小都市「クウェート」の名を国名とした。ペルシア語のクート kut "城"が語源で、クーワイトは"小さな城"を指す（Adrian,1974,p.119）クートはアラビア語の qal`at の派生語である。

b). チュニジア

「チュニジア」の正式国名「アルジュムフーリーヤ・アルトゥーニイジーヤ Al Jumhūrīya al Tūnisīya」は、"チュニジア共和国"を意味する。チュニジアは首都チュニスに因み、ia を付け、"チュニスの国（地方）"を国名とした。チュニスとはフェニキア人の神の名タニトフ Tanitkha に由来する。アルジェリア同様、都市名を地方名に、さらに国名へと活用した（Adrian,1974,p.198）。

c). アルジェリア

「アルジェリア」の正式国名「アルジュムフーリーヤ・アルジャザーイリーヤ・アルディームクラーチーヤ・アルシャビーヤ Al Jumhūrīya al Jazāirīya al Dīmuqrātīya al Shabīya」は、"アルジェリア民主人民共和国"を意味する。al Jazāirīya は首都アルジャザーイール（アルジェ）"島"に因み、首都名に ia "国、地方"を付けて"アルジェの国"または"アルジェを中心とする国（地方）"と呼ぶ。都市名から地方名をつくり、地方名から国名をつくった（Adrian,1974,p.30）。

参考までに、エジプトの国内呼称名は「ミスル」である。マグラビアの国際呼称名は「モロッコ」である。この両国名とも都市名から命名しており、イスラム文化圏のうちの5カ国が都市関連の国名となる。また「リビア」の「トリポリタニア Tripolitania」"トリポリ（3都市の意味）市の地域"（Taylor,1882,p.5）[36]や、「キレナイカ Cyrenaica」"キレネ（キレニ人）市の地方"といった主要地方名も同様に主要都市名から命名している。そうすると、北アフリカ全域が都市名を基本とした命名思想を持っていることになる。

E. 特定の地域名や自然名を用いた国名

a). イラク

「イラク」の正式国名「アルジュムフーリーヤ・アルイラーキーヤ Al Jumhūrīya al Irāqīya」は、"イラク共和国"を意味する。バグダッドより下流域は沼沢地が広がるが、アラビア語ではここを「イラク・アラビ」"アラビア低地"と呼ぶ。この"低地"を国名とした。また"川と川の間の土地"の意味で、ギリシア人は「メソポタミア Mesopotamia」と呼んだ(Adrian,1974,p.108)。古代の都市国家名「ウルク」の名は、イラクの元の名であるという。1958年イラクはヨルダンと「アラブ連邦」を結成したが、同年クーデターで消滅した。

b). オマーン

「オマーン」の正式国名「サルタナト・ウマーン Saltanat Umān」は、"オマーン国(王政)"を意味する。Umān は砂漠と海で隔離されたアラビア半島先端域の地方名であった。ウマーンの語源は海洋部族名という説、人名という説、古代都市名で遊牧民の"泊る"という説等があって不明確である。ギリシア時代のプトレマイオスは、この地を Omanum Emporium "オマーン商業地"と記している。伝統ある名称である (Adrian,1974,p.153)。

c). イエメン

「イエメン」の正式国名「アルジュムフーリーヤ・アルヤマニーヤ Al Jumhūrīya al Yamanīya」は、"イエメン共和国"を意味する。アラビア語で Yaman "右"は聖地メッカに立って正面となる東を向けば、聖なる方位=右手にあたることから地方名が生じ、それを国名に用いた。イスラム以前は、ローマ人などから Arabia Felix "豊穣なアラビア"と呼ばれた(Adrian,1974,p.221)。

d). レバノン

「レバノン」の正式国名「アルジュムフーリーヤ・アルルブナーニーヤ Al Jumhūrīya al Lubunānīya」は、"レバノン共和国"を意味する。レバノンは後背にあるレバノン山脈の名を国名としたもので、laban はセム語で"白い"という意味である。山頂の雪か、山頂の石灰岩の白に由来する。仏委任統治領

のシリアの海岸沿いの一部が分離独立した国である（Adrian,1974,p.122）。

e), カタール

「カタール」の正式国名「ダウラ・アルカタール Dawla al Qatār」は、"カタール国（王朝）"を意味する。カタールの名は半島名から生じ、アラビア語で"部分、点"を意味すると推定されている（召献冬ほか,1983,p225）。

f), バーレーン

「バーレーン」の正式国名「アルマムラカ・アルバーレーン Al Mamlaka al Bāhrayn」は、"バーレーン王国"を意味する。バーレーンはアラビア語で"二つの海"を意味し、海中に淡水が沸いている事に因んで呼ばれた名である。元は、クウェートからカタールまでの海岸の名であった（Adrian,1974,p.42）。

g), キプロス

「キプロス」の正式呼称名は2言語からなり、ギリシア名では「キプリアキ・ディモクラチア Kypriaki Dimokratia」で、トルコ名では「クブルス・ジュムフリエティ Kibris Cumhuriyeti」という。共に"キプロス共和国"を意味する。キプロスは島名に由来する。島名はフェニキア語で、島に繁茂していた chopher "糸杉"から生じている。（召献冬ほか,1983,p440）。

h), マグラビア（モロッコ）

「モロッコ」の正式国名「アルマムラカ・アルマグラービヤ Al Mamlaka al Magrābiya」は、"マグラビア王国"を意味する。Magrabiya はアラビア語で"極西"を意味する。アラブ系住民の西の端に位置するからである。国際呼称名の「モロッコ」は都市の「マラケシュ Marrakech」に因んだ名である。マラケシュの英語化した表現がモロッコ Morocco である。世界的にみれば「モロッコ」の方が知名度は高かったからである（Adrian,1974,p.143）。

i), スーダン

「スーダン」の正式国名「アルジュムフーリーヤ・アッスーダン Al Jumhūrīya as Sudan」は、"スーダン共和国"を意味する。Sudan はサハラ以南の広大な黒人居住地に与えた「ビラドアッスーダン Bilad al Sudan」アラビア語で"黒人の地"という地方名を借用して国名にした（Adrian,1974,p.188）。

2. 王朝・王国名

　世界最古の歴史を持つ西アジア・北アフリカには，大領域を支配下に置く王朝・王国が多く興った。ここに興った主要な王国・王朝名を由来から分類する。
A，人（支配者）名・人（支配者）名関連に因む王朝・王国名。
B，家名に因む王朝・王国名。
C，部族名に因む王朝・王国名。
D，自然・地域に因む王朝・王国名。
E，神話・宗教に因む王朝・王国名。
F，文化的要素に因む王朝・王国名。
G，軍事的要素に因む王朝・王国名。
大きくこの7つに分類する。以下この区分に従って説明する。

A，人（支配者）名・人（支配者）名関連に因む王朝・王国名

　数からみて，人名の活用がほぼ半分を占める。その中で王朝・王国の建国者名を直接用いた名称をあげる。「アレクサンドロス帝国」（前330-前323）はAlexandrosに因んだ。「イドリース朝」（788-974頃）はIdrisに因んだ。「アグラブ朝」（800-909）はAghlabに因んだ。「ターヒル朝」（820-872）はTāhirに因んだ。「トゥールーン朝」（868-905）はTūlūnに因んだ。「サーマーン朝」（875-999）はSāmānに因んだ。「ブワイフ朝」（932-1062）はBuwayhに因んだ。「ハフス朝」（1228-1574）はHafsに因んだ。「ティムール帝国」（1370-1507）はTimūrに因んだ。「ザイヤーン（ジャーン）朝」（1599-1758）はZayyānに因んだ。また建国者名に地名か民族名を付け足した名称では，「アケメネス朝ペルシア」（前550-前330）はAchaemenesに地名を加えた。「セレウコス朝シリア」（前312-前63）はSeleukosに地名を加えた。「プトレマイオス朝エ

ジプト」(前304-前30)はPtolemaiosに地名を加えた。「オスマントルコ帝国」(1299-1922)はOsmanに民族名を加えた。

　建国者の仕事や特徴から命名した名称もある。「サッファール朝」(867-903)は，建国者の元の仕事はSaffār"銅細工師"(下中,1973,二,p.274)であったことに因んだ。「フレグ・ウルス」はチンギス・カーンの孫のHuleguに因んだ名であるが，フレグ・ウルスはIl Khān"部族民の君主"という尊称もあったので，別名「イル・ハン国」(1258-1353)とも呼ばれた。両方とも建国者に絡む名称である。「パフラビー朝」(1925-79)はRezā Shāh Pahlavī"パルティア(イラン)の王レザー"という称号に由来する名称である。

　他に，王朝の建国者ではないが，王朝に影響を与えた人名の名称もある。「サザン朝ペルシア」(226-651)は先祖の祭司のSāsānに因んだ。「アッバース朝」(750-1258)はイスラム教の創始者ムハンマドの伯父のAbbāsに因んだ。「セルジュークトルコ」(1038-1194)は一族の祖であるSeljūqに因んだ。「アイユーブ朝」(1169-1250)は建国者サラディンの父のAyyūbに因んだ。「ファーティマ朝」(909-1171)は，マホメットの娘Fātimaの後裔あると主張したことに因んだ。「ワッハーブ王国」(1744-1818, 1823-98)は，サウド家の精神的支えであった宗教家のWahhābに因んだ。

B, 家名に因む王朝・王国名

　王家の名をそのまま活用した名称がある。「ウマイヤ朝」(661-750)はUmayya家の名から命名した。「サファビー朝」(1501-1736)はSafavī家の名から命名した。

C, 部族名に因む王朝・王国名

　王国を建てた部族名に因んだ名称がある。「ヘブライ王国」(前1000頃)とは先住民がHebraioi("河(ibri)の向こう側から来た人")人と呼んだ他称名

から生じた名である(C,Roth,1970,p8)。「パルティア王国」（前248頃-後226）は Parthava（ペルシア語"辺境の人々"）族の名に ia を付け"パルサバの国"を指したギリシア語表現である（下中,1984,七,p.434）。「マリーン朝」(1198-1470) はベルベル系の Marīn 族に因んだ。「カージャール朝」(1796-1925) はトルコ系 Qājār 族に因んだ。

D, 自然・地域に因む王朝・王国名

自然的特徴や地域的特色から採った名称がある。古代オリエントで最も古い「シュメール」（前3000頃）は，楔形文字に残されていた Kiengira "葦の生える土地の国" の名が変形して Sumer[37] になった（下中,1973,十四,p.480）。「ヒッタイト」（前18世紀頃）の Hittite とは"谷の人"[38] を意味し(下中,1984,八,p.18)，逆に「アラム Aram」（前12-前8）は"高地"を意味し(和泉,1999,p.26)，共に居住地の地形的特色から呼ばれた名称である。「カッシート Kassīte」（前16-前12頃）は「カッシュ Kashushu」ともいい，原住地がカフカス"白山"地方出身であったことに由来する（高橋,1928,p117）。「バクトリア Bactoria」（前255頃-前139）はギリシア語で"バクタル Bactar（ペルシア語"東方の地"）地方の国"と呼んだ名である（椙村,1986,下,p.323）。このほか「ホラズム・シャー Khwārazm・Shāh 朝」（1077-1231）の Khwārazm は王朝の栄えた地域名であり，語源はペルシア語で"低地の国"[39]を意味し，Shāh はペルシア語で"支配者や王"を意味した(召ほか,1983, p.182)。

E, 神話・宗教に因む王朝・王国名

神話・宗教に因んだ名称がある。これは古代の王国名に多い。ナイル流域に興った古代「エジプト王国」（前3000頃-前6世紀）の都は，現地名で「ハトカプタ hat ka puta」"プタ神の祭られている場所"と呼ばれていた。これをギリシア人はギリシア語 (hat→ai, ka→gy, puta→putos) に訳して Aigyptos

と呼んだ。「バビロン Babylon」（前 19 世紀）はアッカド語で"神の門"[40]を意味し，「バビロニア Babylonia」"バビロンの国"はこのギリシア表現である（下中,1984,七,p.400）。「アッシリア Assyria」（前 2000 年紀）もギリシア表現で"アッシュールの国"を意味するが，Asshūr は住民の信仰していた最高神（asu"太陽とか日光"が語源）の名である。イラン系民族に属する「メディア王国」（前 8 世紀-前 550）は Media 人に由来するが，そのメディアの語源は"メドス Medos が支配した国"というギリシア神話に由来する（下中,1973,三十,p.127）。「イスラエル王国」（前 992-前 722）は，ヤコブのセカンド名の Israel からでて"神と競う者"（isra"組み打ち" el"神"）という説，"神とともにある人"（is"人" rea"友" el"神"）という説がある。これが部族名となり，さらに王国名になっている。「ムワッヒド Muwahhid 朝」（1130-1269）は指導者がイスラムの信奉者であり，多数の帰依者を集めた集団名から採った。

F. 文化的要素に因む王朝・王国名

「ミタンニ Mitanni」（前 16 世紀）は王国の性格からアーリア語で"貴族・戦士"を意味するマリヤンニ marijanni から採った名である（下中,1984,八,p.399）。「フェニキア Phoenicia」（前 12 世紀）とはギリシア語で"真紅"を意味し，彼らの着ていた紅い外套をみてギリシア人が呼んだ名（下中,1984,八,p.92）であるが，これをローマ人はポエニ Poeni といった。

G. 軍事的要素に因む王朝・王国名

「ムラービト朝」（1056-1147）の Murābit は，アラビア語で"兵営（ribāt）の駐屯地"を意味するが，これは軍事力でイスラム信仰を拡大したことに因んでいる（下中,1984,九,p.14）。「マムルーク朝」（1250-1517）の Mamulūk はアラビア語で白人の"奴隷"を意味し，支配者が奴隷出身[41]であったことに因んで命名している（三浦,2001,p.43）。

3. 市町村接尾辞・都市名・地域名

南アジアと同様の分析手法をとる。(接頭・接尾辞, 地名のカテゴリー化)

A. ペルシア系接頭・接尾辞

図10のようにペルシア語系接尾辞は, 西は現在のトルコ, 東と南はインド亜大陸, 北は中央アジアとロシア南部に分布している。数が多いアーバードābād[42]は, 英語のtownにあたり"町"を指す。Ābādはイランを中心にインドやテンシャン山脈沿いの中央アジアに多く活用されている。シャハルshahr類 (shehir, shehr, shar, sehir)[43]は英語のcountryやcityやtownにあたり"国, 市, 町"を指し, イラン, トルコ, 中央アジア, 中国西部にみられる。カンドKand類 (kend, kent)[44]は英語のcityやtownにあたり"市, 町"を指し, 特にイランから中央アジアに活用されている。これ以外でペルシ

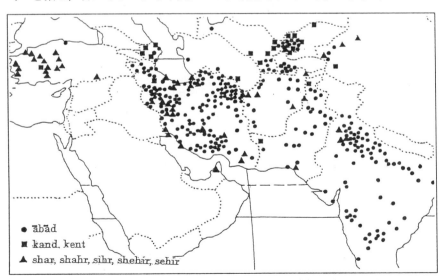

図10 都市, 市, 町, 家を表すペルシア語系の地名の分布
「The Times Atlas of The World」を参考に著者作成

ア語のスタン stan[45] は英語の land に相当し"土地,領土,国土"を表す。ちなみにペルシア語を活用する国は8カ国,公用語とする国は3カ国ある[46]。

B. アラビア系接頭・接尾辞

図11からアラビア語接頭・接尾辞をみると,アラビア半島を中心に,東はインドの西端,西はスペインとモロッコ,北はイラン,南はアフリカ東岸とサハラ南部のスーダン地方に拡がっている。この中でミスル misr は"軍営都市"を意味する。カスル qasr 類や同類の hisar 類[47] は英語の castle にあたり"支配者の家族も居住する城"を指す。Misr や qasr 類はアラブ系住民の地に多い。カラ qal`a 類 (qal`at, qalat, kalat)[48] も多用され,これは英語の fort にあたり"砦"を指す。qal`a 類はペルシア系住民の居住地域に多い。これらの接尾辞をみると,古代からみられた遊牧民の武力行使という背景が理解できる。ヘブライ語から入ったマディーナ madīnah 類 (medina, medīnat)[49] は,英

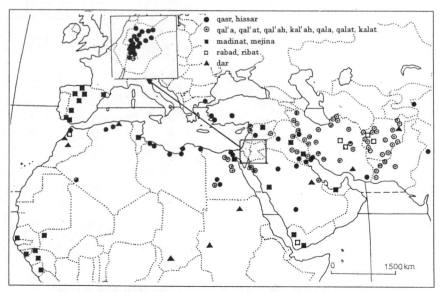

図11 砦,城,市,町,家を表すアラビア語系の地名の分布
「The Times Atlas of The World」を参考に著者作成

語の city "都市，町" と polis "国" に相当する。ラバド Rabad 類（ribād）[50] は英語の town に相当し，交易による "町，宿場町" を指す。接頭語ダル Dar は英語の house や region に相当し "家，居所，国" の意味を含む。現在，アラビア語使用国は 26 カ国あり，公用語と認める国は 24 カ国もある[51]。

C．トルコ（チュルク）系接頭・接尾辞と自然名称

　トルコ（チュルク）語は，トルコ，アゼルバイジャン，タジクを除く中央アジア 4 カ国，それにキプロスの一部，カフカスのトルコ系部族集団，ロシア国内のトルコ系住民の共和国や自治共和国，中国西部の新疆ウイグルなどに使用されている。この中で，西アジアの文化の影響を受けたトルコから中央アジア一帯には，ābād, shahr 類，kand 類の接尾辞が多く活用されている。Stan の場合はもっと広範囲に用いられている。これらの接尾辞は，今ではトルコ語となっているが，ペルシア語から導入したもので，ペルシア文化圏と間違えるほど活用度が高い。勿論トルコ独自の接尾辞もある。例えば "町，村，いなか"

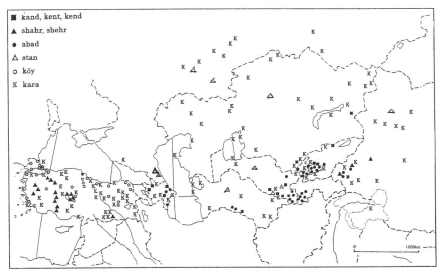

図12　トルコ系民族地域の都市，市，町，村を表す地名の分布と自然名 Kara の分布　　「The Times Atlas of The World」を参考に著者作成

を指すキョイ köy（語源は"村"）はトルコ系接尾辞である。ただ数は少ない。しかし自然名をみると，トルコ語源地名ががぜん多くなり，トルコ系住民の居住地とほぼ一致する。例えば，自然名の一部に多く用いる"黒"を表すカラ kara，"赤"を表すキジル kyzyl，"白"を表すアク ak，"黄"を表すサリー sary などがあるが，中でも数の多い kara を代表にあげ，さらに都市接尾辞と併せて分布図を作成すると図12のようになり，トルコ系の特徴がみえてくる。

D．主要都市名

表7に主要都市52市をとりあげた。この中で紀元前から存続する都市は34市あり，全体の65％を占める。また我が国最古の難波京(736)より新しい都市は8市，現在に続く平安京(794)＝京都より新しい都市は6市しかない。つまり西アジア・北アフリカには，いかに古くから都市が栄え，今に続いているかがわかる。これらの都市名をみると，都市の発生当時から全く同じ名である都市は少なく，発音や表現が変えられたか，全く異なる名称に変更されたか，どちらかである。語源をみると，意訳されて引き継がれた都市もかなりある。

表7　西アジア・北アフリカの主要都市名

	由来語	語源	正称，別称，他称，旧称，古称な	形成年代	特色	出典
カブール Kabul	ペルシア語	倉庫，商品の置き場所	古カブラ	前4世紀	首都，一時期ムガール帝国の首都、交通の要衝	(1) p113
カンダハル kandahar	ペルシア語	アレクサンドロス大王	古アレクサンドリア・アラコシオルム	前4世紀	交通の要衝	(3) p180
テヘラン Tehran	ペルシア語	低地，平地		12世紀	イランの首都，カジャール朝の都	(1) p192
マシュハド Mashhad	アラビア語	霊廟，殉教者の地	別メシェッド，古トゥスサナーバード	古代より	シーア派最高の聖地	(3) p17
タブリーズ Tabriz	ペルシア語	温泉が流れ出る	古タウルス	3世紀以前	イルハン国の首都，カザンハンの首都	(4) p59
イスファハーン Esfahan	ペルシア語	軍隊，または馬囲い	古アスパダナ	前20世紀	サファヴィー朝の首都，中世の中心都市	(4) p60
ハマダーン Hamadan	ペルシア語	集会の場所	古エクバタナ，アクバタナ	前6世紀以前	古代メディア王国の首都	(15) p245
シーラーズ Shiraz	ペルシア語	ライオンの腹，または居所 町 市	古ティラジュ	684、15世紀再建	アラブの軍営設置より。交通路	(3) p163
アフワーズ Ahvaz	ペルシア語	クーズ族	古ホルムズド・アルタシール，別アフバーズ	3世紀	古くから物資の集散地	(3) p219
コム Qom		蜂起する	別クム	古代より	シーア派の聖地，古代ゾロアスター教の聖地	(6) p177
ケルマンシャー Kermanshah	ペルシア語	支配者（王）の城	旧バーフタラーン	前325年	交通の要衝、古代、中世はペルシアの夏の王宮地	(8) p327

市町村接尾辞・都市名・地域名

都市名	言語	意味	旧名	時代	備考	参照
イスタンブール Istanbul	ギリシア語トルコ語	入城, orイスラムの都市	古ビザンチューム, 旧コンスタンチノープル	前7世紀	東ローマの首都, オスマントルコの首都	(1) p109
アンカラ Ankara	ヒッタイト語	宿泊地	古アンキラ, 旧アンゴラ	前10世紀頃	トルコの首都, アナトリア高原の中心交易地	(1) p33
イスケンドルン	ペルシア語	アレクサンドロスの都市	旧アレジュサンドレッタ	前4世紀	交通の要衝	(14) 2-p204
イズミル Izmir	ギリシア語	スミルナ女神	旧スミルナ	前7世紀, 前3世紀再	古代よりエーゲ海と小アジアの交易地	(4) p21
アダナ Adana	ギリシア語	アダヌス神	旧セイハン	紀元前, 782年再建	古代ローマの支配基地	(2) p62
コンヤ Konya	ギリシア語	イコン（聖像）の地	古イコニウム, コニヤ	古代より	セルジュークトルコの首都, 交易の基地	(3) p77
ブルサ Bursa	ギリシア語	ブルサス王	古ブルサ	前6世紀, ロー	オスマントルコの首都, ビチニアの首都	(3) p77
アンタルヤ Antalya	ギリシア語	アッタル2世	古アタレア, 旧アンチオキヤ	前150年	聖パウロの第1回伝道の出発地	(8) p280
カイセリ Kayseri	ラテン語	カエサル	古カエサレア・マザカ	紀元前より	アジア, 欧州の交易拠点, キリストの大司教の所在地	(3) p32
エスキシェヒル Eskisehir	ペルシア語	古い市, 古い町	古ドリレウム, 別エスキシェフル	古代より	交易の要衝	(3) p341
バグダッド Baghdad	ペルシア語	神から与えられた	正マディーナ・アッサラーム	762年	アッバース朝, イラクの首都, 世界交易の中心地	(1) p41
バスラ Basra	アラビア語	辺境, または黒い小石	別ブスラ, 旧ブスラ	638年	ペルシア湾と内陸との交通の要衝	(4) p44
モスル Mosul	アラビア語	通過点, 接点	古メソピライ, 別アウマウシル	前5世紀より以前	シリア地方とメソポタミアを結ぶ交易路	(4) p45
ダマスカス Damascus	セム語系	仕事場, 工場地, 活動的	別ディマシュク・アッ・シャーム	前2000年頃	世界最古の都市, アラム王国とウマイヤ朝の首都	(1) p76
ハラブ Halab	ヒッタイト語, セム語	ヒブリ王, またはミルク	別アレッポ, 古ベレヤ, ベロエア	前20世紀頃	交易の中心地, ハムダーン朝の首都	(9) p34
ハマーHamah	フェニキア語	要塞	古ハマト, 古エピファニア	前9世紀以前	カナン王国の都	(8) p165
ベイルート Beirut	フェニキア語	井戸, 泉	古ベリュトウス	前15世紀以前	レバノンの首都, 内陸と地中海を結ぶ重要な港町	(1) p46
テルアヴィブ Tel Aviv	ユダヤ語	春の丘, 美しい	古ヤッフォ 正テルアヴィブ・ヤッファ	1909年と古代	ユダヤ入植の基地	(1) p192
エルサレム Jerusalem	セム語系	サリム（神の名）の都, または平和の都	別アルクーズ, 古ヒエロソリマ, 古アエリナ・カピトリナ	前2000年頃より	三大宗教の聖地, 世界最古の都市の1つ	(1) p112
アンマン Amman	セム語系	太陽神アムン	別アンモン, 旧フィラデルフィア	前5世紀以前	ヨルダンの首都, 経済, 交通の中心地	(1) p31
リヤド Riyadh	古アラビア語	庭園, 肥沃な土地	別エーリャード	不明	サウジアラビアの首都, 交易地	(8) p250
ジッダ Jiddah	アラビア語	道路, 川岸, 堤	別ジェッダ	前5世紀	紅海とアラビア内陸を結ぶ港町	(3) p133
メッカ Mecca	古アラビア語	聖地, 神殿	正マッカ, 古マコラバ	2世紀以前	イスラム教の最大の聖地	(6) p378
サナア San'a	エチオピア語	要塞	古アザル	前1世紀前から	イエメンの首都, 世界最古の都市の1つ	(8) p81
カイロ Cairo	アラビア語	勝利	正アル・カーヒラ	968年	世界最古の大学	(1) p59
アレクサンドリア Alexandria	ギリシア語	アレクサンドロスの都市	正アル・イスカンダリーヤ	前332年	同国最大の貿易港, ヘレニズム文化の中心地	(1) p29
スエズ Suez	セム語系	起源, 起点	古クリスマ	紀元前より	古代はナイルと紅海の運河の起点	(8) p104
ポートサイド Port Said	英語	サイド太守の港	正ブール（港）サイード	1859年	スエズ運河の基地	(5) p390
ギーザ Gizeh	アラビア語	河谷	別ギゼー	762年	ピラミッド観光地	(3) p13
ベンガジ Bengasi	アラビア語	ベンガジ聖人	古ゲスペリス, 古ベレニーケ	古代より	旧リビアの首都の1つ	(6) p68
トリポリ Tripoli	ギリシア語	3つの都市	正タラーブルス・アル・ガルブ, 古オエア	前7世紀	地中海との交易地であったOea, Sahrata, Leptiaの3市を指す	(2) p5

チュニス Tunis	フェニキア語	タニトフ神	古トウネス	紀元前,7世紀再建	チュニジアの首都,ハフシード朝の首都	(8) p130
アルジェ Alger	アラビア語	島	正アルジャザイル,古イコシウム	紀元前,10世紀再建	アルジェリアの首都	(1)p30
コンスタンチーヌ Constantine	ラテン語	コンスタンチヌス帝	旧キルタ	313年再建	ヌミディア王国の首都	(7)p65
カサブランカ Casablanca	ポルトガル語	白い家	古アンファ,別ダル・エル・ベイダ	前数世紀,1515	港湾都市	(1)p64
ラバド Rabad	アラビア語	町,僧院のある都市	正ラバド・エル・ファティア	1150年	モロッコの首都	(3) p249
マラケシュ Marrakesh	ベルベル語	砦,要塞	旧モロッコ	1062年	モラビート朝の首都	(1) p136
ハルツーム Khartoum	アラビア語	象の鼻	別アルハルトゥーム	1823年	スーダンの首都	(1) p116
エレバン Erevan	アルメニア語	エレブニ遺跡の名	旧エリバン,	前8世紀	アルメニアの首都	(24)1 p258
トビリシ Tbilisi	グルジア語	温かい	旧チフリス,別テフリス	5世紀	グルジアの首都	(7) p140
バクー Baku	ペルシア語	風の小道		5世紀	アゼルバイジャンの首都	(9)

表6と同じ資料を参考に作成

E. ギリシア・ラテン語関連の地名

図13のように,主要地名にギリシア・ラテン語源の地名とギリシア・ラテン語表現化された地名がみられる。特に小アジアや東地中海沿岸地域は,一時ギリシア・ローマの領域であり,その後も長くビザンツ帝国の支配下にあったためこの条件に該当する地名が多い。例えば「アナトリア」"日の登る所","「カイセリ」"カエサル",「アダナ」"アダヌス神"等々,古い都市名を中心に表7

図13 西アジア・北アフリカの主要なギリシア・ラテン語関連地名
　　　　表6と同じ資料を参考に著者作成

のごとく多くのギリシア・ラテン語地名が残っている。また旧ローマ領，ビザンツ領から離れた地域では，古代オリエント系の地名に ia をつけてギリシア・ローマ表現化した地名がみられる。例えば，「ペルシア Persia」はイラン語のパルス Pars＋ラテン語の ia であり，「シリア Syria」は古代の神名アッシュール Assūr＋ia であり，「アラビア Arabia」は現地語アラブ Arab＋ia である。さらに「エジプト Egypt」のように現地語「ハトカプタ」"プタ神の居所"を完全にギリシア語訳した地名もみられる（p69 参照）。現在，世界ではラテン語表記した西アジア・北アフリカの地名を多く使用する。

　この逆もあって，アジア系の地名がヨーロッパの地中海域に今も活用されている。例えば「リスボン」"良港"のようなフェニキア系の地名や「マドリード」"建築用木材"のようなアラビア系地名[52]が多くみられる。また地名以外でも，イタリア語（特に医学，数学，天文学）にアラビア語の名称が多く入っている。つまり西アジア・北アフリカとヨーロッパは非常に深い関係にある。

F．人名の地名化

　西アジア・北アフリカには，人名の地名化が多くみられる。主要地名の中で，現在確認できる人名の地名化の主なものは，図14 の如くである。しかし，歴

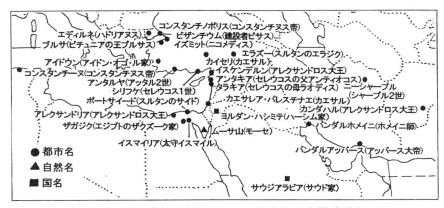

図14　西アジア・北アフリカの主要な人名関連地名
表6と同じ資料を参考に著者作成

史的にはもっと多くの地名が命名されていた。例えば，アレクサンドロス大王に因んだ「アレクサンドリア」は，歴史書によれば70余あったと記されている。現在のエジプトの「アレクサンドリア Alexandria」，トルコの「イスケンデルン Iskenderun」，アフガニスタンの「カンダハル Kandahar」は，"アレクサンドロスの都市"を意味し，今なおその名を引き継いでいる重要都市である。ヘレニズム時代も人名の地名化が特に盛んで，アレクサンドロスの武将であったセレウコス Seleukos に因んだ「セレウキア Seleucia」は各地に建設され，それは12〜14を数えたという。このような創始者名だけに限らず，セレウコスの父アンチオコスに因んだ「アンティオキア Antiochia（現アンタキア）」，母ラオディスに因んだ「ラタキア Latakia」なども命名された。人名の地名化は，特にギリシア・ローマが関わった地域に多く残っている。近年，また人名の地名化が盛んになってきた。例えばサイド太守に因んだ「ポートサイド」，イスマイル太守に因んだ「イスマイリア」，ホメイニ師に因んだ「バンダルホメイニ」などは，現代の政治家・宗教家に関連した地名である。

G．宗教関連地名

　西アジア・北アフリカの主要地名には，宗教地名や宗教関連地名がかなり活用されている。図15をみると，古代セム・ハム系の宗教関連地名やギリシア・ローマの宗教関連地名が多い。中でも自然地名には多神教のギリシアの神々や古代の西アジアの神々の名が充てられている。これをみると自然現象と神は一体であると考えられていた様子が伝わってくる。また西アジア・北アフリカ地域は一神教の発祥地である。世界宗教のキリスト教もイスラム教もここで興った。現在ではイスラム教がほぼ全域を覆い尽くしている状態だが，その割にはイスラム関連地名が少ない。図15の中で，イスラム教関連の地名は，「マシュハド」（アラビア語で"霊廟"＝第8代イマーム・レザー廟），「メジナ」"町"の正式名称「マディーナ・アン・ナビ」（アラビア語で"預言者の町"），「ベンガジ」（"ベンガジ聖人"）だけである。ほかの一神教のユダヤ教，キリスト教

の名称もイスラム教同様あまり地名化されていないという特徴がみられる。

図15　西アジア・北アフリカの主要な神話・宗教関連地名
表6と同じ資料を参考に著者作成

H，自然環境関連地名

　西アジア・北アフリカの大地域を示す地名に「サハラ」"砂漠"（Adrian,1974,p173），「ルブアルハリ」"空白の地域"（下中,1984,三十二,p.111），「ネフド」"大きな砂丘"（和泉,1999,p.52），「ダハナ」"赤褐色の砂"（和泉,1999,p.52），「カヴィール」"塩分のある荒地"（和泉,1999,p.64），「ルート」"荒れ果てた地"（和泉,1999,p.65）という砂漠名がある。同様に地域名に「ハサ」"小さな泉"（和泉,1999,p.50），半島名に「アラビア」"荒野の地"（Adrian,1974,p35），がある。さらに旧国名に「ペルシア」"騎馬民族の国"（Adrian,1974,p160）があり，民族・部族名に「アラブ」"荒野"（Adrian,1974,p160），「ベドウィン」"砂漠の住民"（下中,1984,二十七,p.494），「クルド」"羊飼い"（椙村,1986,p.176）などといった名称がある。これらの主要な地名や名称をみると，西アジア・北アフリカは乾ききった厳しい乾燥地域が大半を占めている事がわかる。

4．国名・地名からみた西アジア・北アフリカの特色

A．国名からみた特色

　現国名は多様である。これらの国名の特色を大きな括りで捉えてみる。
① 国家数に注目すると，歴史的にこの領域に 25 カ国も独立国が併存した時代がみられなかったことから，現代が特殊な分裂状態であることがわかる。特にアラブ民族は分裂が激しく，アラブ系の国家をみると，民族的条件，宗教的条件，政治的条件のどれからみても，独立の正当性を主張できる要素の乏しい国家が多い。中でもアラビア語で「マシュリク Mashriq」"東方"とよぶエジプト以東のアラブ地域の国家にこの傾向が強い。
② 西アジアは主に民族名・部族名を活用して国名を作成している。イラン，トルコ，ハヤスタン（アルメニア），アゼルバイジャン，サカルトベロ（ジョージア），イスラエル，アラブ首長国は民族名であり，エジプト，シリア，リビアは他の地名と共にアラブという民族名を付け加えている。
③ サウジアラビア，ヨルダン・ハシミテは民族内の有力族長の家名を用いている。これは部族主義が強いことを意味する。
④ カタール，バーレーン，クウェート，アラブ首長国などのペルシア湾岸諸国は，イギリスの支配・保護を受けた部族国家である。レバノン，シリアもフランスの影響を同様に受けて誕生した。またイスラエルは欧州からの移民国家として形成された。これらの国は欧州の力で，欧州の都合のために，欧州が造らせたようなものである。
⑤ 北アフリカ諸国は，首都名や歴史的重要都市名を重視して国名を作成しており，ミスル（エジプト），アルジェリア，チュニジア，モロッコが該当する。西アジアのクウェート，アッシャーム（シリア）も首都名である。この現象は西アジア・北アフリカが都市文化圏であることを示している。

B. 王朝・王国名からみた特色

① 地域の自然的特徴，文化的特長，神話・宗教的要素などが王国名にあてられている。これらの多様な名称は小王国名に多い。また形成年代をみると，古代オリエント時代の王国名に多い。そうすると地域限定の王国であり，特定部族中心の王国であったことが推測できる。これらを総合して判断すると，小国が存続できた時代は，西アジア・北アフリカ一帯の共通性が，まだ充分行渡らない地域中心主義の時代であったと考えられる。

② 人名を用いたアケメネス朝，アレクサンドロス帝国，ササン朝，アッバース朝，ティムール帝国，オスマン帝国などの大帝国が栄えた。人名以外でもローマ帝国，ウマイヤ朝，ビザンツ帝国などの大帝国も栄えた。大帝国は，国名から判断して強力な指導者によって文化圏の全域か主要地域の大部分を支配したという共通性がある。そうすると，ほぼ全域が統一政治形態，統一文化，統一価値観を同時に体験した地域ということになる。

③ 広く西アジア・北アフリカを支配した王朝・王国名を別の視点からみると，支配者の出身地が西アジア，ヨーロッパ，中央アジアと様々である。各文化圏の王朝・王国は地中海沿岸，西アジア北部（山岳地域とその麓），ナイル流域を支配下に置いた。ここは農耕可能地域であり，西アジアを基点にして，ヨーロッパ，アフリカ，南アジア，東アジアへの交易路でもあった。力のある王国は，多民族と都市と交易を支配下に置くのが目的だった。

④ 西アジア・北アフリカでは，アッバース朝以前の王朝・王国時代は国号を名乗る習慣はなかった。それゆえアッバース以前のものは現代の歴史学者が与えた名称で，その国の当時の特徴を捉えて最適な名称を与えた。

⑤ ここでは王朝・王国名は由来から分類したが，視点を変えて国家規模と国家の果たした役割から分類する方法も考えられる。この見方だと大きく3時代に分けた方が適切と考える。すなわち王国の特徴から，古代オリエントの時代（地方色の時代），ヘレニズム以降の時代（文化合流の時代），イスラム以降の時代（宗教的価値観による支配時代）になる。

C. 市町村接尾辞・都市名・地域名からみた特色

① 西アジア・北アフリカの都市の多くは，発生当時から地理的位置は変わらず，現在も各国の中心都市の役割を担っている。他の文化地域では，中心地域や重要都市は，時代と共に入れ替わっている。ただ西アジア・北アフリカでは都市の位置や重要性は変わらなくても，都市の名称は殆どが変更されている。これは支配民族が幾度も変わったことを意味する。

② 地名をみると，ヨーロッパ（ereb "西" の意味より）の地名や地名命名手法が，西アジアや北アフリカに多く取り入れられている。またこの逆もある。これから，ヨーロッパの影響を受けると共にヨーロッパにも影響を与え，古代からヨーロッパとは総合補完の関係だったことがわかる。

③ 多様な宗教地名が残されていることから，多様な宗教が西アジア，北アフリカ，ヨーロッパで生まれ，信仰されてきたことがわかる。その後自然環境や人々の生き方によって，生活に合うように環境内で淘汰され，今日の宗教になったと考えられる。現在では，西アジアに興った宗教が，西アジア・北アフリカ，ヨーロッパだけでなく，世界全域に広がっている。

④ ペルシア語の ābād の語源は "水があって人の集まるところ" = "町" を意味し，ペルシア領内では普通の都市を表す接尾辞に用いられてきた。しかしイラン以東の征服地では，ābād は侵入者の文化や支配を間接的に表明する手段として多用された。特にインド世界では，イスラム系王国の征服した都市表現に頻繁に用いられた。また shahr 類（"支配するところ" = "国家"，"市" の意味）という本来政治色の強い接尾辞は，トルコ系の人々によって多用された。kand 類（"市，町" の意味）は，意味は ābād とほぼ同じであるが，ābād より活用度が少ないことと，西はトルコから東は中国の新疆まで広がり，その範囲は軍事支配下に置いたことのない地域に多く活用されている特徴を持つ。この背景から推測して，kand 類は平和的，文化的，商業的活動によって広まったと考えられる。

⑤ この他，stan（"領土，国" の意味）の場合は，西アジアだけでなく広く

周辺諸民族に受け入れられた。現在も中央アジア諸国は，カザフスタン Kazakhstan，トルクメニスタン Turkmenistan，ウズベキスタン Uzbekistan，タジキスタン Tajikistan として活用し，さらにロシア領内の部族共和国もタタールスタン Tatarstan，ダゲスタン Dagestan，バシコルトスタン Bashkortostan など，部族・民族領土を表す表現に用いている。これらをみると，stan は遊牧民を基礎とする地域やイスラム文化の影響圏であることを表す地名接尾辞に変わっている。もう 1 つ，stan の使用は，民族支配意識から領土支配意識へ比重が移った事を意味する。

⑥ アラビア語地名をみると，qasr "居住も兼ねた城" 類や misr "軍営都市" はアラビア半島から北アフリカ一帯に多く残り，qal`a "砦" 類は更に広くイランやアフガニスタンなど非アラブ系住民の地域にもみられる。これらのアラビア系接頭・接尾辞をみると，遊牧系住民が持っている特徴（本質）を強く感じ取ることができる。つまりアラブ人はイスラム布教（ジハード）を大義名分として，各地域を武力で鎮圧し，そこに家族共々移住していったのである。特に西アジア西方や北アフリカ方面に qasr や misr が多いので，そこがアラブ人の移住地の中心だったことが分る。

⑦ Madīnah 類，dar，shahr 類は，ギリシア語の polis も含めて "国" を意味すると共に "町，家，都市" も意味するので，語源から判断すると，まず都市国家が誕生し，都市国家が統合されながら領土国家に発展したことが推測できる。つまりペルシアから東地中海域にいたる地域は，古くは都市文化や都市国家が栄えた地域だったと判断する事ができる。

⑧ トルコ系住民の地域は，都市名などの文化系地名にはペルシア語を多く活用し，自然系地名にはトルコ語を多く用いている。トルコ系民族は，支配下の政治集団の中に多様な民族を包括した時期が長く，そういう意味で異民族語地名を抵抗なく取り込んで活用するおおらかさがうかがえる。

⑨ 西アジアから北アフリカ一帯にかけて拡がる大自然名は，乾燥地域であることを示す地名が多い。さらに自然名だけでなく，そこに住む民族・部族名も同様であり，語源は乾燥地域で生きる人々であることを示している。

5. 国名・地名からみた西アジア・北アフリカ観

　この地域は，地理的には「西アジア・北アフリカ」，歴史的・文化的・宗教的には「イスラム世界」，政治的には「中東，中近東」と表現する。アラビア語では「ダル・アルイスラム dar al Islam」"イスラムの家"と表現する。

A．ヨーロッパとの共通基盤

　図11や注52をみると，欧州の地中海域に西アジア系の地名と言語が多く入り，逆に図13をみると，西アジア・北アフリカに欧州系の地名が多く残っている。接尾辞の形成過程をみると，アラビア語の qasr はラテン語の castra から生まれ，ギリシアの polis や agora はインド・アーリア系の pur と nagar に由来した単語であるといわれる(椙村，1992, p.197)。つまり南欧からインドに至る地域は，地名からみて古代から共通性があったのである。さらにペルシア語の shahr 類，ギリシア語の polis，アラビア語の dar や madīnah 類は"都市や町"の意味 だけでなく"国"の意味にも使われるので，西アジア・北アフリカ・南欧は，都市国家から領土国家へと発展していった歴史的共通性があることも示している。これに加え欧州文化の基礎であるギリシア文字もキリスト教も西アジア・北アフリカから入り，逆にローマ時代はラテン語地名だけでなく，ローマの支配形態や建築や文化が地中海一帯を風靡したという歴史もある。
　以上の内容からみて，特にメソポタミア，エジプト，ギリシアは同じ根元から出発し，お互いに影響を与え合い，多くの点で共通意識を持って歩んできた文化圏だったと判断することができる。では，現在のような西アジアとヨーロッパは別の文化圏であるとみる学説はいつ頃から発生したかを推察すれば，それは早くともフランク王国以降であり，世界に堂々と誇示するようになるのは，欧州がイスラム世界を上回り，優位に立った近現代以降であると考える。

B, 交易地西アジア（異文化の集合地点）

　西アジアをみると，自然名にアラビア，ルブアルハリ，ネフド，ダハナ，ルート，カヴィールなどの地名があり，旧国名にペルシア，民族名にアラブ，部族名にベドウィンやクルドといった名称がある。これらの語源をみると乾燥地域の遊牧文化圏であることがわかる（p79の自然環境関連地名参照）。
　接頭・接尾辞の分布状況をみると，ペルシア語系はトルコから中央アジア・ロシア南部一帯に，アラビア語系はアフガニスタンからイベリア半島一帯に広がっている。逆に，西からギリシア・ラテン語系，東からトルコ系・モンゴル語系の地名が入ってきている。また都市名をみると，古称などには多様な言語による名称が活用されていた。これは多様な民族の支配を経て現在に至っていることを意味する。さらに都市名の語源には，モスル"通過点"，ジッダ"道路"，スエズ"起点"，アンカラ"宿泊地"など交易に関わった地名もある。
　これらの地名を総合して分析すると，西アジアは古くから移動的性格が備わっていた地域で，移動は交流や交易が盛んだったことを意味する。特に内陸交易路は文明発祥の頃から重要で，西アジアを経由せずに，ヨーロッパへも，インドへも，中央アジアや中国へも行けなかった。海路も同様で，東地中海岸やペルシア湾や紅海の港から，ヨーロッパ，インド，東南アジア，東アフリカ方面へ出かけた。その結果，富の集積だけでなく，多様な異文化に触れ，それらを吸収していったと考える。つまり西アジアは，異文化集積には絶好の地理的位置にあり，多様な異文化を採り入れて更なる成長を遂げ続けた文化圏だったといえる。またペルシア語・アラビア語地名の広がりと数の多さからみて，重要な役割を担ったのは，ペルシア人とアラブ人であったと判断する。

C, 都市文化圏

　都市は交易の要衝地に興ると共に，大山脈のふもとの水（ab）の湧き出る地域か，絶えず水が流れる河川の流域に発達し，都市（ābādの語根は"水の得

られる所")と水は一体の関係にあった。その条件下で成立した都市名を表7でみると，現在の住民言語より古い民族・部族の語源からできている都市が幾つもみられる。これは，主要都市は古代から連綿と引き継がれ，支配民族が入れ替わっても都市は残り，位置的重要性は変わらなかったことを示している。

さらに現在の市名や町名をみると，ペルシア語にもアラビア語にも「都市，町，城，砦」を表す数種類の接頭・接尾辞が多く活用されている。これから考えて，西アジア・北アフリカの都市は，東アジア，南アジアのような農村集落から徐々に都市に成長したとみるより，最初から地域の軍事拠点，交易拠点，文化の中心地，商工業地として建設したという性格が強い。この点が他の文化圏と異なるところである。都市名にもダマスカス"仕事場"，ハマダーン"集会所"，カブール"商品の置き場"など，都市機能を表す地名もある。

国名をみても，エッシャーム（シリア），ミスル（エジプト），チュニジア，アルジェリア，モロッコ，クウェートは，国内の最重要都市名に因んで作成されており，国家における都市の役割は非常に重要であったことがわかる。

以上の特色から考えて，イスタンブール，カイロ，バグダッド，イスファハーン，エルサレム，メッカ，ダマスカス，バスラ，アレキサンドリアなどの重要都市に，商品，情報，宗教，文学，科学，工業技術などが集まり，それらを結びつけて新技術，新文化等を興こし，それを再び世界各地に伝えたのである。キリスト教やイスラム教さえも都市文化の中で誕生したのである。このような機能を持つ西アジア・北アフリカは，典型的な都市文化圏であるといえる。

D. 民族主義形成の背景

国名をみると，キプロスを除きトルコからアフガニスタンに至る西アジア北部の非アラブ系国家は，民族名を用いて国名を作成している。他の17国はアラブ民族国家である。アラブ民族の独立目標が統一民族国家樹立だったので，もし1カ国で独立できていたなら，ほぼ全てが民族名の国名という文化地域になったはずである。アラブ系も非アラブ系も民族主義思想の強い国家である。

なぜ民族主義が強くなったのだろうか？その背景を考えてみる。まず第1に，古くからこの地域は位置的条件で外部からの侵入者が多かったが，その防御として住民が結束し，地理的まとまりを単位として集団意識が育ったと考える。第2に，この地域には古代から多くの巨大帝国が栄えた。巨大帝国は統一行政，同一文化，共通の思想や価値観で支配した。これも共通意識育成に一役買ったと考える。第3に，7世紀以降にイスラム教が広まったが，これによってアラビア語やアラビア文字が普及し，礼拝，ザカート（喜捨），断食等の共通する宗教行事が日常生活の一部となった。小部族はこれによって共同体意識を育み，それが共通思想形成へと進んだ。特にアラブ民族形成の場合は，宗教の果たした役割が非常に大きい。これらが重なって民族主義思想が育ったと考える。

E．部族主義

住民の特徴を別の視点からみれば，民族主義とは性格の異なる部族主義も強く感じられる。部族主義思想は特にアラブ民族[53]内に鮮明に表れている。その根拠は，アラブ民族は現在17の国家に分れていること，また過去に連合したアラブ系国家（エジプト，シリア，リビア，イラク，ヨルダン）もすぐに分裂したこと，これは民族統合の意思が薄いことを示すものである。現国名をみても「サウジアラビア」や「ヨルダン・ハシミテ」は族長の家名を名乗り，「アラブ首長国連邦」は族長の連合を謳っている。また欧州列強との関りで独立できた「クウェート」と「カタール」は dawla "王朝"を，「バーレーン」は mamlaka "王国"を付け，部族国家では不足する独立の権威を補完している。

このような部族心理を，アラブ民族を調査したJ・ブノアメシャンは，『砂漠の豹イブン・サウド』という著書の中で次のように記している。「アラブ人は砂漠の砂に似ている。拳の中に握りしめて一かたまりにすることはできるが，力がゆるめば砂の粒は指の間からこぼれ落ち，バラバラになって元の部族に戻ってしまう」と。このような部族主義はアラブ民族内だけではなく，他のイラン系やトルコ系の民族内にもみられる。

ここでアラブを中心にイスラム世界全体の行動を分析すれば，世界全体やキリスト教世界に対しては，イスラム教徒としての意思表明や共同歩調をとる。イスラム圏内ではアラブ民族としての共通意識と協調性を主張する。しかしアラブ民族内や各アラブ国内では，部族優先主義を貫く。以上の内容から部族主義は民族主義よりもっと古く，しかも優先される思想であると考える。

　以上のような部族優先主義は，ヨーロッパ列強（欧州は部族集団の社会）が西アジア・北アフリカに進出してきた 19 世紀後半から鮮明に表に出てきた。部族主義は欧州列強の価値観であったが，西アジア・北アフリカの住民も同様に持ち合わせていたので，それほど抵抗なく受け入れたといえるだろう。

F．西アジア・北アフリカの個人重視思想

　民族主義，部族主義に加え，西アジア・北アフリカでは，図 14 のように人名が地名化されたが，それは特に都市名に顕著にみられた。人名の活用は，古くから個人重視思想が根底に存在している事を示している。王朝・王国名をみても，人名が多く用いられ，個人の力によって統一された歴史的背景が理解できる。このような思想は現在も引き継がれ，西アジア・北アフリカでは，何か対立が生じれば，力を持った特定の個人を担ぎ出し，集団としての権利主張という形で行動を起こしている。例えば 1979 年のイラン革命では，ルーホッラー・ホメイニを精神的指導者として担ぎ出し，当時のパフラビー朝のモハンマド・レザー・シャー（皇帝）さえ追い出してイスラム共和国体制を樹立してしまった。そして地名においても「バンダルシャープル」"王の都市の港"という石油の積み出し港を「バンダルホメイニ」"ホメイニの港"という名称に変えて彼の業績を称えた。このような現象は，同じ宗派内でも同じ部族内でも発生しており，利害や立場の違いが生じれば，特定個人の下に結集し，協調より利権を優先して紛争を起こしている。ただ西アジア・北アフリカの個人重視思想というのは，現代世界で言う個人主義思想とは明らかに趣を異にし，個人そのものの権利主張ではない。個人はあくまでも集団内での存在（力）であり，

指導者も人々も集団という力を利用して自らの考えや権利を実現させようとするところに特徴がある。これは社会の大きな変革に繋がる場合が多い。

G. 受け継がれてきた宗教

　イスラム教関連地名は，西アジア・北アフリカにはそれ程命名されていない。イスラムは厳格な一神教であり，現在の西アジア・北アフリカがほぼイスラム一色で覆われている状況からみて不思議な現象と言わざるを得ない。そして現実には，メソポタミアの神々，エジプトの神々，ペルシアの神々，ギリシアの神々など，古い時代の神名が今も地名に活用されている。このような状況をみると，宗教思想は消え去ることなく，今の宗教に何らかの形で受け継がれているのではないかという思いに駆られる。すなわち自然環境や社会世相の変化に合致する形に淘汰されながら今の宗教になったのではないかと推測する。

　この推測を一神教に当てはめてみる。一神教は前14世紀にエジプトでアテン（太陽神）神が信仰されたのを始まりとする。前13世紀に同じエジプトの地から脱出してきたイスラエルの民（モーセが指導）がシナイ山で神ヤハウェから啓示を受け，後にユダヤ教となった。ヤハウェ神がアテン神の影響を全く受けていないと考えるのは不自然である。そしてこのユダヤ教からキリスト教が誕生し，さらにユダヤ教・キリスト教の影響の下にイスラム教が誕生した。

　次に推測を聖地に当てはめてみる。最初はエジプトの代官所で，サリム神が祭られていたウルサリム（現エルサレム）は，その後ユダヤ教，キリスト教，イスラム教の3宗教の聖地となった。イスラム教最大の聖地メッカ[54]は，都市名も神殿も変えることなく多神教時代のものを再活用している。同様にイスラム教シーア派の聖地コムは，ゾロアスター教の聖地を再活用している。

　これらの歴史背景を考えると，西アジア・北アフリカは多様な宗教を伝承する文化圏であると判断する。ただ現在この地がほぼイスラム教一色になった理由を考えると，厳しい乾燥地域を生き抜くには，アッラーの教え（社会救済，協調行動，統一行事等）が最も理に叶っていたからであろうと推察する。

第4章　東南アジア文化地域

1．現在の国名

A．部族・民族名を用いた国名

a)．タイ

　「タイ」の正式国名「ラート・チャ・アーナーチャック・タイ Rhart Tya Ahna-tyakku Thai」は，"タイ王領"を意味する。ラートは"王"，アーナーチャックは"領土"を意味する。11世紀頃から他部族よりパーリ語で「シャム Siam」"浅黒い"と呼ばれた（河部,1978,p.120）。ミャンマーのシャン族の名も語源はシャムと同じである。「シャム」は第二次世界大戦中に日本と同盟し，大タイ主義（タイ諸族の大同団結）をかざして自称名「Thai」"自由"に改名した。戦況が不利になると再び「シャム」に戻し，戦犯のほとぼりが冷めた戦後に再度「タイ」に改名している（Adrian, 1980,p.192）。通称は「プラテート・タイ Prathet Thai」"タイ国"である。

b)．ラオス

　「ラオス」の正式国名「サーターラナラット・パサーティパタイ・パサーソン・ラーオ Sāthālanalat Paxāthipatai Paxāxon Lao」は，"ラオス人民民主共和国"を意味する。Sāthālanalat は"共和国"，Paxāthipatai は"民主主義"，Paxāxon は"人民"を意味する。ラオ lao とはタイ系種族の諸派の名で"人間"（スsは複数形）を意味する（下中,1984,九, p.146）。ラオ族の名を国名とした。

c)．ミャンマー

　「ミャンマー」の正式国名「ピダウンズ・ミャンマー・ナインガンドー Pyidaungzu Myanmar Naingngandaw」は，"ミャンマー連邦共和国"を意味

する。「ミャンマーMyanmar」の語源説をみると，サンスクリット語のブラーマ brahma に由来し，"バラモン braman" の転訛であるという説と，"ブラフマー brahma" というヒンズーの神に因むという説がある。両名ともインドの宗教関連の名称である(和泉，1999，p.109)。「ミャンマー」の名を聞いて，16世紀以降ヨーロッパ人が「バーマ Berma」とか「ビルマ Burma」と発音した。

d)，マレーシア

「マレーシア Malaysia」が正式国名である。マレーシアは1957年の独立時は「マラヤ連邦」と名乗った。「マラヤ Malaya」とはタミル系の言語のマライス malais "山" に由来するという(召ほか，1983，p.14)。これはスマトラから移住してきたインド系住民が先住の山間部族に与えた名であった。1963年に同じ英領であったマレー半島地域に，「シンガポール」，「サバ sabah（現地語で"風下の地"）」(召ほか，1983，p.212)，「サラワク sarawak（現地語で"小海湾"）」(召ほか，1983，p.213)を加えたとき，ia を付け，ギリシア・ラテン語表現化して「マレーシア」と改名した。合併の背景から考えると"マレー系の人々の国"という意味になる。

B, 自然的要因（方位名，地域名）による国名

a)，ヴェトナム

「ヴェトナム」の正式国名「コンホア・シャーホイ・チュニヒーア・ヴェトナム Công Hoá Xã Hôi Chú Nghĩa Viêt Nam」は，"ヴェトナム社会主義共和国"を意味する。Công Hoá は "共和"，Xã Hôi Chú Nghĩa は "社会主義"，「Viêt Nam 越南」はヴェトナム語でも中国語でも "越の南" を意味する。ヴェトナムの阮朝は，清朝に「ナムヴェト Nam Viet 南越」と国名認可を願い出たが，「南越」は秦〜漢（武帝まで）代に番禺（広東）を都として栄えた「南越国」と重なることから，清朝は南と越を逆転させた名を授けた。

b)，インドネシア

「インドネシア」の正式国名「レプブリク・インドネシア Republik Indonesia」は、"インドネシア共和国"を意味する。Indonesia とはギリシア語のindos"インド"と nesos"島々"に地名接尾辞 ia"地域"を加えた造語地名で"インド諸島域"を意味する(Adrian,1974,p.107)。

　以前は「蘭領東インド」とか「インディアン・アーチペラゴ Indian Archipelago」"インド諸島"と呼ばれた。古称にはサンスクリット語で「ヌサンタラ Nusantara」"島の間"(石井ほか,1994,p.219)という名称もあったが、これは島嶼全域を指した名称ではなかった。独立に際し、歴史的に支配したことのない領域までも統合したため、多民族を含む多様性の統一をスローガンにして「インドネシア」を国名に選んだ。

c), 東チモール

　「東チモール」の正式国名「レプブリカ・デモクラティカ・ティモール・ロロサエ Republika Demokratika Timor Lorosáe」は、"東チモール共和国"を意味する。2002年インドネシアより独立。古ポルトガル領のTimorとはマレー語やインドネシア語で"東"（召ほか,1983,p.310)を、Lorosáeは"大いなる夜明け（日の出）＝東"を意味し、合わせて"チモール（東）島東部"を指す。

C, 文化的要因（旧王国名、神話・宗教名）による国名

a), ブルネイ

　「ブルネイ」の正式国名は「ネガラ・ブルネイ・ダル・サラーム Negara Brunei Daru Ssalam」である。このうちの negara はサンスクリット語で"国"を、brunei は旧王国名（旧首都）に由来し、語源はマレー語で"野生マンゴスチン"を意味する（他説もある）。語尾のdaru ssalam ダルサラームはアラビア語で"平和の土地"を意味する(和泉,1999,p.140)。インド系、先住民系、アラビア系の言語を用いて表現する特殊な国名である。島名ボルネオはbruneiに由来。

b), カンボジア

　「カンボジア」の正式国名「プリア・リアチアナッチャクル・カンプチア Preăh Réacheanachâkr Kâmpŭchea」は、"カンボジア王国"を意味する。Preăh

は"王の称号", Réacheanachâkr は"王国"を意味する。「カンボジア Canbodia」とは, 6世紀後半の建国神話によると, バラモン（僧）のKambuと, この土地の竜女 Nagi との間に生まれた子が民族の祖で, "カンブーの子孫達（ja）"を意味するという。これがカンボジアの語源であり起源説であるという（河部,1978,p.66）。他に「クメール Khmer」という自称名もあり, 1970年のロン・ノル政権時代は「クメール共和国」という名称を用いた。

c), シンガポール

「シンガポール共和国」の正式国名表現は, 英語, 中国語, マレー語, タミル語の4言語表現とされている。国名のSingaporeとは, サンスクリット語のsinga "ライオン" と pura（pore）"城市, 町" の合成語で "ライオンの城市" を意味する（Asimov,1962,p.185）。イギリスが無人島に近い密林の城址跡と文献を見つけ, イギリス領と宣言した。シンガポールは12～13世紀ごろの旧王国名（伝説）に由来する。14世紀頃までは「トゥマセク Teumasek」（マレー語で "海の町"）と呼ばれていた土地である（和泉,1999,p.128）。

D, 人名による国名

a), フィリピン

「フィリピン」の正式国名「レプブリカ・ナン・ピリピーナス Republika ng Pilipinas」は, "フィリピン共和国" を意味する。フィリピンとは, レガスピが1565年スペイン皇太子に因んで「ラスイスラスフィリピナス Las Islas Filipinas」"フェリペの島々" と命名したのがおこりである。その後アメリカの支配下でミンダナオ島まで統治領域が拡大し, 現在の領土が確定した（高橋,1928,p.268）。最初にこの地に来たマゼランは, 1521年の発見日（ロザリオの祝日）から「聖ロザリオ諸島」と記していた。

ただ「フィリピン」という名は, 植民地支配国の人名なので,「ラプラプ」（酋長名）「マロロス」（町名）「ルズビミンダ」（島, 諸島名の合成）などへの改名を幾度か考案したが, 結果的にフィリピンのまま現在にいたっている。

2. 王朝・王国名

　東南アジアに興った王朝・王国を，名称の由来と特徴から分類する。
A，インド系名称の王朝・王国名。
B，中国系名称の王朝・王国名。
C，部族名に因む王朝・王国名。
D，理想名・文化的要素に因む王朝・王国名。
E，特産物に因む王朝・王国名。
F，自然的特徴に因む王朝・王国名。
G，軍事的名称に因む王国名。
になる。この他語源以外の特徴も考慮すると，次の2つも挙げられる。
H，都市名として受け継がれる王朝・王国名。
I，接頭・接尾辞からみた王朝・王国名。
以下この区分に従って説明する。

A，インド系名称の王朝・王国名

　現在のヴェトナム中部あたりに栄えた「チャンパ Champā」(2c-17c) の名は，古代インドのアンガ国の首都名より採ったものである。その首都名は宮殿の香り高い"チャンパカ樹"から命名された名称という(下中,1984,六,p.177)。タイの「アユタヤ Ayuthaya」(1351-1767) も古代インドのコーサラ国の首都「アヨディーヤ」"難攻不落の城"から採った名称である (召ほか,1983,p.6)。「イシャーナプラ Iśānapura」(6c-9c) は「真臘」の別名であり，首都名であるが，サンスクリット語で"イシャーナ・ヴァルマン1世の国（都市）"を意味する(下中,1984,五,p.93)。カンボジアの「アンコール Angkor」(802-15c) はサンスクリット語の negara "町"のクメール訛りであるといわれる。9世紀

末の「Angkor Thom」は"大きな都（町）"を意味し，12世紀前半の「Angkor Vat」は"都の寺"を意味する（河部,1978,p.16）。古代に栄えたタイ南部の「ドバラーバティーDvāravatī」(6c-8c)は語源不明だが，この名もインド系であることは明確である。ラオスの「ルアンプラバン Luang Prabang」(1707-1778)はサンスクリット語で"偉大で輝かしい光"を意味する（和泉,1999,p.139）。ミャンマーの「パガン」の別名である「アリマダナプラ Arimaddanapura」(1044-1287)はサンスクリット語で"勝利者の国"を意味する(下中,1984,七,p.336)。スマトラの「シュリヴィジャヤ Śrī Vijaya」(7c-14c)はサンスクリット語で"聖なる勝利"を意味する（下中,1973,一四,p.490），ジャワの「シャイレンドラ Śailendra」(8c-9c)もサンスクリット語で"山の支配者"を意味する(下中,1984,四,p.217)。

B．中国系名称の王朝・王国名

中国を意識して命名した名称がある。「ダイコウヴェト大瞿越」(968-1054)も「ダイヴェト大越」(1054-1804)も，全て中国華南で栄えた「越」を意識して命名した国名である。東南アジアでは，中国系の数は少ない。

C．部族名に因む王朝・王国名

部族名を王国名としたものがある。「パガン Pagan」(1044-1287)はビルマ語で pu-gāma の変形で"ピュー族の村"を意味する。なおパガンは，仏教寺院を多く建立したので「建寺王朝」とも呼ばれる(下中,1984,七,p.336)。スマトラ北端の「アチェ Aceh」(16c-20c)は"アチェ族"の名に由来する。

D．理想名・文化的要素に因む王朝・王国名

理想名や文化的要素を国名とした王国名として，タイ中央部の「スコータイ

Sukhothai」(1257-1350) があるが，これはタイ語で"自由快楽"を意味する（召ほか,1983, p.319）。ジャワの「マタラム Mataram」(7c-8c,16c-18c)は"平安にする"という王の称号に由来する（河部,1978,p.297）。ミャンマーに栄えた「アラウンパヤ Alaungpaya」(1752-1885)も"若い仏陀"という王の称号に由来する(下中,1984,一,p.91)。ジャワの「クディリ Kediri」(928-1222)はマレー語で"偉大な，勢力のある"を意味する（B・B・ウォンチ・平岡閏造,1940,p.408）。ラオスの「ランサン」(14c-18c)はラオ語で"百万の象の国"を意味する（河部,1978,p.342）。

E. 特産物に因む王朝・王国名

「マラッカ Malacca」(1400-1511)は"マラカの木"に因んだ名である(高橋,1928,p.319)。「ジョホール Johore」(1511-18c)は"カシア肉桂の木"を意味する(蟻川,1993,p.101)。「マジャパイト Majapahit」(1293-1520)は"苦い果実"を意味する(石井ほか,1994,p.291)。以上の3王朝名はマレー語である。「ビエンチャン Vientiane」(1707-1829)はラオス語で"白檀の木の城"を意味する(召ほか,1983,p.5)。「バンコク Bangkok」(1782-現在)はタイ語で"木(マコーク)の村"を意味する(下宮ほか,1990,p.41)。

F. 自然的特徴に因む王朝・王国名

「扶南 Funan」(1c-7c)は，カンボジアに栄えた王国で，神の降下する山を崇拝し，山の麓の都をクメール語でプナム pnam（プノム phnom）"山"と言うが，これを漢音表記したのが「扶南」であるという(下中,1984,八,p.150)。「タウングー Toungoo」(1531-1752)はビルマ語で"大きな山"を意味する(召ほか,1983,p.72)。「アヴァ Ava」(1287-1555)はビルマ語で"河口"(別説では"魚池の国")を意味する(召ほか,1983,p.219)。「トンブリー Thonburi」(1768-1782)は"森の町"を意味する（蟻川,1993,p.386）。

G．軍事的名称に因む王朝・王国名

　ミャンマーの「ペグーPagu」(1287-1539)は，ビルマ語でpayku(pago)"奇知をもって奪い取る"という意味に由来する。9世紀にインド軍を追い払ったのでこの名があるという。別名は「ハンサワディーHamsawati」"白鳥の町"で，逆の平和的な名称である(和泉，1999，p.112)。

H．都市名として受け継がれる王朝・王国名

　視点を変えてみれば，今ここで取りあげた27王国名の内，クディリ，パガン，ペグー，アヴァ，スコータイ，アユタヤ，タウングー，トンブリー，バンコク，ビエンチャン，ルアンプラバン，マラッカ，ジョホール，アチェ，マジャパイト（現マジャケルト）の15王国名が現在も都市名として受け継がれている。これから，東南アジアの王国は都市的レベルの王国であったことが分る。

I．接頭・接尾辞からみた王朝・王国名

　歴史的国名の中で，タイ系の影響が強い国はムアンmuangかナコンnakhon（negaraの変形）を，インド系はプラpuraを，マレー系はネガラnegaraを付ける傾向がみられた。3語とも，本来は"村，町，都城"を意味したが，後に"国"の意味にも用いるようになった。Muangの例として，「ルアンプラバン」は8世紀頃には「ムアン・サワー」と呼ばれ，後に「ムアン・シェントーン」と呼ばれた。Puraを用いた例としては，パガンの別名の「アリマダナプラ」，真臘の別名「イシャーナプラ」，チャンパと同格とみられていた首都の「インドラプラ」などがある。Negaraの例では，「アンコール」はnegaraのクメール訛りであり，ネガラそのものを王国名に用いたものである。この思想は現在も受継がれ，「ムアン・タイ（タイ国）」，「シンガポール（獅子国）」，「ネガラ・ブルネイ・ダルサラーム（平和の土地ブルネイ国）」として用いている。

3. 市町村接尾辞・都市名・地域名

南アジアと同様の分析手法をとる。(接頭・接尾辞，地名のカテゴリー化)

A．現地語による接頭・接尾辞

a)．タイ系接頭・接尾辞

現地語による接頭・接尾辞をみると，図16のようにタイ語にムアン muang がある。muang は "町，市，郡，県，都城"，さらに "国，世界" の意味に用いる。同系統の接頭・接尾辞ではヴェトナム語とラオス語に muong があり，中国ユンナン（雲南）には meng がある。ビルマ語にも mong があるが，これらは同種の接頭・接尾辞である。タイ以外では "村，町" を表す(椙村,1992, p.380)。

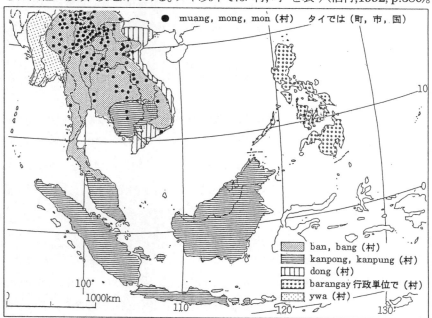

図16 東南アジアの代表的部族系地名の分布
「The Times Atlas of The World」「GLAND ATLAS」を参考に著者作成

Muang 類の分布をみると，タイ系の民族言語であると共に，中国西方＝チベット言語系列に含まれるという見方をすることもできる。さらにタイ系諸族の地名に ban, bang（例，バンコク）の付く接頭・接尾辞もある。バン ban 類は"村，町"を表す。バン ban 類もタイ，ラオス，ヴェトナム北部，ミャンマー北東部の山岳地域，中国西方の雲南まで広範囲に活用されている（J・Bartholomew,1994,p.1)。

b), マライ（マレー）系接頭・接尾辞

カンボジアとマレー系人々の接尾辞には，カンポン kampong（カンボジア，マレー半島）やカンプン kampung（東インド諸島西域），カンプエン kampueng（スマトラ）がある(阿部,1978,p.69)。これらの地名は数え切れない程多い。kampong の語源は"集まり"で，一定の家屋の集合体を指すものだが，現在の意味は"水路沿いの高台の集落＝村"を指している。kampung は村落の単位であると共に"地元の人の住む場所＝区域，村"も表す。スマトラのカンプエンは，主に"単系的な血縁集団＝村"を指す場合に用いる。kampong 類はインドシナ半島の南部から東インド諸島西域一帯に用いられている。この他にも，カンボジア全土に phum "開拓地"または"小村"という接尾辞もある(J・Bartholomew,1994,p.3)。ちなみに，Muang 類や kampong 類の分布範囲をみると，国家の範囲をはるかに超えて広がっており，部族が枝分かれして発展していく以前の姿が大まかに推察できる。

c), その他の現地系接頭・接尾辞

フィリピンの大部分にはバランガイ barangay "氏族の集団＝小村"がある（石井,1994,p.232)。バランガイの語源は"帆船"の意味で，南方から移住してきたマライ族が乗っていた船に由来する。スペイン人の渡来以前から，移住民（先住民）が社会構造の基本単位を形成していた。

ミャンマー中南部では wan, ywa が用いられるが，これらも"村"を表す(椙村,1992,p.381)。wan, ywa はビルマ族の居住地域にしかみられず，分布から判断すれば，国家全域にビルマ族の文化が浸透していないことがわかる。

B. 海外から導入された接頭・接尾辞

a). インド（サンスクリット）系接頭・接尾辞

　東南アジアは，四大文化地域の接頭・接尾辞が全て導入されている珍しい地域である。その中で，最も古くから導入され，最も重要なのがインド系の接尾辞である。図17の主なインド系の地名をみると，東南アジアでは negara や negeri は"国，地方，市，町"を，Pura や pore は"市，港"を，dessa や desa は"田舎，国，地域"を，karta や kota は"城塞，港"を，jaya は"勝利，希望"を，raja は"王，支配者"をそれぞれ表す。さらに negara の変形である nakhon は"町，市"を表す。これらの接頭・接尾辞は東インド諸島東部とインドシナ半島南部に多く残されている。地名例として negara 類ではボルネオの「ネガラ」，nakhon ではタイの「ナコンプノム」「ナコンラッチャシ

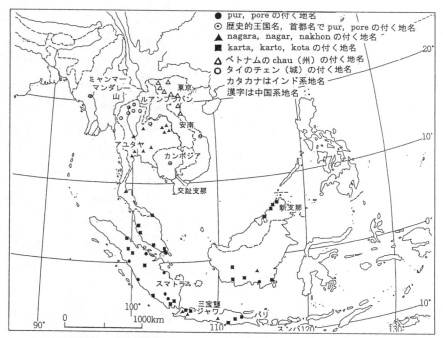

図17　東南アジアの主なインド系，中国系地名の分布
「The Times Atlas of The World」「GLAND ATLAS」「中国歴史地図」を参考に著者作成

マ」「プラナコンシアユタヤ」，pura では「シンガポール」やスマトラの「マルタプラ」，karta ではジャワ島の「ジャカルタ」「スラカルタ」「ジョクジャカルタ」，jaya では「イリアンジャヤ」をそれぞれ使用例としてあげておく。

b)．中国系接頭・接尾辞

図 17 をみると，漢語由来地名はヴェトナムを中心に用いられている。現在ヴェトナムでは，漢字使用をやめてアルファベットを用いるが，日常会話の 6 割, 新聞や科学雑誌では 7 割以上を漢語由来名称が占めるという(李, 2000,p.8)。例えば，ヴェトナム語の接尾辞で，châu は"州"を，huyēn は"県"を，quan は"郡"を，thi は"市，都市"を，thôn は"村"を，ty は"里"を，dông は"洞"を表す。さらに地名に用いる文字（漢字）では，an "安"や，hóa "化"や nam "南" などが多い。これらはヴェトナム住民の言語であることは間違いないが，朝鮮半島や日本と同じで，漢字を借用し，漢字からヴェトナムの語彙がより豊富になっていった背景を表している。

さらにタイ語のチェン chiang "城市，都市"も中国語の「城 cheng」と同根であるといわれる。Chiang の例では，「チェンマイ」「チェンライ」等がある（椙村,1992,p.376)。

c)．イスラム系接頭・接尾辞

図 18 のように，イスラム教徒の多いマレー半島や東インド諸島にはアラビア語・ペルシア語関連の地名もある。例えば bandar "港，商業地，海岸沿いの町"や，pasar "市場"の付く地名がこれに該当する（B・B・ウォンチ・平岡閏造,1940,p.77 と p.611)。アラビア語やペルシア語は，イスラム商人によってもたらされ，征服によって命名されたものではないため，接頭・接尾辞の数はそれほど多く用いられていない。Bandar の地名例では，ブルネイの首都「バンダル・スリ・ブガワン」や，マレー半島の「バンダルマハラン」がある。Pasar の例では，スマトラ島の「パサルピノ」や「パサルアラス」等がある。

d)．欧米系接頭・接尾辞

図 18 をみると，地域によっては欧米系地名も多く，中でもスペイン語とポルトガル語の地名が多く残っている。フィリピンでは san，santa "聖"の付

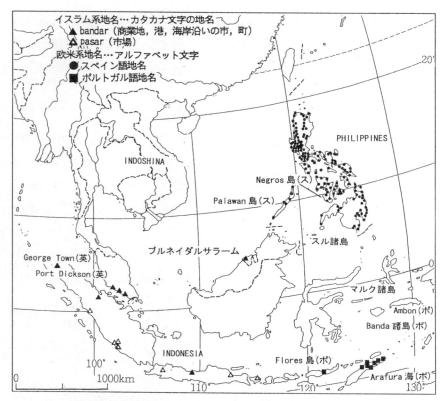

図18 東南アジアの主なイスラム系，欧州系地名の分布
「The Times Atlas of The World」「GLAND ATLAS」を参考に著者作成

く宗教関連地名が多く，また宗教聖人の名称も多い。フィリピンがカトリック信仰国家であることは地名からでも充分理解できる。san類の例ではフィリピンの「サンカルロス」「サンフェルナンド」等がある。東チモールではポルトガル語系の地名が用いられ，nova "新" やvila "町，村" 等がある。Novaの例では「ノヴァ・サグレス」，vilaの例では「ヴィラ・デ・リキカ」等がある。

C. 主要都市名

表8に，東南アジアの主要都市名をあげた。表をみると言語はヴェトナム語，

タイ系言語，マレー系言語，ジャワ系言語，タガログ語，それに導入言語のサンスクリット語が多い。また由来からみれば，産物名が多いことも特徴としてあげられる。さらに歴史的王国名と同じ名称の都市名が多いという特徴もある。

表8　東南アジアの主要都市名

都市名	由来語	語源説	正称，別称，他称，旧称，古称	形成年代	特色	出典
ハノイ河内 Hanoi	ベトナム語	川の中の土地	古タンロン（昇竜），トンキン（東京）	6世紀	ベトナムの首都	(3)p275
ホーチミン Ho Chi Minh	ベトナム語	ホーチミン大統領	旧サイゴン	17世紀以前	旧南ベトナムの首都，クメール人が建設	(4)p134
フエ 順化 Hue	ベトナム語	化（ホアhoa）	ベトナム名トゥオン・ホ	紀元前より	1307順州と化州とし，順化となる。阮朝の都	(3)p300
ダナン Da Nang	ベトナム語	大きな川	旧トゥーラーン	16～17世紀	軍事都市，ベトナム第4の都市	(4)p135
ハイフォン Haiphong	ベトナム語	海防		1874年	ハノイの外港，貿易港	(3)p354
ビエンチャン Vientiang	ラオス語	白檀の城	旧チャンダブリ	12世紀	ラオスの首都，ビエンチャン王国，ランサン王国の都	(3)p5
ルアンプラバン Luang Prabang	ラオス語	大きな黄金の仏像	古ムアンサワー，旧ムアンシェントーン	9世紀	ルアンプラバン王国の都，ランサン王国の都	(4)p139
プノンペン Phnompenh	クメール語	ペンの山		1371年	カンボジアの首都	(7)p34
バンコク Bangkok	タイ語	マコークの村（森）	正クルンテプ	1782年	タイの首都，バンコク朝の都	(10)p41
アユタヤ Ayuthaya	サンスクリット語	難攻不落	正プラナコンシアユタヤ	14世紀	アユタヤ王国の都	(3)p6
チェンマイ Chieng-Mai	タイ語	新しい城（城壁都市）		13世紀	タイ内陸部の中心都市	(5)p376
ヤンゴン Yangon	ビルマ語	戦いの終わり	旧ラングーン	1755年	ミャンマーの首都	(1)p168
マンダレー Mandaley	サンスクリット語	マンダラ（輪廻）		1857年	ミャンマー内部の中心都市	(4)p110
トンブリー Thonburi	タイ語	豊かな町		1767年	トンブリ朝の都	(4)p117
スコータイ Sukhothai	タイ語・サンスクリット語	自由快楽		13世紀	スコータイ朝の都	(3)p319
ペナン Penang	マレー語	ビンロー樹	旧ジョージタウン	1786年	マレー有数の貿易港	(8)p288
イポー Ipoh	マレー語	イポーの木	旧パロー	19世紀	錫鉱山の中心	(4)p121
ジョホールバル Johore Bahre	マレー語	新しいカシア肉桂の木		19世紀	大貿易港	(8)p101
クアラルンプール Kuala Lumpur	マレー語	泥の河口		1857年	マレーシアの首都	(8)p185
クチン Kuching	マレー語	猫（マタクチン"猫の目"という果実）	旧サラワク	1841年	サラワク州の州都	(8)p62
コタバル Kota Bharu	マレー語	新しい町	別コタバハル	15世紀	ケランタン州の州都	(4)p123
シンガポール Singapore	サンスクリット語	ライオンの都市	古トゥマセク	1819年	シンガポールの首都	(1)p185
マニラ Manila	タガログ語	ニラ灌木のある場所		1571年	フィリピンの首都	(1)p134
ケソン Quezon	タガログ語	ケソン大統領		1940年	旧首都，マニラ大都市圏	(4)p156
セブ Cebu	セブアーノ語	セブアーノ族		16世紀	スペイン最初の植民地	(8)p111

ダバオ Davao	バゴボ語	盛んな炎	旧ヌエバ・ベルガラ	1849年	フィリピン南部の中心都市	(4)p159
バンダルスリブガワン Bandar Seri Begawan	マレー語・サンスクリット語	華麗なる聖者の港	旧ブルネイ，別ダラール・サラーム	7世紀頃	ブルネイの首都	(5)p390
ジャカルタ Jakarta	サンスクリット語	勝利の都市	旧バダビア，古スンダカラパ	1527年	インドネシアの首都	(1)p110
バンドン Bandung	ジャワ語	山の連なり		1810年	高原都市	(3)p5
スラバヤ Surabaya	ジャワ語	勇敢なワニ		15世紀	インドネシア第2の都市	(3)p275
ジョクジャカルタ Yogyakarta	サンスクリット語	アヨドヤ（古代インド）の都		1755年	一時インドネシアの首都，マラタム王国の都	(4)p110
スラカルタ Surakarta	マレー語・サンスクリット	英雄の町	旧ソロ	1746年	中部ジャワの歴史都市	(4)p143
スマラン Senarang	中国語	三宝の墓地		1678年	ジャワ第2の港，華人が多い	(4)p144
パレンバン Palembang	マレー語	川の集積地	三仏斉	7世紀頃	シュリビジャヤ王国の都	(4)p146
メダン Medan	マレー語	平原		17世紀	デリー王国の都	(3)p139

表6と同じ資料を参考にして著者作成

D．特産物（熱帯産品）に因む地名

　東南アジアでは，主要地名に特産物名や植物名が地名化されている。その内の代表的な25の地名を図19に記した。図19に記した地名はどれも東南アジアではよく知られた重要地名である。この中で，首都名では「バンコク」，「マニラ」，「ビエンチャン」，旧南ヴェトナムの首都「サイゴン（現ホーチミン）」が熱帯産品や植物名に由来した名称である。インドネシアの首都「ジャカルタ」の元の名は，「スンダカラパ」"スンダ人の椰子（の港）"という特産品の積み出し港であった。「ジャカルタ」"勝利の町"と改名したのはイスラム教徒である。また錫鉱石採掘のために建設されたマレーシアの首都「クアラルンプール」は"（採掘のための）泥の河口"という意味だが，特産品という意味ではこの範疇に含まれる。さらにマレーシアの州都の1つであり，歴史的に東南アジアの要であった「マラッカ」や，サラワク州の州都「クチン」は，共に果樹の名に由来するという。首都，州都に限らず「ジャワ」「ボルネオ」「ロンボク」などの主要な島名，「サルウィン」といった河川名など，重要な自然地名にも特産物名や植物名が用いられている。ちなみに，「カリマンタン」島も一説ではマレー語で"マンゴーの島"の意味であるという（以上 Adrian,1974,より）。またスマトラ島の名はサンスクリット語の Suvarna dvipa のスバルナ"黄金"を現

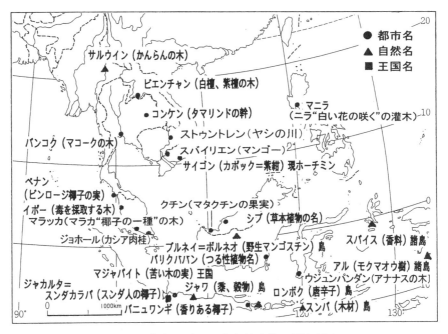

図19　東南アジアの主な特産物に因む地名
表6と同じ資料を参考に著者作成

地表現化した名称という説があり，この名称が正しければ両島も特産物名ということになる。

　このような自称の地名に加えて，異文化地域の人々からも同様の見方をされてきた。例えば東南アジアを呼ぶインドの古い名称に「カルプーラドヴィーパ」"樟脳の島"，「タコーラ」"ショウズク（の島）"，「スバルナドヴィーパ」"黄金の島"，という表現（以上，石井ほか，1994，より）があった。古代ギリシアのプトレマイオスは，マレー半島を「アウレアケルソネス」"黄金の島"と記し，ジャワ島を「イアバディオウ」"大麦の島"と記している。また現在のマルク諸島は，世界から「スパイスアイランズ」"香料諸島"としてその名が知れ渡っていた。インドも，古代から東南アジアを鉱産物や熱帯産品の供給地という見方をし，世界でも同じ見方をしてきたことがわかる。東南アジアで共通点を見出すとすれば，特産物（熱帯産品）名や植物名を地名化していることである。

4．国名・地名からみた東南アジアの特色

A．国名からみた特色

① 東南アジア11ヵ国の国名をみると，現地（先住民）語を国名とするのは，タイ，ラオス，東チモールである。このうちタイとラオスは部族名であり，チモールは島の半分を占めるので，位置を表す。

② マレーシアの場合は，基本は現地語（マライ）だが，これにヨーロッパ系（ia）の接尾辞を加えた国名である。ブルネイに至っては，現地語系，インド系，イスラム系の名称を組み合わせて国名としており，東南アジアの辿った歴史的過程の複雑さが読み取れる国名である。

③ 隣接する文化圏の影響を受け，その文化圏の言語を語源に持つ国名がある。インド系ではカンボジア，ミャンマー，シンガポールが該当し，中国系ではヴェトナムが該当する。これらの名称は，歴史的に古くから関係を持ってきたことを示している。

④ 遠く離れ，人種・民族的に無関係である欧州系名称を語源とする国名がある。フィリピンはスペイン系，インドネシアはラテン系の言語である。近代に欧米に植民地化されたことが国名命名の要因となっている。

⑤ 東南アジアの国名は，民族系，インド系，欧州系，中国系，イスラム系と多様であり，国名からは文化圏としての共通性は全くみられず，また繋がりもない。国名からみて，多文化受容地域であった姿が推測できる。

⑥ 第二次世界大戦中にタイが，戦後にはミャンマー，カンボジア，マレーシアが国名を変えた。またフィリピンやラオスは実行しなかったが国名の変更を計画した。国名の変更という行為は，国の顔を変えることであり，それまでの生き方を捨てることを意味する。これは，国家が不安定であることを意味する。

B. 王朝・王国名からみた特色

① 東南アジアの王国名には，インド系語源を用いた名称が多い。地域的にはインドシナ南部と東インド諸島の西域地方の王国に多い。しかも古い時代の王国名にこの傾向が強い。東南アジアでの国家形成初期はインドに学んだことが理解できる。欧州では東南アジアを Further India "インドの彼方"と呼んだが，これはまさに東南アジアの歴史の成り立ちを理解して命名した名称であり，インド文化の東端として古くから認知されていたことが理解できる。

② 理想・文化的要素を含む名称が多く活用されている。文化的なものでは，仏教に絡んだ名称が多いのが特徴である。見方を変えると，王国名は１つの尊厳や権威を表すものであったと考えられ，それをインドに求め，同時に高い文化をインドから積極的に導入した姿勢も推測する事ができる。

③ 東南アジアの王国名の多くは，現在の都市名に引き継がれている。これは都市（首都）が，歴史的観点からみても政治，文化，宗教，精神面の全てにおいても中心であったことを意味する。見方を変えれば，都市は国家に近い性格を持っていたことを裏付けているともいえるだろう。特にインドシナ（"インドと中国"の意味）半島に興った王国にこの傾向が強い。

④ 東南アジアでは，muang 類，pur 類，nagar 類を付けて"国家"を表す方法があった。これらは，本来"都市"を表す接頭・接尾辞なので，③と同じように都市と王国の区別が明確でなかった事を意味し，これも都市自体が国家であったことを裏付けている。

⑤ ヴェトナムの王国は，国家形成の時期から一貫して中国を意識して国名を命名してきた。文字，文化，宗教等々，中国との関わりの中で国家が存続してきた事を意味する。本来は中華世界の延長と捉えるべきであろう。

⑥ フィリピンの領域には王国が成立しなかった。それ故インド系地名も中国系地名も充分伝わっておらず，スペインが来るまで先住民中心の部族社会に留まっていた。王国名の無さはこのことを間接的に示している。

C．市町村接尾辞・都市名・地域名からみた特色

① 民族系の接頭・接尾辞が用いられている。その中でmuang類はタイとラオス全土，ミャンマーとヴェトナムの山岳地域，カンボジア北部にみられる。すなわちインドシナ半島の東西の海岸沿いを除く大半に分布している。

② kampong類は，インドシナ半島ではカンボジアからマレーシア（マレーはタミル語で"山"の意味）にかけて，島嶼域ではスマトラ，ジャワ，ボルネオ（カリマンタン）等のマレー系人々の住む島々に用いられている。

③ その他，フィリピンでは独自のbarangayが用いられている。ミャンマーではwanやywaが用いられてきた。そうすると，東南アジアを細かく表現すれば，民族系地名としては図16のようになり，民族を5つの言語系統にまとめることができる。

④ muang類とkampong類は，部族や国家の範囲を越えて拡がっているので，分布からみれば東南アジアの二大先住民の用いた言語と判断できる。

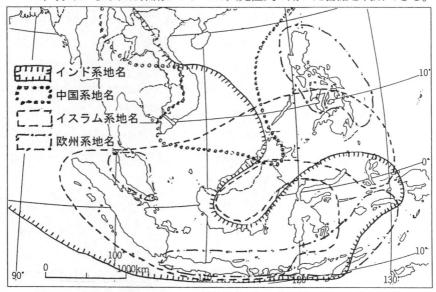

図20　東南アジアにおける四大文化地域の地名分布
「The Times Atlas of The World」「GLAND ATLAS」「中国歴史地図」を参考に著者作成

⑤ 4大文明地域から入った地名の中でも，インド系の地名が多い。それは pur, nagar, kota 類という接頭・接尾辞だけでなく，ジャカルタ，スラバヤなどの主要都市名，ジャワ，スマトラなどの主要島名にも普及しており，東南アジアにおける骨格的な地名の役割を担っている。

⑥ Dong や thon などヴェトナムの地名の大半は漢語発生地名であり，ヴェトナムは完全に中華世界の延長である。またタイ系地名は東アジア南東部の少数民族との共通性がみられ，また中国語の影響も少しみられる。例えばチェン chiang の接尾辞も中国語に関連している。タイ系民族は東アジア南西方面からの南下部族である事を間接的に示しているといえる。

⑦ フィリピン全土には san をはじめとするカトリック関連の地名が命名され，その数は南米と変わらないほど多い。フィリピンにはインド文化も中国文化も殆ど入っていないので，急速にスペイン文化や宗教が浸透していった。この現象を逆手に考えてみるなら，スペイン文化の導入によって国家として意識が芽生え，基盤が形成されたといっても過言ではないだろう。

⑧ 東南アジアにおけるイスラム信仰地域は，インド世界のような軍事支配や多数の民族移住が行なわれなかったので，政治・軍事的意味を持たない地名や接尾辞が用いられている。そのためイスラム関連の地名の絶対数も少ない。この点がパキスタンやインドとの違いである。

⑨ 東南アジアには，四大文化圏の地名が図20のように全域にわたってかなり多く用いられている。特に主要地名にこの傾向が強い。4つの文化圏の地名が同時に用いられる文化圏は東南アジアだけである。

⑩ 東南アジア全域に熱帯産品の名称が地名化されている。熱帯産品地名は，現地語だけでなく幾つかの異文化言語でも命名されている。中でも特にインド名が多く，しかも古代から熱帯産品に因んだ地名で呼んできた。この事実は，住民も異文化圏の人々も同じ見方をしてきたことを意味する。

⑪ 東南アジアの地名は，他の文化圏には活用されていない。つまり地名的には他の文化圏に影響を与えていない。これは異文化圏に部族が移住や進出をしなかった事を表している。

5．国名・地名からみた東南アジア観

A．新しくつくられた文化圏

　文化圏や文化地域と呼ぶ地域には，核になる国があるか，国名・地名に共通性がみられるものである。例えば，東アジアで核になる国は中国で，「中華世界」とも言い，共通性は方位を表す国名と政治関連の地名である。南アジアで核になる国はインドで，「インド世界」とも言い，共通性は神話・宗教関連の国名や地名である。西アジアで核になるのはイラン系とアラブ系の民族国家で，「イスラム世界」とも言い，共通性はペルシア系とアラビア系の接尾辞や地名である。内陸アジアは「遊牧世界」とも言い，共通性は民族名を用いる国名と遊牧関連の地名である。しかし東南アジアには，核になる国も，地名や言語の共通性も見当らない。また本来中華世界に含めるべきヴェトナムが東南アジアに属している現状や，古代から東南アジア領域を指す別の統一名称や広域地域名も存在しなかったことなどから判断しても，現在の東南アジアを一括りの文化圏とする見方・考え方は存在しなかったと考える。つまり「東南アジア」という区分名は意図的に作り出されたもので，それは20世紀中頃以降の事であった。東南アジアを植民地化した欧米列強は，植民地支配によって文化圏の勢力範囲を変更させただけでなく，新しい文化圏まで形成したことになる。

B．熱帯産品

　東南アジア全体の特徴をみると，図19のように，各地の主要地名に多様な熱帯植物名や特産物名が用いられている。もう1つは，世界の四大文明圏の語源を持つ地名が活用されている。この2つの地名の特徴より考えられることは，東南アジアは世界的な熱帯産品の生産地であって，四大文明の人々がこの熱帯

産品を求めてはるばる東南アジアに遣って来たことを意味している。当然この時に文化も流入した。古くはインド文化と中華文化，その後イスラム文化が，最後にヨーロッパ文化が入ってきた。仮に，東南アジアに多種多様な熱帯産品が無かったなら，異文化圏の人々が積極的に来ることもなく，また交易のために異文化を持ちこんだり，改宗させたり，あるいは華僑や印僑のような人々が住み着くことも無かったか，有っても少なかったであろう。具体例としてマラッカ市をみると，本来マライ人だけの町だったが，交易立地上の良さもあって熱帯産品を求めて中国系，インド系，イスラム系，欧州系の人々が来て住み着いた。移住者は本国の生活習慣や宗教を持ち込み，移住後もそれぞれが伝統的な生き方や価値観をまもりながら暮らし，影響も与え合った。マラッカ市は東南アジアが辿った歴史を凝縮したような文化の町なのである。そうすると，熱帯産品の生産地という地理的条件が，東南アジアの人々の生き方を決定する核心的役割を担ったことになる。すなわち熱帯産品は，生活を支える商品としての役割だけでなく，東南アジアの人々の生活形態，思想，文化，宗教，民族構成，国家形態に至るまで大きな影響を与えたことになる。このような地名をもつ文化圏は世界に例が無く，東南アジアの特徴の最たるものである。

C. 縦のつながりの強い歴史を持つ東南アジア

東南アジアは，熱帯産品の生産地，海のルートという2つの条件で交易が行われた。ただこの交流の特色は，相互互恵ではなく，相手側の交易の都合から行われたもので，言わば一方的な縦のつながりであった[55]。当然異文化言語地名も一方的に入ってきた。特にインドネシア，フィリピン，ブルネイ，マレーシアなどの異国言語を活用した国名は，このような歴史的背景の下で作成された代表例といえる。ただ地名・国名をみると，東南アジアの人々は異文化や宗教を一方的に押しつけられたのではなく，積極的に受け入れ，またそれを生かした点に特徴がみられる。しかし，結果的に東南アジアの国々は，朝貢国となったり，従属的立場におかれたり，最終的にヨーロッパの植民地になった。

もう1つは，東南アジアの地名は，周辺の異文化地域に一切用いられなかった。これから判断して，東南アジアの人々は積極性に欠け，外に出向く行動をとらなかったと推察できる。それゆえ現地の王国同士の交流も少なく，横の繋がりの弱い文化圏になった。これは，異文化地域に影響を与えるだけの高度な文化，政治組織，宗教などは育たなかった地域だったと捉えることもできる。

D．本来の国家形態

東南アジアは，地理的に熱帯雨林か熱帯モンスーン，サバンナの気候帯に属し，開発の難しい土地が多い。このような自然環境の中に，古い王朝・王国名の多くが現在も同じ場所で，しかも同じ都市名で残っている。さらに東南アジアで"都市"を表すkarta, pura (pore), negaraはインドからの導入語である。導入語を多用した理由は，インドの方がはるかに高度な制度や文化を持っていたからである。さらに加えて，本来インドで"都市"を表すnegaraやpuraは，東南アジアでは"都市"の意味と共に"王国・国"の意味にも活用された。以上の自然条件や地名活用の特色を合わせて分析すると，東南アジアで栄えた王国は，東アジアや南アジアの王国と違い，孤立にちかい山間の小王国か，沿岸地域周辺のみに支配権が及ぶ程度の王国だったのではないかと考える。言い方を変えれば，東南アジアに栄えた王国は，王宮周辺の小農業国家か，王宮を中心とする都市的，港市的レベルの国家であったと判断する。

飯塚（1975,p.277）がジャワのdessaの調査の中で，隣村はすでに異郷，異国である述べている。またR・ハイネ・ゲルデルン（1956）[56]は，東南アジアの王国の首都は呪的中心地であり，首都そのものが1つの宇宙観を持ち，首都はそのまま国家であると述べている。地名から東南アジアを考察すると，両氏の学説とほぼ同じ結論となる。

しかし現在では，どの国も支配権の及ぶ領土国家が形成され，大都市も発達している。が，これは欧米の植民地時代に持ち込まれた欧米風の制度や国家形態であって，本来の東南アジアではみられなかった現象である。

E. 3つの基礎グループ

　東南アジアの先住民言語の村落接尾辞をみると，現在の国家区分から想像するイメージとは異なり，3つのグループから成り立っていることがわかる。
　第1のグループは，kampong類の使用地域で，これらはインドシナ半島域南端と島嶼域西方にみられる。半島南端（カンボジア）には先住民のクメール人が，マレー半島にはマレー人が暮らしているが，双方とも kampong を用いている。同様にインドネシアのマライ系の人々の暮らす諸島域でも kampong 類を用いている。インドネシアには，広範囲に用いる他部族の接尾辞もみられないのでマライ系種族中心の土地であることを示し，大規模な部族・民族的侵入を受けなかった地域であったことも推察することができる。また kampong 類の使用から想像すると，クメールとマライ系は本来共通性の強い部族であったと考えられる。この領域にはインド文化の影響が強く入っている。
　第2のグループは，タイ，ラオス，ヴェトナム，ミャンマーの領域である。タイを中心に周辺国の山岳部一帯に住むタイ系種族に共通する表現に muang 類や ban 類がある。タイ系の muang や ban は，中国の雲南方面に今も活用されている。ミャンマー系の ywa や wan の接尾辞もチベット言語との共通性がある。ヴェトナムで用いる dong や chiang などは，中国の接尾辞をそのまま活用した表現である。これらの接尾辞から，彼らの先祖はそれぞれ雲南・チベット・中国華南から時間をかけて南下してきた集団であるという事実を知ることができる。そして現在では，東アジアからの南下部族は，インドシナ半島の大半を占めるに至っている。
　第3のグループは，barangay を用いるフィリピンで，この接尾辞は小舟で移住してきた人々の村落を指している。フィリピンにはインド系接尾辞も中国系接尾辞も入っていない。このことから推察して，フィリピンは孤立に近い未開の社会であった。すなわちフィリピンの領域は，パプアニューギニアなどと同じく，欧州人が来るまで先進文化の殆ど入らなかった地域であった。
　東南アジアを考察するうえで，この3パターンの土着民とその文化が基本に

あり，これに一部のインド系・中国系の移民と，高度なインド，中国，イスラム，ヨーロッパの文化が加わって現在の東南アジアが出来上がっている。そして導入文化と先住民文化，原住民と移民が複雑に絡み合って独特の文化を形成している。これが東南アジアの基本なのである。

F．国名変更の動きや分離独立から知る部族主義社会

　東南アジアの国々は独立後に国名を改名したか，改名を検討した国が多い。改名した国名をあげると，「シャム」が「タイ」へ，「クメール」が「カンプチア」・「カンボジア」へ，「ビルマ」が「ミャンマー」へ，「マラヤ」が「マレーシア」へと変え，インドシナ半島を中心に4か国もある。他にも「ラオス」が「ランサン」への改名を検討し，「フィリピン」も「マロロス」，「ルズビミンダ」，「ラプラプ」などへの改名を幾度も考慮した。つまり11か国中6か国が国名で悩んだ。

　改名の問題だけでなく，分離独立を求める動きも根強く残っている。まず「シンガポール」がマレーシアから分離独立し，「東チモール」もインドネシアから分離独立を達成した。この他，「アチェ」，「イリアンジャヤ」，「南マルク」はインドネシアからの分離独立を求め，フィリピン南部でもモロ族の分離独立運動が激しかった。さらにインドシナ半島のミャンマーが連邦制を採るのも，少数部族の分離独立運動（カレン族，シャン族，カチン族など）が根強く残っているからである。このような分離独立運動がおこっている地域をみると，大まかに言えば国家主要部族の村落接尾辞（インドネシアの kampung，フィリピンの barangay，ミャンマーの wan，ywa）の用いられていない地域か影響の薄い地域で発生している。

　国名の改名や国内に独立運動が起こる背景をみると，国内には多部族が住んでいるという事実がある。そして各部族間の交流は殆ど無く，歴史的に統一された事実も無く，政治権力が国土の隅々まで及んだ経験も無い。それゆえ，東南アジアの国々はどこも部族主義優先の社会となり，各部族間の信頼関係が形成されないまま1国家として独立するに至った。当然同じ国民であるという意

識や部族同士の協調性も大変薄く，お互いに異国民・異部族的な見方が優勢で，不信感の方が強かったのである。それが独立後も続き，分離独立運動や国名の改名問題へと発展したのだと推察する。つまり国家の抱える部族問題を，新たに独立を達成する事で解決するか，国名を改名することで政治内容と国内の人心を変えさせるか，どちらかの方法で乗り切ろうとしたのである。現在のインドネシア，フィリピン，ミャンマーに起こっている分離独立運動も，東南アジアの持っている地域性を考えれば起こって当然の現象と考える。東南アジアには，古くから大領土国家とか国家優先の政治思想は似合わない社会であった。つまり東南アジアは，基本的に地域主義・部族主義中心の社会なのである。

G．ASEAN からみる東南アジアの立場

東南アジア諸国は，第二次世界大戦後に ASEAN を結成して大同団結を表明した。しかし地名からみると，東南アジアの歴史の中でも，王国の連合や大同団結の動きは全くみられず，隣国との交流や友好関係さえ殆どみられない地域であった。国名をみても文化地域としての共通性は無い。そうすると ASEAN 結成自体が不自然な現象と写る。それなのに結成された背景には，どの国も古代から高い異文化に敬意をはらい，異文化圏に対して受け身であったが，その受け身の行為が裏目に出て，たやすく欧米の植民地となり，歴史上経験した事のない苦汁を味わったからである。つまり第二次世界大戦後の ASEANN 結成は，植民地支配からの集団防衛・集団対応の意味合いが強かったのである。各国が連合して強国になろうとか，統一国家形成が目的というものでは無かったのである。その証拠に，統一貨幣の形成，統一行政府の設立，統一軍設立といった動きは全くない。つまり ASEAN の結成は，EU のような統一国家，統一経済，世界の強国と言った国家論があって結成したわけではなかった。東南アジアは，今も各国内に分離独立問題を抱えていて，部族主義国家や地域集団の域を超えていない国家の集まりなのである。このような特性を抱えながら，連合という行動を取らねばならないのが東南アジアの弱さなのである。

第5章 内陸(中央)アジア文化地域

1. 現在の国名

A. 東域の国名(東アジアに含まれる領域)

a). モンゴル

「モンゴル・ウルス Mongol Ulus」は、"モンゴル族の国"を意味する(p 5を参照)[57]。1206年、草原の諸部族がチンギス・ハーンの軍門に降り、軍団名や国号として用いたのがモンゴルの名の起こりである。現在の「モンゴル国」の領域は「ハルハ・モンゴル Halha Mongol」と呼ばれ、ハルハ族の居住域であった。ハルハ("防壁、つい立"を意味)の名は河川名から採った。

B. 西域の国名(旧ソ連領)

a). ウズベキスタン

「ウズベキスタン」の正式国名「オズベキスターン・レスプブリカス O´zbekistan Respublikas」は、"ウズベク人領域の共和国"を意味する。なおウズベク人(族)の名はウズベク Uzbeke という人名に由来し、その語源はチュルク語でウズ uz は"自分"を、ベク bek は"統治者、支配者、族長"を意味する(召ほか,1983,p.55)。ウズベクはキプチャク・ハン国(キプチャク族)から分かれて14世紀以降に形成された比較的新しい族名である。

b). カザフスタン

「カザフスタン」の正式国名「カザクスタン・リスプブリカス Kazaqstan

Respublikasy」は，"カザフ人領域の共和国"を意味する。カザフ族は，15世紀にアラル海からバルハシ湖あたりのキルギス草原と呼ばれた地域に住むウズベク族の一部が分離した集団名で，Kazaq はチュルク語で"部族から分かれたもの，離叛者"あるいは"冒険者"を意味した（Adrian,1974,p.115）。ウズベクもカザフも，部族の分離自立という歴史的出来事を示している。

c). トルクメニスタン

正式国名「テュルクメニスタン Türkmenistan」は，"トルクメン人の領土"を意味する。11 世紀頃からトルコ系のオグズ族が侵入して先住民と混血し，16 世紀頃にはトルクメン人と名乗る集団が形成された。「トルクメン Turkmen」とは，チュルク語で"トルコ人と同様の"という説や，"トルコ人地区"という説，"良いトルコ"という説などがある（Adrian,1974,p.198）。トルクメンの名は，ウズベクやカザフとは逆で，大民族名を活用し，その一部となっていく過程を示す地名である。

d). キルギス

「キルギス」の正式国名「クルグス・レスプブリカス Kirgyz Respublikasy」は，"キルギス人の共和国"を意味する。Kirgyz とは"草原の遊牧民"を意味する（Adrian,1974,p.117）。8 世紀の突厥碑文にも qirqiz と記されており，ウラル南麓からアルタイ山脈の間の広大な草原地帯は，「キルギス・ステップ」"キルギス草原"とか「ダシュトイキプチャク Dasht-i-Qipchaq（ペルシア語 Dasht は"塩分のある荒地"，Qipchaq は"草原"）」と呼ばれてきた。この名は自由奔放な遊牧民の活動地を指した名に由来する。

e). タジキスタン

「タジキスタン」の正式国名「ジュムフーリーエ・タージーキスターン Jumhūrī-i-Tādzhīkistān」は，"タジク人領地の共和国"を意味する。タジクの名は，最初はここに来たアラブ人を指し，後にはイスラム教徒となったイラン人を呼ぶ名称となった。語源はペルシア語の taj "王冠"という説が有力である（Adrian,1974,p.190）。遊牧集団の民族帽からでた名称と考えられる。

2. 王朝・王国名

　地理的にみて，中央アジア（以下西域ともいう）という場合は旧ソ連領の5カ国を指し，内陸アジアという場合は東アジアのモンゴル（以下東域ともいう）も加えた6カ国を含める。これらの地域は遊牧生活を送ってきた地域なので，歴史的にみて，遊牧の世界（遊牧地域）と表現するほうが適当と考える。
　遊牧民は多くの王朝・王国を建国したが，遊牧地域の東域と西域では名称表現が異なっているので，東域と西域に区分し，それぞれ由来から分類する。

A．東域の王朝・王国名

　東域は，東アジア文化地域の項で扱った範囲と重なる地域である。地域的にはアルタイ山脈以東とテンシャン山脈以南を指す。ここに「匈奴」（前4世紀末-後1世紀），「大月氏」（前140頃-後1世紀），「北魏（鮮卑）」（386-534），「柔然」（5・6世紀），「高車」（5・6世紀），「突厥」（552-744），「吐蕃」（7-9世紀），「渤海」（698-926），「遼（契丹）」（916-1125），「西夏」（1038-1227），「金」（1115-1234），「蒙古」（1206-1271），「元」（1271-1368），「清」（1616-1912）等の王朝・王国が興ったが，これらは漢字で表記する。この国名をその特徴から分類する。

a)．自称名の王朝・王国名

　遊牧民の自称名を漢音表記したと考えられる名称がある。「匈奴」はHiung-nuと発音し，また「胡」と記してHuと発音した。ラテン語表現ではHunniといい，現在の西洋でもHunと発音することから，Hiung-nu，Hunni，Hunに近い自称名に，「匈奴」という蔑視的漢字をあてたことが推察できる。白鳥（1910,1986再版,p.491）は，Hiung-nuやHuの語源は"人，人間"を意味すると述べている。これから民族名の「東胡Tung-Hu」は，"東の匈奴"という意味になる（白鳥,1910,1986再版,p.65）。

「柔然 Zou-Zan (Jou-Jan)」は「蠕蠕 Zuan-Zuan」「檀檀 Tan-Tan」「茹茹 Zo-Zo」などと記され，漢字発音に共通性が感じられるので，これも部族の自称名を漢音表記したと考えられる。柔然の語源は，ju-jen "礼儀" か，žu-žen "賢明" の意味であろうという（下中,1984,四,p.295）。

「突厥 Tu-Que」はチュルクの漢音表記であり，『周書』や『隋書』の記載には，チュルクは居住地域の山の形から民族名を作成したもので，その意味は "兜" を指すという。トルコ帽も関係がある（p 60 の国名トルコも参照）。

「契丹 Qi-Dan」は突厥の Kül Tägin 碑文に Kytay と記され，Tonjukuk 碑文には Kytang と記されているので，これも間違いなく自称名を漢音表記したものである。契丹の語源は "鑌鉄" を意味するが，これは "切断する" とか "刀剣，剪刀" を表すという（白鳥,1910,1986 再版,p.243）。

b)．他称名を漢音表記した王朝・王国名

「吐蕃 Tu-Bo」は「チベット Tibet」の漢音表記である。Tibet とはチベット系の人々の名ではなく，ヤルカンド（トルコ系）の人々の使った名称で "高い処" を意味する。4千メートル級の高原を指した名である（椙村,1986,p.26）。

c)．特徴に由来する王朝・王国名

漢人の目からみた遊牧国家や部族の特徴を捉え，それを漢語の意味で表わした名称がある。チュルク系の「高車 Kaochê」は，彼らが高々とした車輪の乗り物を使用したことから呼ばれた名称であるという。そのため別名として「高車丁零」とも呼ばれた（白鳥,1986 再版,p.516）。

d)．その他の王朝・王国名

不確定な漢語表記もある。「月氏 Yüeh-Chih」または「大月氏 Da Yüeh-Chih」という名は，ヘロドトスおよびプトレマイオスの記した Issedon 民族を指すという（白鳥,1910,1986 再版,p.511）。しかし他説も多く定説はない。「月氏」とは，前2世紀以降のイリ川流域，さらに後のアム川上流を支配した国名をさすが，春秋時代末から戦国時代末まではモンゴル高原の西半分を支配していた部族名であった。この部族が移動したため，西域の国名にもそのまま漢語で表記した国名が使われるのだという。

e)．中国式国名を名乗った王朝・王国名

　遊牧民が中華の農耕地に侵入して，積極的に中国式表現を名乗るようになった名称がある。「渤海 Bo-Hai」，「魏（北魏）Wei」，「遼 Liao」，「金 Jin」，「元 Yuan」，「清 Qing」が該当する（p6～9の東アジアを参照）。これらは東アジアの項で説明済みなので，中国の項で詳しく説明しなかった「西夏」を述べる。「西夏 Xi-Xia」はタングートの一部の拓抜部が建てた国で，支配者の李元昊は中国式に皇帝を表明し，中国式表現名を用いて「大夏 Da-Xia」と名乗った。「夏」を用いた背景には，唐の命名した夏州の地名と，夏州一帯に居住した部族を平夏部と称したことに基づいて「大夏」と名づけたといわれる（下中,1984,二,p.87）。ただ宋王朝は「大夏」が西域にあるので「西夏」と呼んだ。

B．西域の王朝・王国名

　アルタイ山脈以西と天山山脈以北の地＝西域（中央アジア）に興った王朝・王国の特徴を幾つかに分類してみる。

a)．人（支配者）名に因む王朝・王国名

　支配者名に因んだ名称が多い。「サーマーン朝」(875-999)はイスラム教に改宗した地主のサーマーン Sāmān に因んだ。「セルジューク朝」(1038-1194)はトルクメン族の族長セルジューク Saljūq に因んだ。「チャガタイ・ハン」(チャガタイ・ウルス 1227-14世紀後半)はチンギス・ハーンの2男のチャガタイ・ハン Chaghatai Khan に因んだ。「オゴタイ・ハン」(オゴタイ・ウルス 1225-1310)はチンギス・ハーンの3男のオゴタイ・ハン Ogodei Khān に因んだ。「ティムール帝国（朝）」(1370-1507)は創始者ティムール Timur に因んだ。「ジョチ・ウルス」はチンギス・ハーンの長男のジュチ Juchi に因んだが，ジョチ・ウルスは後に「キプチャク・ハン」(1243-1502)と呼ばれた。「フレグ・ウルス」(1258-1353)はチンギス・ハーンの孫のフラグ Hulagu に因んだが，別名「イル・ハン」"部族民の君主"とも呼ばれた。このような創始者関連の名称は7カ国ある。

b). 支配者の称号に因む王朝・王国名

「ハン，ハーン，カン，khān，汗」("支配者，首長"の意味)という称号を付けた国号も非常に多い。これらの名を付けた王国名を挙げれば「チャガタイ・ハン国」(1227頃-14世紀後半)，「オゴタイ・ハン国」(1225頃-1310)，「キプチャク・ハン国」(1243-1502)，「イル・ハン国」(1258-1353)，「カラ・ハン国」(10世紀中頃-12世紀中頃)，「ヒヴァ・ハン国」(1512-1920)，「ブハラ・ハン国」(1505-1920)，「コーカンド・ハン国」(1710頃-1867)，「カザン・ハン国」(1445-1552)，「アストラハン・ハン国」(1466-1557)，「クリム・ハン国」(1430頃-1783)など11カ国もある。ハーンは本来モンゴル系の君主に与えられた称号で，最初は支配者名に用いられたが，後には地方名や都市名に付け加えて王国を表す名称にも活用された。また地域でいえば，モンゴルの支配地ばかりでなく，中央アジア，西アジア，ヨーロッパに建てたトルコ系支配者の王国名にも採用された。そしてkhānは，ペルシア系のシャーshāh"首長，支配者"やトルコ系のベクbeg"首長，支配者"の上に立つ君主の称号となった。

c). 集団を表す王朝・王国名

モンゴル族の支配以降，遊牧民の王国名に"部族の衆，部族集団の国家"を意味するulusやilが用いられ，この国家組織名をつけて呼ぶ国名表現もみられた。「イェケ・モンゴル・ウルス」，「チャガタイ・ウルス」，「オゴタイ・ウルス」，「ジョチ・ウルス」，「フレグ・ウルス」，「イル・ハン」，「イリク・ハン(カラ・ハン)」，「イリ・カガン」がこれにあたり，8カ国もある。

d). 部族・民族名に因む王朝・王国名

民族や部族集団に因んだ名称がある。「キプチャク・ハン」の場合は，初期は「ジョチ・ウルス」といったが，支配者のモンゴル族は次第に数が少なくなり，王国住民はトルコ系のキプチャクKipchāk族が中心を占めたため「キプチャク・ハン」[58]が代表名に代わった。また，「オイラート」(12世紀以降？)はモンゴルに従った当時の自称名(Oirāt"森の民"の意味)をそのまま活用した名である(下中,1984,二,p.1)。「エフタル」(5世紀中-6世紀中)の場合は，Gweta-äli"月氏民族"の意味の訛った名称ではないかという説があるが，詳

しいことはわかっていない（下中,1984 三,p.128,Tolstov の説より）。ただ「エフタル Ephtal」は「Lefkoi Ounnoi」"白フン" とも呼ばれ，またインドでも「Sveta Huna」"白フン" と呼ばれていたので，匈奴（フン）と血縁関係があった部族と思われる。「カラ・キタイ」は，トルコ語で"黒い契丹"を意味する（下中,1984 五,p.208）。キタイ Kitai 族は征服民族であったのでイスラム史家がこのように名づけたという。中国はこれを漢語で「黒契丹」と呼んだり，さらに「遼」も契丹族の建てた王国だったので「西遼」と呼んだりした。「スキタイ」（前8-前3世紀頃）は，遊牧系の中でも最も古い王国の1つであり，珍しくギリシア語表現の名称である。伝説によると，ヘラクレスと土地の蛇娘との間に3人の男子が生まれたが，この中で三男のスキュテス Skythes が部族を継いだので，彼の率いた部族をスキュチアと呼んだのだという。ウクライナからボルガ流域に活動したので，スラブの元になった可能性がある。

e），都市・地域名に因む王朝・王国名

都市名を活用した名称がある。遊牧民の活動地域にあったヒヴァ，ブハラ，コーカンド，カザン，アストラハン（以上都市名の語源は表9参照）に，モンゴル語のハン khān "支配者" を加えて「ヒヴァ・ハン」，「ブハラ・ハン」，「コーカンド・ハン」，「カザン・ハン」，「アストラハン・ハン」などと呼んだ。さらに都市名と似た命名方法を採った例もあり，「クリム・ハン」（クリム Krim またはクリミア Krimea はモンゴル語で"城塞，城堡"）の場合は半島名から命名した王国名である（蟻川,1993,p.65）。「ホラズム・シャー」（1077-1231）も地方名ホラズム Khorezm（ペルシア語で khvar "低地"に zemi "土地"を加えて"低地の国"の意味）から命名した名称であるが，「ホラズム・シャー」の場合は，中央アジアでは珍しくイラン系のシャー shāh（ペルシア語で"支配者，王"）を名乗った王国である（召ほか,1983,p.1182）。「フェルガナ」は，盆地名 Fergana（"僅かに水のある土地""湿っている土地"）から命名している（召ほか,1983,p.317）。

なお，a）から e）の王朝・王国名は，一カ国に2種類の呼び方がある場合が多いので，ここでは重ねて記載していることを付け加えておく。

3. 市町村接尾辞・都市名・地域名

南アジアと同様の分析手法をとる。(接頭・接尾辞, 地名のカテゴリー化)

A. 遊牧地域の基本単位であるail類の接尾辞

アイル ail 類は, モンゴル系, ツングース系, トルコ系に共通する接尾辞であり, 語源的には生活基盤である囲いの柵や遊牧民の天幕を指していた。モンゴル系の中ではハルハ語の ayl, バラガンスク語の ayl, ダグル語の aile´ は"村落"を意味し, モンゴル語の文語の ail は"隣里, 村落"を意味する。さらにツングース系ではソロン語の ail も"村落"を意味する。トルコ系では, キルギス語の ail とアルタイ語の ail´ は"天幕"を意味し, ヤクート語の ial, カラ・キルギス語の ail, テルグート語の ayil, チュワシ語の yat は"村落"を意味する。同じトルコ系のオスマン語, アゼルバイジャン語, クェリク語の agil は"欄柵=囲いの柵"を意味し, ショル語, サガ語, コイバル語, キジル語, カチンズ語の al は"穹廬, 村落"を意味する (以上, 白鳥1986,p.271)。ただその意味は徐々に変化して, 今では遊牧民の集まる村落, 場合によっては仲間にも用いられるようになっている。これら ail 類は, 遊牧民の生活や政治の最小の単位なのである。この ail をモンゴル軍はそのまま軍事の単位として活用した。例えば, チンギス・ハーンは, ail を基本に 10 ail 毎にリーダーを定め, さらに 1000 ail (千戸制) によって軍事組織をつくって, モンゴル帝国を築いたといわれる。ただ ail 類は, 遊牧地では移動を伴うので町にも都市にも発展しない。しかし極めて重要な単位であり, 生活の基盤となっている。

B. Ordo 類の接尾辞と地名

オルド ordo 類も, モンゴル系, トルコ系, ツングース系に共通した接尾辞

である。本来王侯貴族の住む大型のゲル集落を指し，極めて政治軍事色の強い名称であり，遊牧民特有の機動力と軍事力の下に呼ばれた表現ともいえる。具体的に，満州語の ordo は"宮，亭"を意味する。モンゴル語の ordu は"宮殿，陣営"を意味する。トルコ系ではキルギス語の ordo は"宮殿，城郭"を意味する。アゼルバイジャン語，チャガタイ語，タランチ語の orda は"スルタンの牙城"を意味し，ウイグル語の ordo は"汗の陣営"を意味し，オスマン語の ordu は"軍営"を意味する（白鳥 1986,p273）。ちなみにカザフの旧首都「クジルオルダ kzyl-Orda」は"赤い首都（都城）"を意味する。

C，Khoto 類の接尾辞と地名

コト（ホト）khoto 類は，モンゴル，ツングース系部族地域，中国北東部（満州）や朝鮮半島，日本のアイヌといった東アジア北東域一帯を中心に分布している。"城，城塞集落，城塞都市，都城，村，町"を指す接尾辞である（椙村 1992,pp.162-171）。地図から khoto 類や同類の屯を拾いあげたのが図 21 である。モンゴル語の khoto, hoto, khotun, khotan は，"垣"fence，"城壁"castle

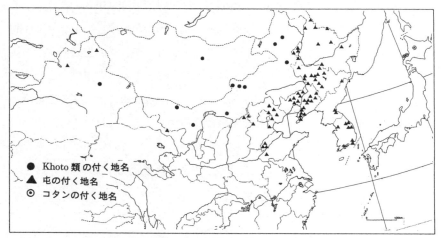

図21 Khoto類，屯，コタンのつく地名の分布
中国大地図，中国歴史地図集，韓国基本地図，標準高等地図，
「The Times Atlas of The World」を参考に著者作成

やwallを意味する。この呼称名は，満州語ではhaotan（好旦）として用いられ，さらにカルカ語ではkhoto, ギリヤーク語でもhotonとして使われている。また，漢語に「屯」"防衛目的の村"という表現があるが，この表現の意味もほぼ同じである。朝鮮語にもtun（屯）"防衛地"が用いられていて，これもほぼ同じ意味である。さらに数は少ないがアイヌ語にコタンkotan[59]という表現があるが，これは単に"村"を意味する（善生,1933,p.311）。これらは全て同源語である。ただ現代のモンゴルでは，khotoは地名から省略される場合もある。また満州（東北地方）では，khotoは小地名に用いられてきたため，地図には表記されない場合が多い。そのため使用されていること自体がわかりにくい。さらに加えて，中国東北地方（旧満州）では漢民族が入植すると，満州語のkhotoは意訳され，漢語の「屯」に置き換えられた例が幾つもみられた。朝鮮半島の「屯」の場合も都市名の中の一地区名に用いられ，地図上に表記されないものが多い'（善生 1933,p.311）。khoto類や屯からみて，この地域は古くから人々の移住を含めた文化交流があった事が推測できる。都市名をみると，図21のように，モンゴル国に「ウランバートルホト Ulanbatar Khoto」，内モンゴル自治区に「フフホト Huhohaote」，「ウランホト Wulanhaote」，「シリンホト Hsilinhuote」，「エレンホト Erhlienhaote」，「パエンホト Payenhaote」などの地名があり，ホトの付く都市，町が分布している。遺跡名にも「ハラホト Kharakhoto」，「ヤールーホト Yarkhoto」などがある（p23も参照）。

D，ペルシア系接尾辞と地名

都市の中にはペルシア語接尾辞が用いられている。Kand・kent（"アーバードの郊外の集落"＝"町，市"），ābād（"人の集まるところ"＝"町，都市"），shahr（"町，市，国"），stan（"土地，領土"）などは，西アジア地域と同じように大変多く活用され，接尾辞からでは西アジアとの区別がつかないほど一般化して用いられている。例えば「タシケント Tashkent」，「サマルカンド Samarkand」，「アシガバード Ashkhabad」，「カラシャハル Karashar」"黒い

都市"，「トルケスタン Turkestan」といった地名がこれにあたる。中にはタクラマカンの「ヤンギヒサル Yangi Hissar」のようにアラビア語の hisar（"砦，都城"）までみられる。その範囲は，西はトルコ共和国から東はタクラマカン（東トルキスタン）の西半分まで広がっている。ペルシア系接尾辞を付けた西域の都市に共通することは，典型的なオアシス都市であるということである。

E．主要都市名

表9に内陸アジアの主要都市名をあげた。まず大まかな特徴を述べると，中国の東北地方（旧満州。「満州」の名は曼殊師利の曼殊より採った。曼殊師利は清の太祖の称号であり"文殊菩薩"を意味する）では，狩猟・遊牧時代から続く都市は殆ど無く，現在の都市基盤は中国，ロシア，日本が建設したものが多い。ここでは先住民の言語を受け継ぐ主要地名を取りあげた。中国東北部は，現在は農耕文化地域に変わり，狩猟・遊牧文化圏ではなくなっている。ただ地

表9　モンゴル系，ツングース系，トルコ系の主要都市名

都市名	由来語	語源	正称，別称，旧称，古称	形成年代	特色	出典
ウランバートル Ulanbator	モンゴル語	赤い(ulan)英雄(bator)	正ウランバートルホト，旧ウルガ	17世紀中頃	モンゴルの首都	(1)p199
ウリャスタイ Uliastay	モンゴル語	柳の多い土地	旧ジブホラント	18世	モンゴル西部の中心	(8)p30
アルタンブラク Altanbulag	モンゴル語	黄金の泉	旧マイマチン	1727	モンゴル北部の中心	(13)p38
ホブドKhbobd	モンゴル語	喜びのある	旧ジルガランダ	17世紀末	清朝時代のモンゴルの中心	(15)p288
フフホト Huhehoto	モンゴル語	青い城	ククホツン，帰化城	16世紀中	内蒙古自治区の都	(5)p163
ウランホト Ulanhoto	モンゴル語	赤い城	旧，ワンイエミャオ（王爺廟）	1659	内蒙古自治区の東部の中心	(24)p235
ハイラル Hailar	モンゴル語	溶けて流れる		1731	内モンゴル自治区北東部の主要都市	(17)上p67
チチハル Tsitsihar	ダフール語・モンゴル語	辺境，境界，天然の牧場		17世紀	東北地区北部の工業都市	(24)p255
ハルビン Harbin	満州語，ツングース語	平地，漁網干場，渡し場		1898	黒竜江省の省都	(24)p254
チーリン吉林	満州語	岸，河岸	チーリンウラ	1658	河口の大都市	(24)p204
ムータンチャン牡丹江	満州語	湾曲の川		19世紀	工業都市	(24)p260
ターリン大連	満州語	岸，河岸	旧リュイター	1898	大貿易港	(5)p99
ラサ拉薩	チベット語	神の土地		7世紀前半	チベットの都	(5)p162
ウルムチ Urumchi	モンゴル語	美しい牧場	旧，迪化城	18世	西部最大の都市	(8)p30
トルファン Turfan	トルコ語	町	別，火州	5世紀前	海面下15m．	(8)p133
ハミ哈密	ウイグル語	低地	別クルム	漢代	東西交易の中継地	(5)p112
アコスー Aksu	トルコ語	白い水		漢代	東西交通の要衝	(15)p51

都市名	語源	意味	旧名	年代	備考	出典
ホタンKhotan	サンスクリット語＋ペルシア語	城塞		前2世紀	インド・ペルシアの東限	(5)p120
ヤルカンドYarkand	ウイグル語	崖の町	古，莎車国	漢代	天山南路の要衝	(8)p238
アルマティAlmaty	カザフ語	りんごの	旧アルマアタ，古ヴェールヌイ	1854	旧カザフの首都	(1)p30
ビシュケクBishkek	ペルシア語	太守	旧フルンゼ	1825	キルギスの首都	(8)p410
タシケントTashkent	トルコ語＋ペルシア語	石の町	古チャチャ，旧ビンケント	前2世紀	ウズベキスタンの首都	(1)p191
サマルカンドSamarkand	サンスクリット語＋ペルシア語	人々の遭遇する場所(町)、人口密集地	古マラカンダ	前5世紀前	チムール帝国の首都，ソグドの中心	(2)p213
ブハラBukhārā	サンスクリット語＋ペルシア語	僧院		前2000年	古くから中央アジアの宗教の中心地，ブハラ汗国の首都	(15)p270
クジルオルダKzyl-Orda	カザフ語	赤い首都(宮殿)	ペローフスク	19世紀	古カザフの首都	(18)p61
コーカンドKokand	ペルシア語	猪の村(町)	現地フク・ケン	1732	コーカンド汗国首都	(7)p120
フェルガナFerghana	ペルシア系言語	湿った土地，わずかに水のある土地	旧スコベレフ	1876	漢代の「大宛」の地	(8)p414
ドシャンベDushanbe	タジク語	月曜日		20世紀	タジキスタンの首都	(1)p82
アシガバードAshkhabad	ペルシア語	愛の町，快適な町	旧ポルトラツク	1881	トルクメニスタンの首都	(1)p37
タシュクルガンTash-Kulgan	トルコ語	石の城塞(丘)		不明	山岳交通の要衝	(8)p119
ペンジケントPendzkent	ペルシア語	五つの町		6世紀	ソグト文化	(15)p284
カザニKazani	トルコ語	カザンカ(大鍋)川より	カザン	13世紀	カザン汗国とタタールスタンの首都	(8)p44
サラトフSratov	モンゴル語	黄色い丘，黄金の丘		1590	州都，商工業都市	(3)p371
アスタナAstana	カザフ語	首都	旧アクモラ，古チェリノグラード	1824	カザフスタンの首都	(25)p784
カラガンダKaraganda	カザフ語	黒いアカシア		1931	石炭の産地	(7)p111
セミパラチンスクSemipalatinsk	ロシア語	七つの宮殿の都市	旧カメニエメチエト	1778	原水爆実験場	(7)p132
サライ Sarai	ペルシア語	宮殿		13世紀	キプチャク汗国の首都	(14)⑫p333
アストラハンAstrakhan	タタール語	尊敬される人の都市称号，明星の都市		13世紀	アストラハン国の首都	(1)p38

表6と同じ資料を基に著者作成

名に限れば，狩猟・遊牧文化圏の特徴がまだかなり残っている。

内陸アジアは遊牧文化圏の特徴がまだ歴然と残っている。まずアルタイ（山脈）以東のモンゴル高原の主要都市は，西方と比べて歴史は新しく，都市の立地場所は砂漠（ゴビ）の南端の中国農耕地域への移行地帯が中心である。ただ発祥地をみると，民族・部族も地名も砂漠（ゴビ）の北側の草原とタイガ（針葉樹林帯）への移行地帯であり，現代都市の立地とは一致していない。

アルタイ以西では西方地域へ行くほど都市の数が多くなり，しかも歴史が古

い。また西方は特にペルシアの影響が強く，都市の殆どはテンシャン，クンルンなどの山麓か，山脈から流れ出る河川沿いに立地するオアシス都市である。

F．トルコ（チュルク）系地名

　西域の都市をみると，表9からわかるように「タシケント」(tash "石" はトルコ語，kent はペルシア語)，「アルマティ」，「トルファン」，「ハミ」，「アコスー」，「ヤルカンド」，「クジルオルダ」，「カザン」，「アスタナ」，「カラガンダ」など，主要な地名はトルコ系民族の言語によるものが多い。また図12 をみても西域の自然名にはトルコ系言語地名が多く用いられ，数の多さだをみても遊牧地域の西域はトルコ系遊牧民の文化圏であることがわかる。

　図12をみると，トルコ系住民は中央アジアに限らず，新疆ウイグル，ロシア，トルコ，カフカス地方にも居住することがわかる。

G．その他（インド系地名）

　内陸アジアには，インド系地名もみられるので，代表的な地名をあげる。ウズベキスタンの「ブハラ Bukhara」は，サンスクリット語のビハーラ vikhara "仏寺，僧院" の変形（椙村,1992,p.351）で，紀元前後に伝来したものという。中国のシンチャンウイグルの「ホータン和蘭」も，サンスクリット語の kota "都市" に由来する。「アクス阿克蘇」はサンスクリット表現では「バルカ Baluka」といい "居留地" を意味するという（椙村,1992,p.120）。これから判断して，タクラマカン西方がインド系地名の用いられる限界である。歴史と地名からみて，仏教文化伝来との結びつきが感じられる。

H．地域名

　内陸アジアの中の地方名は数が少ない。それは，遊牧地域は草原や乾燥地域

が広く，変化に乏しいため，一般に民族や部族が優先され，それゆえ民族・部族名がそのまま地域名となり，また国名（号）であると考えられてきたからである。すなわち民族・部族名をもって表現すれば，その名称は地域名として扱われた。中央アジアのトルコ系部族の居住地の総称は「トルキスタン Turkestan」"トルコ族の地"であった。また一部の部族名から採った地域名もあり，例えばサマルカンド周辺はソグド人の居住地だったので，「ソグディアナ Sogdiana」と呼んだ。ただ異民族による別の表現名もあり，その場合は必ずしも部族・民族名を用いるとは限らなかった。例えば，歴史的にアムダリア以東と以北の地はギリシア人から「トランスオクジアナ Trans Oxuziana」"オクソス川（アムダリア川）を越えた地"と呼ばれ，同地をアラビア名では「マーワラーアンナフル Māwarā' al Nahr」"川向うの地"と表現した。また同地をペルシア語表現では「トゥラーン Turān」"蛮族の地"と呼んだ。この地域より更に遠いシルダリア川以東・以北の草原は，ペルシア語では「ダシュトイキプチャク Dasht-i-Qipchāq」"キプチャク（草原）の荒地"と呼び，ヨーロッパは「キルギス・ステップ Kirgiz Steppe」"キルギス草原"と呼んだ。キルギス・ステップより更に遠いトルコ系住民の東端にあたるウイグル族の地域は「東トルキスタン」と呼んだ。東トルキスタンには別の表現名もあり，河川名より「タリム」とか，砂漠名より「タクラマカン」とも呼ばれる。

　これに対し，アルタイ山脈以東のモンゴル系部族の地域名もトルコ系と同様に部族名が用いられた。例えばゴビ砂漠以南のモンゴルの地は，中国語で「内蒙古」"中国に近いモンゴル"と呼ぶ。ゴビ砂漠の北のモンゴルは「ハルハ・モンゴル Halha Mongol」"ハルハ族のモンゴル"であり，現在はモンゴル国として独立している。さらに北の森林地帯は「ブリヤート・モンゴル Buryat Mongol」"ブリヤート族のモンゴル"であるが，ここはロシア領になってからモンゴルという表現は使わなくなった。また「ジュンガル Junggar」（モンゴル部隊の"左翼"の意味）盆地は西の砂漠にあり，中国では「漠西蒙古」と表現し，チャイダム盆地の地は，内陸の大湖に因んで「青海蒙古」と呼ぶ。このように遊牧地域では地名も民族中心の考え方であった。

4. 国名・地名からみた内陸（中央）アジアの特色

A. 国名からみた特色

① 現在独立している6カ国は，全て民族名（部族名）を国名としている。ここに最大の特色がある。この中で，ソ連から分離した西域の5カ国の領域と中国のタリム盆地を含めて，古くは「トルキスタン Turkistan」"トルコ人の土地" と総称されてきた。住民もタジクを除くとトルコ系の部族国家である。

② ロシア・ソ連支配時代には，ulus, il や khan, stan といった遊牧系住民の用いた表現や，「トルキスタン」という統一（団結）を表すような用語は消され，ロシア表現の分割した部族名が用いられた。

③ ソ連崩壊後には，再びイスラム教国家の特徴や歴史的領域を前面に出し，部族名に stan を付けるようになった。この表現は，西アジアやイスラム系諸国との関係が深いことと，領土を意識するようになったことを間接的に表しているととれる。

④ 西域のイスラム国家は "共和国" を語尾に用いるが，東域のラマ教中心のモンゴルだけは，伝統的遊牧の表現を生かし，今も ulus を国名に用いる。

B. 王朝・王国名からみた特色

　東域は漢語の影響が強く，東アジアに含まれ，西域はペルシア語の影響が強く，中央アジアとして別個に扱われるので，東域と西域に分けて述べる。

東域の特色

① 王国名は，遊牧民の自称名や他の遊牧系部族の呼んだ他称名を，漢音訳した名称にして用いている。また基本的に人名は用いない。これは人名の多

い西域の王国・王朝名とは際だった違いを示している。また遊牧国家に与えられた漢語をみると，中国では遊牧国家を夷狄と捉えていたことがわかり，蔑視的漢語が多くみられる。
② 遊牧民が中華領内に侵入して王朝・王国を建てた場合は，中国の伝統地名を借用するか，中国式表現の名称を積極的に用いた。このような事実をみると，東域の遊牧民の王朝・王国名は，中国と深い関わりを意識しながら歴史を形成してきたことが理解できる。また地名からみて，遊牧民と中華の大まかな境は，長く万里の長城であった。

西域の特色

① 多くの王国が，Khan, shah, beg "支配者"などの尊称を付けて国号を表現した。また直接支配者の名も多用した。これから判断して，支配者が極めて強い権限を持って国家をまとめていたことが理解できる。国家建設者の力が遊牧地域ではいかに重要であったかが地名から伝わってくる。
② 部族・民族名も王国名として活用している。これは中心となった民族・部族が周辺の多くの部族を統率し，国家を組織する原動力となっていたことを表している。
③ さらに遊牧地域では，ulus や il "民衆，部族連合"が多く使われていることから，一つの国家内に多くの部族が存在したことを示している。また部族集団の結束力が重要だったことも理解できる。遊牧の世界では，集団の数と結束力がそのまま国力と結びついていたと考えられる。
④ 小王国の場合は，地域名を国名に当てている。これは小地域が生き残るには，地域との密着度が最重要であったことを示している。しかし遊牧の世界では，このような名称はむしろ例外に属する。

C. 市町村接尾辞・都市名・地域名からみた特色

① 遊牧や狩猟の文化圏では，都市の数そのものが農耕文化圏と比べて少ない。少ないながらもオアシスを中心に散在している。表9に遊牧地域の都市名

をあげたが，その中で東域のモンゴル系やツングース系部族の建てた都市は建設年代が新しく，古くても 16~17 世紀以降である。殆どは 19 世紀以降で，しかもその新都市は，農耕民族が入植して建設したものが多い。

② 一般的な都市名に関しては，ツングース（満州）系の中国領は，現在ほぼ漢民族化され，ツングース系のロシア領はロシア化されてしまった。その結果，狩猟・遊牧地域であったツングース系の領域は，その面影が消え，ほぼ農耕文化地域に変わってしまった。

③ 西域の都市をみると，「サマルカンド Samarkand」，「ブハラ Bukhara」，「ホータン Khōtan」など，紀元前から存在する古い都市があり，年代的には東域と対照をなす。特に歴史の古い都市の語源は，ペルシア語，ペルシア語接尾辞が使用された。またサンスクリット語を用いた地名もある。

④ 都市の接尾辞をみると，西域では ābād，kand など "都市" を表すペルシア系の接尾辞が中心を占め，東域ではモンゴルから満州，朝鮮半島や華北に khoto "都市" 類を用いているという特色がみられる。遊牧の文化もアルタイ山脈を境にして大きく二分されていることがわかる。

⑤ 1991 年までソ連の構成国であった関係上，中央アジア 5 カ国には「セミパラチンスク Semipalatinsk」"七つの宮殿の町" などのように，スク sk "町，都市" の付く新しいロシア語表現の地名がかなりみられる。

⑥ 内モンゴル，チベットなどにも漢語表現の地名が多くみられる。ただ近年の世界的な民族・部族尊重思想が重石となり，それが中国の地名政策にも影響を与え，漢民族の入植地であってもあえて漢語地名に変えることをせず，部族発音の地名をそのまま残す傾向に変わってきている。

⑦ タクラマカン砂漠をみると，トルコ系地名を中心に，西方のペルシア系地名がみられ，さらに数は少ないがインド系の地名もみられる。また隣接するチベット系の地名も少し入っている。東方からはモンゴル系の地名と中国語地名が入っている。つまりこの地は，五民族系の地名が共存する世界でも珍しい地域である。住民はトルコ系なのでウイグル語が多いが，中でもペルシア系と中国系の地名の影響力が強いことが理解できる。

5. 国名・地名からみた内陸アジア観

　モンゴルを含めた場合は「内陸アジア」、旧ソ連領の場合は「中央アジア」、歴史・文化等の内容を指す場合は「遊牧の世界」と表現する方が適当と考える。

A. 部族・民族の連合体

　内陸アジアの現在の国名は、民族名・部族名を用いている。さらに接尾辞をみると、モンゴル語のulus・トルコ語のil (el) は"部族の衆、部族集団の国家"を表している。この2つから遊牧国家の基礎的特色が読み取れる。

　遊牧国家の組織を、「モンゴル帝国」を例にみる。「モンゴル」という国号表現は、チンギス・ハーンの「モンゴル部」から知られるようになった名称である。モンゴルの組織はail "村"を単位とし、「千のail＝千戸制度」で軍隊を組織していた。勿論国家組織にはulus "部族の衆"を用いた。これはモンゴル帝国に従う部族には寛大であり、モンゴル化を強要しなかったことを意味する。事実、帝国内ではオイラート、キプチャク、ウイグルなど多様な部族名が使われ、ラシード・アッディーン（13~14世紀）の「ジャーミー・アッタワーリフ＝集史」の『部族誌』にも内陸アジアの多様な部族についての記載があった。さらに13世紀に欧州に攻め入ったモンゴル軍が、欧州人からタタールとかタルタルと呼ばれた。これはモンゴル軍の一部のタタール部が自らの名を使っていたという事実に他ならない。これから判断して、各氏族・部族はかなり自由であったことを立証している。それゆえ分離独立や内乱を起こす必要も少なかったと推察する。このような支配形態を採ったため、チンギス・ハーン一代で大帝国が建設できたのである。ここにモンゴル部の対応のうまさを感じる。

　次にモンゴル帝国のulusを分析してみると、国家とは領土を指すのではなく、部族・民族集団を指していた。また、一口に部族・民族と言っても、支配

民族・部族だけが優遇され，他は冷遇されるというのではなく，支配下に入った部族集団も含めて"国家＝国民"と看做していた。飯塚（1975,p.155）も，モンゴル帝国は，被征服者の宗教や風俗・習慣に干渉せず，寛大であったと述べている。杉山（2003,pp.341-362）も，モンゴル帝国は，内では氏族・部族の集団であるが，外に対してはモンゴル帝国としての統一した軍団や国家であったと述べている。地名からも同じことが言える。モンゴル帝国は遊牧国家の特徴を全て持ち合わせた国家であった。しかし，従わねば強い姿勢で臨み，「西夏」を徹底して破壊したように，地名までも抹消する強い姿勢で臨んだ。これからみて，遊牧の国家は農耕の国家が持つ領土支配や民族差別や身分制度を重視する価値観とは異なる価値観と厳しさを持っていたことになる。

B．生きる手段

遊牧民の持つ伝統生活をみると，ail類"村"の地名がモンゴル系，トルコ系，ツングース系の各部族に共通して用いられている。これから推測できることは，家畜の移動と天幕を利用した遊牧生活，すなわち水や草の得られるところに数軒のゲル（トルコ語ではユルト）を建てて暮らすailの生活形態は，広大な遊牧地域の人々にとって共通した生き方であったといえる。

Ordu類"軍営"という地名もみられるが，これは，遊牧民は武力を保持し，軍備を備え，異民族地域や異文化地域へ進攻するという一面も同時に持ち合わせていたことを物語っている。Orduは東のツングース系，モンゴル系，西のトルコ系の部族にも使用されていることからみて，これも遊牧民に共通する生き方・考え方であった。すなわち，遊牧民にとっては生産も交易も侵略も，同じように生きるために必要な手段だった。欧州の歴史家の著書をみると，遊牧民は破壊者であるというレッテルをはり，侵略という一面ばかりを強調している。しかし，それ以上に交易を通じて各文化圏の発展に寄与したという点を評価しなければならないだろう。農耕民も遊牧民以上に各地を侵略した歴史をもっている。農耕文化圏の人々はこの事実を真摯に受けとめる必要がある。

C. 遊牧世界の相違点

　遊牧文化圏内は牧畜という共通性がある。しかし地名をキーワードにして遊牧地域の特徴を考察すると，かなり大きな地域差が浮かび上がってくる。

　まずモンゴル高原（現在のモンゴル国＝ハルハ・モンゴル地域）には，古代から現在まで連続する都市は殆どない。つまり一面の草原であるモンゴル高原は，本来都市文化を持たない典型的な遊牧の世界であった。

　次にモンゴル草原より東と北に住むツングース系部族の名称をみると，「オロチョン Orochon」"トナカイ（oron）を飼う人々"（下中,1973,四,p.507），「エベンギ Evenki 」"大きな山林に住む人々"（下中,1973,三,p.409），「ブリヤート Buryat」"テンの狩猟者"（和泉,1997,p.169），トゥバ Tuva 族の中国名「ウリャンハイ烏梁海 Uriyanghai」"山林の民"（和泉,1997,p.169）といった語源の種族名がみられる。さらに「ツングース」という総称名自体もトルコ語の軽蔑した表現であり"ブタ"を意味するという（白鳥,1986,p.521）。豚は草原ではなく，森林地域に生息する。これらの名称から判断すると，草原から徐々に森林中心へと景観が変わり，狩猟と遊牧の世界へと変わっていく様子が浮かんでくる。すなわち，大興安嶺以東とモンゴルの草原以北は，半狩猟・半遊牧が本来の姿だった。ここにも古い都市が見当たらない。

　これに対し，モンゴル高原より西＝「アルタイ」（モンゴル語で Altan-Uhla，トルコ語で Altun-Tagh，共に"金の山"を意味）[60] 山脈以西に向かえば，遊牧と共にオアシスがでてくる。オアシスは灌漑農業の適地であり，高度な水管理の技術があれば定住化が進み，そこには高い都市文化が育まれた。中でも「テンシャン」（語源は匈奴語で"天の山"の意味）[61] 山麓の「タリム盆地」[62] や「フェルガナ盆地」（p.122 参照），「クンルン」[63] 北山麓の「タリム盆地」，さらにテンシャンから北流するアムダリア上流の支流域の古代名「ソグディアナ Sogdiana 」[64]（中国名「粟特」），アムダリア下流域の「ホラズム」（p.122 参照），シルダリア流域などに，「サマルカンド」，「ブハラ」，「ホータン」，「タシケント」，「ヒヴァ」，「ヤルカンド」，「トルファン」など多数のオアシス都市が

古くから発達していた。特にテンシャン山脈は遊牧の人々にとっては巨大な水瓶であり，生命線であった。そしてさらに西に向かえば，都市の文化が中心となり，遊牧が従の世界となる西アジアに入る。

　そうすると，遊牧文化圏として扱われる地域も，家畜飼育や村での生活という条件においては共通性があっても，東（東北東）から西（西南西）に向かうに従って，狩猟と遊牧中心の文化→遊牧中心の文化→遊牧とオアシス文化→都市が主で遊牧が従の文化（西アジア）へと違いが生じ，同一の文化圏であると一口に言えない程変化に富んだ姿が浮かび上がってくる。西アジアを除く内陸の遊牧地域だけをみても，3つの異なった特徴を持つ社会から構成されている事になる。

D．ブラックホール

　遊牧地域に用いられる多様な地名の分布状況をみると，地名伝播がタクラマカン砂漠＝タリム盆地で止まっている。この「タクラマカン」（ウイグル語で"砂の海"）[65]は，現在ではトルコ民族の東端にあたり，モンゴル民族の南端にあたり，チベット人の北端にあたる。古来シルクロード（"絹の道"）[66]の通路として紹介されるタクラマカンには，西方からトルコ系言語やペルシア語が入り，東方からモンゴル語や漢語が入り，南方からチベット語やインド系言語が入って，多様な言語地名の境界をなしていた。このような地名語源を伝播という立場からみると，タクラマカンが多様な地名や言語伝播のそれぞれの終結点にあたり，また混合の地にあたっていた。地名が終結点であるということは，文化の直伝もここが終点の地となる。そしてここで新たなフルイにかけられてから，再度伝わったのではないかと想像する。例えば，仏教の伝来をこれに当てはめてみると，タクラマカンを境にしてインド仏教と中国仏教の違いが感じられる。つまり集団の信仰宗教から国家宗教へと主目的が変わっている。砂漠という強烈な障害と民族・文化圏の境という条件が，ここで直通の伝達を止め，新たな社会体制に合うものにして伝わったのだと推察する。

E, 支配者中心思想から領土中心思想へ

　遊牧文化圏で栄えた王国名の特色は，13世紀以降，国家名称の語尾にハーン khān の称号を付けることが多くなった。称号の使用は，5世紀頃に蒙古系の柔然（蠕蠕）の社崙が用いたのが最初といわれる。広まったのは，チンギス・ハーンがユーラシア大陸の大部分を支配し，ハーンと名乗ると共に，モンゴル帝国を幾つかに分割して支配者に子孫を配置し，彼らにもハーン（カン）を名乗らせてからである。なおハーンは，モンゴル語で軍事的政治的な"支配者，王"を意味する。その後モンゴル族の支配が薄れて，支配者がトルコ系の部族に代わっても，遊牧民の国名や支配者名にはハーンが用いられた。これはモンゴルの影響力が遊牧全体に浸透したことを示すと共に，その支配体制が遊牧の世界に共通性を与え，また遊牧世界の秩序維持に合理的であり，さらに支配者の権威を示すのにも有効であったからだと考える。ちなみにトルコ系の称号にはベク beg, bek（"トルコ族の首長，支配者"）があり，イラン系の称号にはシャーshāh（"ペルシアの王"）があった。ただこの両称号は消え去った訳ではなく，ハーン khān（君主＝国王）の下級称号として活用された[67]。遊牧の世界では，本来「国家」とは領土を指すのではなく，部族・民族の集団とその支配体制を指していた。それゆえ最高指揮官であるハーンの称号とそれに付随する権威は大変重要だったのである。

　しかし帝政ロシアの支配下に入ると，遊牧民の称号であるハーン khān，シャーshāh, ベグ beg はもとより，それまでの国家形態を示したウルス ulus "部族の衆＝国家"やイル il "人間の集団＝国家"，さらにイラン系の stan "土地＝国土，領土"という表現まで用いられなくなった。これはロシアが遊牧国家の価値観を排除し，ロシア式に変更させたことを意味している。ところが1991年にソ連が崩壊して遊牧民が解放され，独立すると，西域の国家は stan を活用し始めた。これは遊牧民の独立という意思表示だけでなく，新たに遊牧民が領土を意識し始めた事への意思表示でもあった。つまり農耕のロシアが支配したことで，遊牧民の定着化，遊牧地の農業生産地への切り替え，地下資源の採

掘などへと，生き方そのものが大きく変化したことを意味している。

　このような遊牧社会の変化，すなわち農耕社会への産業の切りかえは，ソ連領であった西域の遊牧諸国に限らず，現在東アジアの中国領となっている満州（東北），内モンゴル，ウイグル，チベット地区などでも同様に起こっている。

F．民族の移動と文化（文字・宗教）の伝達

　遊牧民には2種類の動きがあった。1つは遊牧文化圏内での動きである。それは古くから「エフタル」，「大月氏」，「カラ・キタイ」，「トルコ」など，東域に興った王国が西域や西アジアに移動して栄えた。また「タタール」[68]，「クリミア」（p.122参照），「カザン」[69]，「アストラハン」（表9参照）など，東方のモンゴルの地名がロシア領内に残されている。「ハンガリーHungary」[70] という国名も東アジア系遊牧民の名である。つまり遊牧の世界では，東から西に向かって民族移動が行なわれたことがわかる。もう1つは遊牧圏から農耕圏への移動である。南アジアへはアーリア人，クシャン朝，ティムール帝国，デリー・スルタン五王朝，ムガール帝国などが侵入した。東アジアへは北魏，金，遼，元，清などが侵入した。北から南への移動であった。武力的には強から弱への移動であるが，この中で北から南への移動遊牧民は，全てが農耕社会の習慣や文化になじみ，遊牧の原型を失い，農耕民に吸収される結果になっている。

　文字をみると，西アジアのアラム文字が東に伝わってソグド文字が，ソグド文字からウイグル文字が，ウイグル文字からモンゴル文字が，モンゴル文字から満州文字がそれぞれ生まれている。もう1つのインド系文字は，北に伝わってチベット文字が，東に伝わってビルマ文字，タイ文字，クメール文字，ラオ文字，ジャワ文字が生じた。大まかに言えば西から東への伝達である。

　宗教も文字同様で，インド発祥の仏教は，南東の東南アジアと北東のチベットへ，さらに東の中国へ，極東の日本へ伝わった。イスラム教も東方の中央アジアやインド，東南アジアまで伝わっている。西から東への伝達である。

　民族の移動と文化（文字・宗教）の伝達は全く逆方向である。

第6章　国名・地名からみた文化地域（文化圏）の比較

1．東アジアと南アジアの比較

　東アジアは，農耕地域と遊牧地域の2つの特色を有する地域である。南アジアは農耕地域である。そこで，ここでは中心となる東アジアの農耕地域「中華世界」と南アジア「インド世界」に視点を当てて比較してみる。

A，政治関連地名と宗教関連地名

　東アジア農耕地域（中華世界）と南アジア（インド世界）の地名全般からみた違いをあげてみる。中国では，図1のように「州」「県」などの行政区画の接尾辞を持つ地名が非常に多い。また図3のような鎮圧・服従・教化・繁栄などを願って命名した政治的意図の強い地名や，図4のような「安」などの政治的安寧を意図して命名した地名も多く，これらは全土にみられる。さらに政権交代が起これば，表1で示したように，「北京」をはじめとして全国の主要都市名の改名も盛んに行われた。これらをみると，中国では国家権力が全国の隅々まで行き渡っていて，古代から政治支配体制は確立されていたという事が理解できる。東アジアでは，朝鮮半島でも，日本でも，多くの中国式の地名や文化を取り入れているので，政治的，行政的影響力を持つ地名は，東アジア農耕地域全体に共通する特徴であったと判断できる。また東アジアでは，大地名や主要地名に限れば，宗教地名は殆ど見当らず，重要視しない伝統がある。

これに対し，南アジア（インド世界）をみると，図8のように，神話・宗教関連の名称が地名に活用され，これがインド世界全土にみられる。しかも神話・宗教的名称は，国名をはじめ，大河川名や大山岳名等の基本となる自然系の地名，主要都市名や村名などの多様な文化系の地名，さらに人名に至るまで用いられている。また図5のようにアーリア系の接尾辞であるサンスクリット語の pur 類，nagar 類，hota 類も全土にみられる。これらの接尾辞は"町・都市"を指すが，この pur, nagar, kota 類の接尾辞は，アーリア人の拡大と並行して活用されたものであった。宗教関連地名や pur, nagar, kota 類が全土に行き渡ったということは，バラモンの指導の下に施行されたインド社会の規律，すなわちカースト制度も国土の隅々まで行き渡った事を間接的に意味しているといえるだろう。しかし，インド世界には中華世界のような行政区画接尾辞は用いられなかった。そうすると，インド世界はアーリア人の宗教，文化，社会制度が全土に深く行き渡った文化圏であるが，全土に共通する行政組織（区画）は無く，国家としての支配体制が充分整備されなかった世界だったと判断することができる。ここに両文化圏の決定的な違いがある。

B. 異民族進入への対応と社会

中華世界もインド世界も，共に遊牧民の侵入に悩まされ，長く影響を受け続けたという点では共通性がある。しかし異民族に対する対応の仕方には大きな違いが感じられる。これらを地名から比較してみる。

中国では遊牧地域との境に万里の長城を築き，さらに図2のように「城」「関」「堡」などの軍事的接尾辞をもつ地名を長城の内側に数多く残している。これらの地名接尾辞の命名場所や数の多さから判断して，農耕民が遊牧民の侵入を極力阻止してきた事を示している。これはまた，中国の歴史は遊牧民との闘いの歴史であったと言い変えることもできる。しかしそれでも侵入されると，漢民族は遊牧民の制度や文化に染められてしまうのではなく，逆に支配した遊牧民の方が中華世界に合うような形態を取らなければ君臨できないような強い

個性や社会体制を築いてきた。その根拠は，侵入遊牧民は中華領内では中華式国号，地名，漢字を使用したからである。それゆえ中華の中心地域には，異民族（遊牧）系地名や異民族言語区域が殆ど残らなかった。そして歴史をみると，時期を見計らって力を付け，逆に漢人の方が東北地方（満州），内モンゴル，西域回廊等といった遊牧文化地域に進出し，中華的地名を命名して中華文化を浸透させ，徐々に中国領に切換えていった。

これに対し，インド世界をみると，部族侵入のルートだったインド北西部や西部の峠でさえ，防衛関連の地名や接尾辞はみられない。もちろん万里の長城のような障壁も無い。そしてインド世界の都市名には，図10のように本来異民族言語であるペルシア系地名，ペルシア系のābādやshahrの接尾辞などが多く用いられている。また王朝・王国名もペルシア系・トルコ系の名称が多い。パキスタンの公用語名（ウルドゥー語）も，遊牧民のordo "陣営" に由来する。このような事が都市名・王国名から読み取れる背後には，絶えず部族が武力侵入し，その部族がインド世界の中に今も個性を守りながら集団として残っていることを意味している。インド世界では，このような出来事が長い歴史を通じて行なわれてきたのである。似た現象が現代中国にもみられる。それは農耕地域から遊牧地域への逆転侵入であるが，漢民族が自治区の新疆ウイグルやチベットや内モンゴル等に移住し，そこで生活（経済活動）をし，中国語を話し，中国文化のまま，先住民と殆ど混血せずに同居している。

この事実を大まかに図式化すれば図22のようになる。異民族の侵入を拒み，支配下に置かれても基本的文化や制度を守り，逆に漢民族の方が異民族地に侵入して領域を徐々に拡大させてきた東アジア文化圏と，異民族の侵入が自由に繰り返され，ムスリムを含む多部族が入ってきて多様化した南アジア文化圏は，民族意識の形成という面からみても決定的な違いとなって表れている。

しかし絶えず異民族侵入が行われたからといって，南アジア（インド世界）は共通性の無い無法な文化圏であると捉えるべきではない。南アジアには，アーリア人の神話・宗教とそれに付随する宗教地名やサンスクリット語の pur, nagar 等の接尾辞があらゆる場所でみられる。そしてそれが図5のように一部

東南アジアにまで拡大している。インド世界の神話・宗教や宗教地名・接尾辞は，民族的・政治的不統一という社会の不安定さを補ってきたといえるほど多くみられる。そしてヒンズー教と一体化して成り立つ社会制度（カースト）は，パキスタンやバングラデシュといったムスリム優勢地域にも定着していて「インド世界」としての社会的規律や共通性を醸し出している。つまりこれらは，民族的・政治的に一体性の無いインド世界に統一意識を与えている。

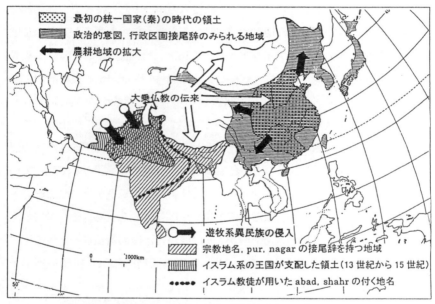

図22　領域からみた東アジアと南アジアの歴史的変動
著者作成

C．国家意識の差

「国家」という立場から比較してみる。中華世界では，基本となる政治理念や政治機構は，既に古代から形成されていた。そしてその政治意識の影響の下に各国の国号が作成された。中華王朝・王国名の特徴をみても，地域名と伝統を尊重して国号が作成された。また，中国，朝鮮半島，日本の歴史をみると，

分裂時代より統一王朝時代のほうが長く，その領域も古代からほぼ確定していた。さらに朝鮮と日本は中華文化を受け入れ，時代によっては冊封体制，君臣関係といった序列関係を受け入れながらも，国家意識においては独自の国家観を形成してきた。そしてお互いの存在を認め合い，ほんの一時期（漢代，元代，20世紀の日本）を除いて大きな部族侵入や部族衝突は起こさず，平和的な交流が保たれてきた文化圏であった。現在の国家も，この歴史的背景をほぼそのまま受け継いで独立している。東アジアに信仰された宗教に目を向けても，仏教は発祥地のインドでは政治的意味合いは薄かったが，中国に導入された大乗仏教は国家仏教として受け入れられた。それゆえ各地に残る大仏の殆どは政治権力者が中心になって造らせたものである。日本をみても同様であり，奈良時代の仏教は国家仏教であり，当初民衆への布教は禁止しており，現在の仏教観とは大きな隔たりがあった。近世のキリスト教に対しては宗門改めまで行い，武士（幕府）がキリスト教を禁止した。このように東アジアでは，政治は宗教までも政策の一部として活用する力を持っていたのである。すなわち東アジアでは，宗教も文化も政治の下で発展してきたといえる。漢民族，朝鮮人，日本人という民族意識の形成でさえ政治を無視して語ることはできない。

　これに対し，インド世界をみると，現在の国名は神話・宗教に基づいて命名され，国家領域も神話・宗教の違いを基本に分割された。これは，古代からインド世界一帯に神話・宗教地名が大変多く活用されてきたことを考えると，自然の成り行きといえる。ただインド世界の王朝・王国名（現代の学者が名付けた名称）については，部族名・人名・家名・首都名などが活用され，宗教地名は用いられていない。「クシャトリア」という王侯・武士階級にあたるインド世界でのカースト区分名にしても，"領土を支配する者"という意味であり，語源からみても単なる武力保持者にすぎなかった。さらにインド世界では，輪廻思想が人々の心に深く入り込んでいることを付け加えて分析すると，インド世界における歴史上の王朝・王国というのは，俗世界（人間界）で領土争奪を行ったにすぎず，「バラモン（ブラフマーナ）」[7]の意味する"神秘的な力＝祭祀の目的を成就させる者"のような崇高なインド世界の精神を担う階級とは次

元の異なるものであったと捉えなければならない。すなわちインド世界では，政治を担うクシャトリア階級は，精神文化を担うバラモン階級と比べると下層の地位としか認められていなかったのである。このようなことから考えて，インド世界における政治権力者（国王）は単なる武力保持者であり，東アジアの皇帝のような伝統や権威や尊厳まで備えた存在とは次元の異なる存在であったと捉えるべきである。今述べたような歴史的背景であったが故に，インド世界は政治的な統一組織ができる事も無く，国家意識も薄く，いつの時代も分裂状態であり，数多くの王国が林立して対立し，記録にさえ残らない王国も存在したのである。インド世界には宗教的文献は数多く残されているが，王朝や王国に関する文献が大変少ないといわれるが，以上の特色を考えればこの事も納得できる。インド世界で統一王朝に値するマウリヤ朝とムガール帝国は例外であった。このようなことから判断すると，第二次世界大戦後に形成された南アジアの諸国家は，俗世界の権力闘争である王朝・王国の伝統を引き継がなかった事になる。すなわち，俗世界の関係を断ち切って「インド世界」の最高価値基準である精神世界を前面に出して国家造りが行われたのである。その結果，インド世界は歴史背景とは異なる内容で，しかも少数の国家でまとまり，バーラト（インド）は大国として独立することができたのである。現在の南アジアの国家観は，長い歴史にはみられなかった国家発想である。

D. 民族の形成と未形成

　民族性を比較する。中華世界，特に中国では封土名，以前の王朝名，有力国名を再三再四借用した事実がある。名字も郷土名に由来するものが多い。さらに地名には特定個人名を活用しないことも特色として持っている。また中華世界は民族国家意識が大変強い。こうした特色から考えると，東アジアは，一個人より先祖まで含めた一族宗家重視，あるいは地縁重視の価値観を持って歩んできたことも納得できる。また王朝名の多くが封土名や出身地名に由来していることから推測すると，王朝さえも中華世界の価値観・思想が大きくなった組

織であると捉えることができる。それ故,一族宗家重視や地縁重視思想の強い中国,朝鮮,日本には,長い年月の間に国家と民族は一体のものという見方・考え方が出来上がり,国家間の抗争はそのまま民族抗争という図式になっていった。そうすると,西欧の近代国家思想と言われる一民族による一国家形成という考え方は,東アジアでは古くから存在していたことになる。ただ東アジアの民族主義思想は,一族宗家重視思想や地縁重視思想から発生しているが,西欧の場合は個人中心思想や血族主義思想から発生し,それを部族集団や民族集団にまで拡大した場合が多いので,正反対の考え方から出発した民族主義思想といえるだろう。ここで1つ断っておかなければならないのは,現在の中国には55以上の少数民族が存在する。そうすると,東アジアにおける民族と国家の関係は矛盾するように思えるが,これは半遊牧民の満州人が建国した「清」王朝が,周辺遊牧民も支配下に入れ,中華帝国として一括支配したからである。その支配領域を引き継いだ形で現在の中国がある。中国の異民族支配は「清」の置き土産なのである。

　これに対し,南アジアの特色をみると,先ほど述べたように神話・宗教地名に加え,人名・部族名の地名化,サンスクリット系のpur,nagarとペルシア系のābādの接尾辞の活用,さらに王国名にも部族名・人名が多いという特徴がある。この中で異文化圏から入った接尾辞,人名,部族名,異文化語源地名が多く残っているという事は,侵入部族は先住民の文化に完全に同化せず,今でもインド国内にそれぞれ結束して独自の社会を作り,伝統や文化をそれなりに守っているという事を意味している。そして先住民と侵入部族の持つ多様な文化や制度は,徐々に部族集団,宗教集団,さらに特定カースト集団などといった何らかの共通性で結束する社会を作り,最終的に集団中心の社会が出来上がっていったと推測する。その結果が,インド一国だけで179の言語と544もの方言が存在する国家となったのである。このような背景であるが故に,インド世界では隣の州の言葉が通じず,各部族間には同胞意識も無く,また協力体制も殆ど無い社会となった。それゆえ国民全体を指すインド人,インド民族と呼べるような共通意識は,数千年かかっても形成されなかったのである。

2. 東アジアと西アジア・北アフリカの比較

A. 文化地域の領域の変化

　現在の文化地域（文化圏）の区分は，国家を基本と考えるため，国家領域に変更が生じれば，文化地域の範囲にも変更が生じてくる。仮に，東アジアの範囲を漢字文化圏の人々の住む地域とモンゴル系・満州（ツングース）系の人々の住む地域とみた場合は，範囲は大きく異なるものとなる。

　例えば，「バイカル」"豊かな湖"，「イルクーツク」の基のイルクート"急流"，「ウランウデ」"赤いウダ川"などという地名はモンゴル系のブリヤート語であり，モンゴルの北の森林地域にはブリヤート系の地名が多数ある。また「シホテアリン」"海岸山脈"，「オホーツク」の基のオホタ"川"，「サハリン」"黒い"，「アムール」"黒い川"などといった主要地名は満州系言語であり，その周辺には満州系地名が多数ある。そうするとバイカル湖周辺はモンゴルの延長であり，スタノボイ山脈以南の地は旧満州の延長であって，東アジアに含まれていたことになる。これらの広大な地域は，ロシアによって東アジアから削られたのである。「ヴェトナム」も図4のように政治的意図を持つ「安」や，図1のような行政区画接尾辞の「州」などが用いられ，その他の地名も漢語を基本とする地域なので，本来は東アジアに入ることになる。

　逆に現在は中国領となっている「チベット高原一帯」と「新疆ウイグル自治区」は，清朝が武力で「東アジア」に編入した領域ということになる。

　同じ見方で西アジア・北アフリカをみると，ここも東アジアと同様，歴史的・文化的な地域と現在の領域との間にずれがみられる。例えば地名からみて，アムダリア以東の地をペルシア語で「トゥラーン」"蛮族の地"，後の時代ではアラビア語で「マーワラーアンナフル」"川向こうの地"と呼んだ。これらの地名から逆算すると，アムダリア以東は異文化圏であるが，少なくともアムダリ

東アジアと西アジア・北アフリカの比較　　　　　　　　　　147

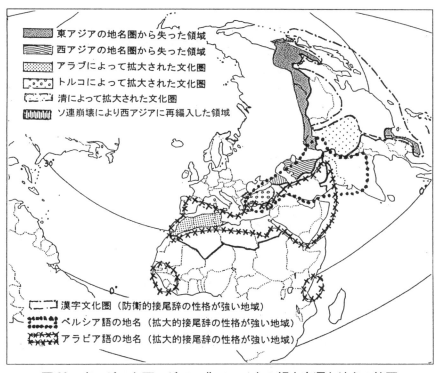

図23　東アジアと西アジア・北アフリカの領土変遷と地名の範囲
著者作成

ア以西は、古くから西アジアの領域として認知されていたことになる。そうすると、山岳地域の「タジキスタン」、乾燥地域の「トルクメニスタン」、「ウズベキスタン」の一部がロシアによって西アジアから削られたことになる。

　また19世紀のロシアの支配から20世紀のソ連崩壊までの間、カフカス3国の領域は西アジアから削られ、一時期ヨーロッパの範疇に入れられていたが、ソ連崩壊後は、「アルメニア」(自称名ハヤスタン)、「ジョージア」(自称名サカルトベロ)、「アゼルバイジャン」は再度西アジアに属することになった。

　北アフリカのアルジェリア以西は、ギリシア人から「バーバリ Barbary」"蛮族の地"地方(ヘレン＝ギリシアの対語で、蛮族の地とは文化の劣等地)と呼ばれ、異民族・異文化の地域であった。現在の小アジア(アナトリア地方)は

アラビア語で「ビラドゥアスルーム Bilad as Room」"ローマの地"と呼ばれ，長くビザンチン帝国（キリスト教の世界）の領土であった。ビザンチン（東ローマ）帝国は，イスラム世界から異教徒・異文化の王国とみなされていた。このような表現名から判断して，バーバリ地方はアラブ人によって拡大され，小アジアはトルコ人によって拡大された領域ということになる。

図23でこの範囲を図式化してみたが，これらは現代の政治区分ではわからなくなった領域の変更地域であることを地名が教えている。文化圏の核心地域は変わる事が無いにしても，周辺地域は歴史と共に絶えず変化している。

B. 防衛的性格と攻撃的性格

東アジアと西アジア・北アフリカに用いられている地名接尾辞を中心にして文化圏の性格を比較してみる。東アジアの場合は，多様な地名接尾辞が用いられている。中国の地名接尾辞をみれば，どういう性格の集落であったかが大まかに理解できる。例えば，「村，子，荘，集，房」などの接尾辞は自然発生的集落であり，「州，県，鎮，旗」などの接尾辞は行政的役割を担った集落である。また「城，堡，屯，寨，関」などの接尾辞は軍事目的優先の集落である。「市，店」などの接尾辞は商業目的の集落であり，「站，津，橋，口」などの接尾辞は交易に都合の良い場所に発達した集落である。このような多様な接尾辞がある事だけをみても，東アジア文化圏は政治も文化も農業も商工業もバランス良く発展した社会だったことが理解できる。さらに「城，堡，関」などの軍事関連接尾辞を持つ地名を詳しくみると，図2のように遊牧文化圏との境，すなわち万里の長城の内側に特に集中して用いられている。そうすると，軍事関連地名といっても，その性格は攻撃目的ではなく，むしろ防衛的性格の強い地名接尾辞であることが判別できる。

これに対し，西アジアをみると，ここも地名接尾辞の種類はかなり多い。Rabad "町" や図10の中の ābād や kand "町，市" などと言った接尾辞は商業や交易主体の集落に多い。図11の中の qal`a "砦", qasr "砦も兼ねた城"

などの接頭・接尾辞は軍事目的の集落であり，misr "軍営都市"の付く地名は政治と軍事を兼ねた集落である。これらは全て西アジア発祥の接尾辞である。また shahr, madīnah, dar などの接頭・接尾辞は "町，市" の意味だけでなく，"国" の意味も含んでいる。そうするとギリシア語圏のpolisも含めて，西アジア・ヨーロッパ・北アフリカという一連の地域は，歴史的に共通する都市国家的な性格も併せ持つ文化圏であった事も間接的に明らかになってくる。また地名の分布からみると，特にペルシア系の shahr 類や ābād の付く地名は，図10をみると南アジアや中央アジア方面（東方）に広まり，アラビア系の qasr, misr は，図11からみて北アフリカ（西方）に広がっている。これらの分布範囲を分析すると，西アジアの接頭・接尾辞や地名は，異文化地域にも広範囲に用いられ，それは東アジアのような防衛的性格のものとは考えられず，むしろ攻撃的侵略的性格の方が強く感じられる特徴がでている。さらに qasr や misr の意味を知れば，部族・民族を伴った侵攻であった事も充分理解する事ができる。ただ西アジア・北アフリカに活用されている他の接頭・接尾辞や地名には，欧州系・遊牧系の地名も多く残っているので，必ずしも西アジア・北アフリカの一方的な拡大ばかりではなく，時代によってはヨーロッパや内陸アジアから民族侵入を受けた歴史がある事も理解できる。そして欧州系語源の地名をそのまま残して活用している事実や，異文化圏の地名や接尾辞が何の抵抗も無く用いられている事実をみると，西アジアという文化圏は，ただ単に攻撃的性格があっただけでなく，それ以上に交流を重視して生きてきた文化圏であったと判断することもできる。見方を変えれば，異文化や異文化商品等を積極的に受け入れ，場合によっては招かざる侵入民族まで受け入れながら，文化や生活を向上させてきた文化圏だったと解釈することもできる。

　これらの接頭・接尾辞や地名から総合的に判断して文化圏の特徴をまとめるなら，東アジアは独自の文化を守り，異文化に染まらない性格が強かった。西アジア・北アフリカは異文化地域にも進出し，交易を行い，人種的にも混血が盛んで，逆に侵略してきた異民族の良さまでも積極的に取り込んで新文化を構築してきた性格であったと捉える事ができる。

C. 都市（改名の背景と形成過程）の違い

　主要都市名を扱った表1と表7を活用して，都市を中心とする文化圏の違いを比較してみる。両文化圏には古代から都市が栄え，てきた。両文化圏の主要都市名をみると，幾度も改名されているという共通性がある。しかし改名の内容を吟味すると，大きな違いに気づく。

　1つには，民族・部族との係わりによる差がある。表1を活用して東アジアの変化をみると，多くは同じ民族内での政権変更をアピールする手段に頻繁に活用された。「南京」を例にみると，周～漢代は「金陵」「秣陵」，三国～南北朝代までは「建業」「揚州」「建鄴」「建康」「円陽」「丹陽」，隋～元代は「江寧」「白下」「上元」「金陵」「集慶」，明～現代は「応天」「南京」「天京」「江寧」などと呼ばれた。「南京」は元代，清代以外は漢民族による支配であった。

　これに対し，西アジア・北アフリカの地名変更は，その多くが支配民族の交代によって行われている。例えば「エルサレム」をみると，前14世紀頃のエジプトのアマルナ文書では既に記録があり，「ウルサリム」"サリム（平和の神）の礎"と記されていた。古代のユダヤ人の王国時代や現代のイスラエルでは「イェルシャライム」"平和の都市"と呼んだ。また古代のギリシア人は「ヒエロソリマ」"ソロモンの神聖な都市"と呼び，ローマが支配すると「アエリア・カピトリナ」"アエリア・ハドリアヌス帝のカピトリナ（カピトリナとはローマの7つの丘の一名である）"と意図的に改名した。アラブの支配下では「アル・クーズ」"聖地，神聖"と呼んだ。もう1つの例として「イスタンブール」をみると，ギリシア人が建設した前7世紀当時は「ビザンチオン」（トラキアの指導者"Byzas と Antes"両名の合成より作成）と命名した。これがローマ帝国初期には「ビザンティウム」と発音し，同じローマ支配の4世紀からは「コンスタンチノポリス」"コンスタンチヌス帝の都市"に変えられ，さらに「コンスタンチノープル」とも呼んだ。この名は9世紀頃のペルシア語やアラビア語表現では「クスタンティーニア」と発音した。15世紀にオスマントルコに支配されるとアジア表現に変わり「イスタンブール」へと改名された。

都市の改名という行為にこのような違いが生じる背景を考えれば，そこには地理的条件（位置）の違いが決定的要因になったという結論へと導かれる。つまりユーラフリカ大陸の東端にあって，北西方面からの侵入さえ防げば独自の文化形成や民族安泰が可能であった東アジアと，ユーラフリカ（ユーラシアとアフリカ）大陸の中間にあって，周辺諸地域との民族，軍事，文化・物質交流を，好むと好まざるとにかかわらず行わねばならなかった西アジア・北アフリカの位置が，必然的に違いを生じさせたものと推察する。

　もう1つは，都市形成過程による差がみられる。東アジアの都市をみると，主要都市は時代の経過と共に大きくなり，場合によっては格上げされて北京や南京のように「京」を用いたり，蘇州や杭州のように「州」を用いたりしてその表現が変わり，国内での集落が大都市化，重要化していった様子が推察できる。農村が都市化していく別の例として，東アジアでは国内に数多く存在する「村」「子」「荘」「家」「集」「口」「房」「橋」「浦」「営」「屯」等の多様な接尾辞は，本来小さな集落に用いたものであるが，石家荘（シーチャチョワン），張家口（チャンチャコー），営口（インコウ），東営（トンイン）などはその接尾辞を変更しないまま大都市に発展している。『中国大地図』をみるとこのような地名が幾つもでてくる。これから判断すると，古くは集落が主（基本）で，集落は位置的役割に重要性が増してくると，だんだん発展して多機能を持つ都市に成長していった様子が伺える。

　一方西アジアでは，表7からも分るように，古代から引き継がれる多くの都市が，今も昔も同様に重要性を保っている。またshahr, madīnah, darなどは"都市"だけでなく"国家"の意味にも用いられた。これらのことを考慮すると，村落がだんだん発展して都市に変わっていったとみるより，形成初期から都市は都市機能を持つ目的で建設されたもので，地域の中心地として成り立っていたことが推察できる。つまり乾燥地域では，交易に必要な物資の集散地，休憩所，宿泊施設，祈りの場，学問所，支配拠点など，多様な役割が必要だった。このために建設されたのである。そして，このような都市から文化も宗教も商品も生まれた。このように都市の発生過程や当初の重要性を地名や接尾辞からみると，両文化圏で基本的に大きな違いがあると考える。

D. 政治中心主義と民族・部族中心主義

　両文化圏で，地名の多さや特色から中心的役割を担ってきた民族をあげると，東アジアでは絶えず漢民族であった。西アジア・北アフリカでは，時代によってイラン（ペルシア）人であり，ギリシア人であり，アラブ民族であり，トルコ民族であった。この両文化圏の国名から思想の本質を探ってみる。

　東アジアの漢民族は，自国の領土を「中華」"世界の中心で文化の花咲く国"と自負した。そして対外的には自国を中心とする方位（中国＝中心の国）を基本に置く思想を持ち続けてきた。周辺諸国もこれにならい，古代から中華王朝を意識して自らの国名を考えてきた。方位である中華，朝鮮，日本，越南という国名の語源やその命名背景を考察しただけでもこの事がよく理解できる。この思想の背後には，政治を優先する思想が強く存在する。

　これに対し，西アジア・北アフリカをみると，国名作成の基本は民族・部族名に置いており，アラブ系以外はほぼ部族・民族名を用いている。王朝・王国名の場合も，基本は民族名・部族名であった。地域名さえも「パレスチナ」"ペリシテ人の土地"や「クルジスタン」"クルド人の土地"，「バルチスタン」"バロチ族の土地"のように，民族・部族名から作成されたものがある。アラブ民族の場合は，第二次世界大戦前後の独立に際し，英仏がアラブ内に残る部族主義を利用して支配権を獲得するためにオスマントルコに反乱させ，分離独立させたという事情があった。それゆえ17カ国もの小部族で独立した国家は，自然名・地域名を国名に当てたのである。それでも「エジプト」「シリア」「リビア」のように，ある程度広大な領域の国家は，地域名にアラブという名称を加えて民族主義を表明した。このような特色からみて，西アジア・北アフリカは民族・部族主義の考えを持つ思想が強いといえる。

　結論として，東アジアには政治権力を優先する思想が形成されたが，その背後には定着型の農耕文化という自然環境が基本にあり，また西アジア・北アフリカには民族・部族中心思想が形成されたが，その背後には交易や民族移動を伴うオアシス・遊牧文化という乾燥気候が基本にあったからだと推察する。

E, 家系重視社会と血統重視社会

　中国では，王朝・王国名は出身地名を用い，また血の繋がりが無くても以前の王朝名を幾度も借用するという行為がみられた。さらに加えて，個人の名字も郷土名からとるという地域密着型の思想も持っていた。また主要地名に皇帝などの特定個人名は用いないが，一族名なら用いるという特色もみられた。日本では，将軍と直接血が繋がらなくても同じ家系なら将軍を選出できた。これらの特色から推察できる事は，東アジアでは血統だけでなく，それ以上に家系重視の思想が強い文化圏であるという姿が浮かび上がってくる。

　これに対し，西アジアの王朝・王国名は，民族名を基本に据え，さらに部族名や人名も多く用いている。このような地名から推察できる事は，東アジアのような郷土を愛し，特定地域を重視する思想より，人・部族・民族重視，すなわち血統を重視する価値観の方がはるかに強いと判断できる。

　この価値観を，20世紀初頭に漢民族とアラブ民族のとった行動からその違いを比較してみる。両民族とも帝国主義の侵略にあったが，漢民族の場合は一丸となって外国の侵略に対抗し，清王朝を倒して漢民族による新国家を建設するという動きはとったが，この機会に乗じて国を幾つかに分割して独立するという思想は持たなかった。現在，中国は台湾と本土に分割しているが，この分割は1国形成を目指して対立した政治勢力の結果であり，今も両政府は統合を最終目標としている。しかしアラブの場合は，帝国主義の侵略を利用して部族国家を幾つも誕生させた。ここには民族よりさらに血の濃い部族を優先する，いわゆる血統主義優先の意識が強く感じられる。この背後には，西アジア・北アフリカでは，民族の出入と支配・被支配の行為が歴史的に繰り返され，それが人や部族・民族を中心と考える思想，すなわち血統主義を優先する価値観を育成したのだと考える。

　二文化圏の特徴を別の表現で示せば，東アジアでは政治集団（国家）が一つの民族集団（意識）を形成したといえるが，西アジア・北アフリカの場合は全く逆で，一民族か民族集団が政治集団（国家）を形成したといえるだろう。

3. 東アジアと東南アジアの比較

A. 古代から続く文化圏と現代に形成された文化圏

　東アジアは，国名の由来を知るだけでも他の文化圏にはみられない「中華世界」という独特の政治体系や外交制度を持っていたことが推察できた。そしてそれはピラミッド型の上下関係を基本とする結びつきで成り立っていた。日本を例にして歴史的交流背景をみると，国家形成当初は「漢委奴国王」，「親魏倭王」，「安東将軍倭国王」などという称号を授かって中華王朝の下で存在意義を保ってきた。この国家関係は，朝貢する国が中華王朝に礼儀を尽くせば，物質的，人的負担をそれ程しなくても，王国として認められた国家関係だったことを表している。そのため東アジアでは，民族移動が伴わなくても地名の借用などを含む文化流入は盛んに行われた。つまり東アジア＝「中華世界」は，古代から一定のルールを持つ文化圏に相当するシステムを形成していたのである。「中華世界」という政治組織体または文化組織体の中心である中華王朝は，一般に周辺諸国を朝貢国として扱ってきたが，時代が進むと領土が直接接していない東南アジアの諸王国までも，朝貢国としてその範疇に入れるようになった。歴史学者は，9世紀以降，中華王朝と交流を殆ど持たなくなった日本より，インドシナ半島や東インド諸島の各地域に栄えた各王国の方が，中華王朝との交流関係は深かったと記している。表10に，日本が朝貢を再開した室町時代の入貢回数をあげたが，これをみてもインドシナ半島や東インド諸島の王国と中華王朝（明朝）との付き合いが深かったことが理解できる。これによれば，「中華世界」の末端が東南アジアであったと考えてよい。これは東アジア文化圏の拡大であった。これを図式化すると，図24のようになる。

　これに対し，東南アジアの現国名の語源や由来をみると，文化圏としての共通性や特色は感じられない。これでは，単に多様な由来や語源を持つ国の集合

東アジアと東南アジアの比較　　　　　　　　155

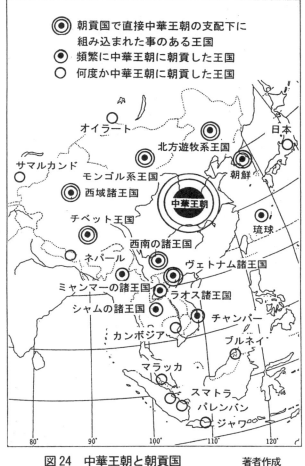

図24　中華王朝と朝貢国　　著者作成　　第一学習社(世界史A)より

表10　明への入貢

順位	国名	回数
(1)	琉球	171
(2)	安南(ベトナム)	89
(3)	烏欺蔵(チベット)	78
(4)	哈密(ハミ)	76
(5)	占城(チャンパー)	74
(6)	暹羅(シャム)	73
(7)	土魯番(トルファン)	41
(8)	爪哇(ジャワ)	37
(9)	撒馬児罕(サマルカンド)	36
(10)	朝鮮	30
(11)	瓦剌(オイラト)	23
(12)	満刺加(マラッカ)	23
(13)	日本	19
(14)	蘇門答刺(スマトラ)	16
(15)	真蠟(カンボジア)	14
(16)	淳泥(ブルネイ)	8
(17)	三仏斉(パレンバン)	6

地域であるとしか言えない。東南アジアの都市名・地方名をみても，インド世界の地名と中華世界の地名が基本にあり，しかもその延長上にあって，分岐点に当たる場所を占めている。東南アジアにおける東アジア系の地名は，一見インド系地名と比べて少ないように思えるが，漢語が6～7割を占めるヴェトナム語の地名と，中華王朝の影響を受けたチベット方面やユンナン（雲南）方面から南下してきたタイ系の部族とミャンマー山岳在住の部族地名も東アジアの一部に含めて考えるなら，ほぼ似た数となる。これとは逆に，東南アジア先

住民由来の地名や接頭・接尾辞は，他の文化圏には一切用いられていない。一般に，文化圏といえるまとまりがあれば何某かの影響は他の文化圏にも与えるものであり，地名も幾らかの影響は残すものである。東南アジアの地名が，他の文化圏にみられないのは，東南アジアの人々は，他の文化圏に進出しなかったことを意味している。5つのアジア文化圏の中で，他の文化圏に影響を与えていないのは東南アジアだけである。そうすると，東南アジア文化圏という組織体自体が本来存在しなかったのではないかと考えることもできる。

　では，文化圏としての東南アジアはいつ頃形成されたのかを考察すれば，欧米列強がやって来て，蘭領東インド，英領（ビルマ・マラヤ・シンガポール・サバ・サラワク），仏領インドシナ，米領フィリピンなど，その領域を区切って植民地化し，欧米の支配制度を持ち込んだが，その欧米宗主国から独立を達成した第二次世界大戦後の事とみて良いだろう。この時期に植民地化を免れたタイも巻き込んで，政治上の共通性，隣国との関係，領土範囲の明確化等々，領土国家としての体裁が出来上がったと判断する。それ以前は各王国が単独に近い状況で栄え，領域の範囲は不明確あり，しかも村落を単位とする社会が基本であった。このように捉えれば，東南アジアとしての地名上の共通性の無さ，異文化地名の積極的受け入れ，周辺文化圏に地名的影響を与えなかった文化圏としての性格，歴史的に都市国家レベルの王国が多かった事実，などと言った東南アジアの持つ特徴の全てが納得できる。

B．都市と村落の関係

　地名からみた東アジアと東南アジアの都市・村落には違いがある。中国をみると，第1章で述べた如く「州」「県」「鎮」「旗」「郷」などのつく行政区画接尾辞や「安」や「寧」などを用いた政治的意図の地名があり，これらのいくつかは，既に春秋戦国時代から用いられていた。都市も表1からわかるように各地方の拠点として古くから発達していた。そして中国には，城市（王都，大都市，中都市，小都市），城鎮，村鎮などがあり，各規模の都市間と農村はそれ

ぞれの役割を果たす総合補完の関係にあって，その結びつきは強かったといえる。つまり都市も農村社会も古くから関連し合いながら発達してきたのである。さらに村落に用いた「村」「子」「荘」「家」「集」「口」「房」「橋」「浦」などの接尾辞の多さや特徴をみると，村落が大変発達していたことがわかる。また上海は"海への出口"，石家荘は"石家一族の村"，張家口は"張一族の村の出入り口"，新郷は"新しい村"などといった大都市があることからみても，中国の殆どの都市は農村から都市へと発展していった状況が理解できる。

　これに対し，東南アジアの都市をみると，古くからの都市名は歴史上の王国名と同じ名称が多い。さらにその都市名をみるとサンスクリット系地名が中心である。そしてその語源をみると仏教やヒンズー教関連の理想的な名称が大変多くみられる。これに加え，サンスクリット系の接頭・接尾辞である negara, karta, pura, dessa も多く活用され，これらは"都市"や"王都"を表すだけでなく"国"の意味にも用いられてきた。導入された都市接尾辞に対し，現地語由来の kampong, ban, barangay などの接頭・接尾辞は，導入地名とは関連性の無い独自の「村」を表す共同組織体に用いられた。そして東南アジアの村落接尾辞と都市接尾辞の関係をみると，東アジアにみられたような都市と農村との総合補完関係があったという背景が伝わってこない。と言うのも，kampong, ban, barangay といった村落集団は都市にそのまま成長していないのである。東南アジアの都市は，単に異文化の影響の下に都や港として形成されたという背景だけが浮かび上がってくる。つまり都市と村落の総合依存の関係が殆ど形成されなかったのが東南アジアの特徴だった。また村落を表す現地語接尾辞の数の多さに対し，都市の数の少なさから判断すると，東南アジアは伝統的に村落社会だった事が推察できる。このような理由から，東南アジアにおける都市は特別な存在だったのである。特に歴史の古い都市に関しては，王国の政治的・精神的基盤であり，王国の中心地か，輸出港である場所にのみ発達した例外的な存在であったと判断することができる。

　ただ現在の東南アジアには数多くの都市が形成され，社会に大きな影響を与えている。中にはジャカルタ，バンコク，シンガポール，マニラなど巨大都市

もある。しかし現代の都市の大半は，欧米の植民地時代以降に基盤が造られてから発達したもので，植民地以前の都市とは性格が全く異なっている。

C. 国家権力と国家観の相違

　東アジアでは，国号は古代から用いられた。国号命名という意識が世界の中で最も古くから存在したのが東アジアであった。中国を現代世界の国家観に当てはめて分析すれば，国名に当たるのが中国（中華）という表現であり，秦，漢，唐などという国号は中国の中の政権に相当すると考えた方が適当であろう。当然皇帝は，国家統制においても，その影響力は絶大な力を持って君臨していた。それは行政区画名の接尾辞が国土の隅々まで行き渡っていること，政治的意図の地名を支配全域に数多く命名していること，政権の交代により主要都市名の改名を行っていること等々をみれば，その影響力の大きさを知ることができる。王権の強さは，地名をみるまでもなく，律令制度が実施された事実だけをみても充分説得力がある。律令の実施は，国土の隅々まで支配者（国王）の絶大な権力が及ばないと不可能な制度である。律令制は中国のみならず，朝鮮半島や日本，ヴェトナムといった周辺諸国にも行われた制度であった。

　これに対し東南アジアでは，国名をみても周辺諸国との関連性はみられない。語源をみてもインド系，中国系，民族系，欧州系と多様である。また本来東アジア文化圏に含めるべきヴェトナム（越南）を除いて行政関連の地名もみられない。さらに東南アジアでは，"都市"を表すnegaraというインドの接尾辞を"国家"を表す表現に用いたり，アンコールに変えて王国名に用いたりした。このことから推察して，国家規模や影響力も都市国家（首都），港市国家的な組織力しか持っていなかったと考えねばならない。当然，支配権も国土の隅々までは及ばなかったと断言できる。現在も東南アジアのフィリピン，インドネシア，ミャンマーなどの各部族は，各地に独立紛争や反政府運動を起こしていて，国家としてのまとまりに欠けている。その背景を考えると，伝統的部族社会制度の影響がまだ残っていて，近代国家としての歴史が浅く，国家に対する

愛着意識も弱く，物事によっては国民としての自覚も充分育っていないからだと考える。ここに東アジアと東南アジアの国家の大きな違いがある。

D．民族意識の形成と村落・部族意識の形成

　中国歴代の王朝・王国名をみると，封土名を用いる習慣と，以前の王朝の威光を借用する慣習があった。また統一王朝の時代が長く，政治的に安定した時代が普通であった。つまり中国をはじめとする東アジアでは，伝統尊重の精神が育っていた。そして国家が安定し，大規模な民族移動も起こらなかったので，東アジアでは国家ごとに民族意識が形成されたのだと推察する。日本，朝鮮・韓国，ヴェトナムなどは，政治力によって１つの民族が結成されたのだと言っても過言ではない。ただし現在の中国の場合は，多様な民族を支配した「清」の領土を受け継ぎ，単一民族国家とはなっていないが，それでも国民の９割以上は漢民族という特徴を持ち，民族国家に近い性格がみられる。本来の漢民族による中華王朝の場合は，ほぼ漢民族の国家であった。それゆえ中国も朝鮮・韓国も日本も，国家と民族は一体のものという意識を強く持って生きてきた。もう１つ，地名における家名の活用と個人名の未使用という特色に加え，王国名の特徴（郷土名の使用や再三再四にわたる王朝名の借用）をみると，一個人尊重（個人中心主義）より一族宗家重視，地域的結束力重視という集団主義の特徴が強く感じられる。これは言い方を変えれば，「血統主義」より「家系主義」を重視する社会であるといえるだろう。

　これに対し，先程述べたように，東南アジアは村落共同体で部族意識が強い社会であった。そして長い間，村落単位でまとまる「村落主義」の思想が基本であった。そのため村を一歩出ると，そこは別の世界であり，隣村はそのまま異国の民という思想を持って生きてきたという特徴がみられた。村落主義の中には，一部だが東アジアの「家系」や「出身地結束」重視という思想と共通する考え方が存在する。しかし村落程度の範囲で止まり，それ以上の広がりは殆ど無かった。東南アジアには，現在のような国土の隅々まで支配権が及ぶ近代

的領土国家は存在しなかったので，国家を基本とした民族形成や民族主義の考え方は出来上がらなかった。それゆえ，第二次世界大戦後でも，国名の変更と国名変更の模索，さらに部族独立運動などが発生するのである。

E．異文化への適応能力

　東南アジアは，文化圏としての形態やまとまりは持っていなかったと推察されるが，逆に古代から多様な文化圏の地名を受け入れているので，非常に柔軟性をもった地域であると考えて良いだろう。そしてそれは，柔軟性に富む民族性であると置き換えて表現することもできる。つまりそれほど軋轢なしに異質な文化を受け入れる特殊な能力が備わっていたといえる。この性格は東南アジアの人々が持つ優れた点であると思われる。多様な文化の長所を受け入れるという行為は，独自の文化を育てるのと同じほどの価値を持つと考える。そういう点では，東南アジア地域は，政治体制さえしっかり確立されて社会の安定が続けば，大いに発展する要素を備えた地域である。

　これに対し東アジアをみると，独自の文化を育て，長い歴史の中で形成してきた独特の価値観を持っている。それが逆に，異文化の優れた点を理解できたとしても，軋轢があってすぐに取り込めない性格となって表れている。東アジアに限らず，高度な文化圏ほどこの性格が強い。これは自負心や伝統との葛藤であり，世界の四大文化圏と呼ばれる地域は多かれ少なかれこの特徴をもっている。日本を例外として，東アジアは欧米文化の高さを一面では理解しながらも，自らのものとして取り入れるのに1世紀以上かかった。しかし，異文化を受け入れる必要があるという考えが国民全体に浸透すれば，現在の東アジア各国の発展が示すように加速度的に発展する。

　ちなみに，独自の文化と異文化を調和させながら新文化を創造するという能力においては，日本が世界最高のモデルであるといえるだろう。

4．東アジアと内陸（中央）アジアの比較

　東アジアには農耕文化地域（中華世界）と遊牧文化地域が含まれるが，東アジアと内陸アジアを比較する場合は，東アジアの遊牧文化地域を内陸アジアに含めて比較する方が適当であると考える。

A．国家意識の相違

　中華世界をみると，方位（中国，朝鮮，日本，越南）を用いて国名を表す国が多い。これは一つの文化圏であるという意識が文化圏内の国々に働いているからである。そして各国は国家意識が強く，例えば「日本」は皇族・貴族，武士，庶民のどれが政権の座についても「日本」という名称を尊重し，平安時代から同じ国名を用い続けてきた。一つの国という国民意識は世界で最も強いといえる。「朝鮮」は「檀君朝鮮」「箕子朝鮮」「李氏朝鮮」「朝鮮民主主義人民共和国」と4度も「朝鮮」の名を使用した。「大韓民国」や「大韓帝国」は古代の「三韓時代」の「韓」（部族名）を引用した。中国は「中華」という表現を現代になって国名に採用したが，「中華」の表現は古代から存在した。さらに歴代の王朝名の作成に目を向けても，中国の各王朝は封土名（出身地名）を多く活用した。また地方に栄えた王国は以前の王朝名を借用して威厳を示してきた。このような活用の背後には，地域重視（郷土愛）思想と伝統尊重の思想と権威主義思想が存在するといえる。中華世界各国には，少なからずこのような共通意識が根付いていた。これが東アジア農耕文化地域の持つ古代からの国家観なのである。このような国家観が強いが故に，中華世界では他の文化圏とは異なり，国家領域が大枠で確定し，また特定個人名や尊称名を用いず，主要地名に宗教関連地名を重視しないという特徴も古くから持っていたのである。

　これに対し，内陸アジアの現国名をみると，全てが部族名・民族名を国名に

用いている。国名の由来をみただけでも東アジアの農耕地域との違いが出ている。国号の中で，モンゴル，トルコのような伝統ある国名もあるが，中央アジアの現国名のように新しい部族名もある。もう1つ，中央アジアの歴代の王国名をみると支配者（国王）個人の名が多く活用されている。王国名の中で，ティムール，サーマーン，セルジューク，ジョチ・ウルス，フレグ・ウルス，チャガタイ・ウルスなどは，支配者名が直接王国名に用いられたものである。さらにハーン，カン（khān，汗）"支配者，首長"という王の称号を付けた国号も非常に多い。キプチャク・ハン，イル・ハン，カラ・ハン，ヒヴァ・ハン，ブハラ・ハン，コーカンド・ハン，カザン・ハン，アストラハン・ハン，チャガタイ・ハン，クリム・ハン，オゴタイ・ハンなどがこの代表名である。このような王国名をみていると，遊牧の世界は，農耕地域のような土地や伝統や政治的権威を重視するのではなく，その時々の王の支配力・統率力を重視したことがわかる。つまり遊牧地域の国家観とは，民族・部族を基本とし，民族・部族をまとめあげる有能なリーダーの活躍する世界だったといえる。そうすると，王の力が強大であれば，モンゴル，トルコ，トルクメニスタンの名称が示すように諸部族を統合して，民族集団自体が巨大化していく方向へと進むが，逆に支配者の力が弱まれば，ウズベクやカザフの語源が示すように，支配集団から分離して新たな名称を作って独立していくという行動も普通に行われた世界であった。このような変化をみただけでも，遊牧の世界では，部族名も国号も力次第で一変する世界だったといえる。もう1つの特色は，遊牧地域では「国家」に対してulusやilという表現を用いていた。これは"部族の衆，部族集団の国家"を意味し，支配地が拡大すれば部族集団をもって国家と考えてきた事を示している。これをみると，国力とは支配する部族・民族の数によって決まるという思想であるともとれる。例えばモンゴル帝国内にモンゴル以外の部族名が活用されていた事から考えても，従う部族には寛大であり，宗教にも文化にも言語にも干渉しなかったか，干渉しても大らかだったと推測できる。しかし，敵対する部族・民族に対しては，古い時代の民族名，国号，地名が消し去られている事実から判断して，国家も部族・民族も国名・地名も徹底して破

壊したのではないかと推察する。アメとムチという両面を駆使した遊牧の世界は，東アジア農耕社会とは異なる厳しさが感じられ，全く価値観の異なる世界だった事がわかる。

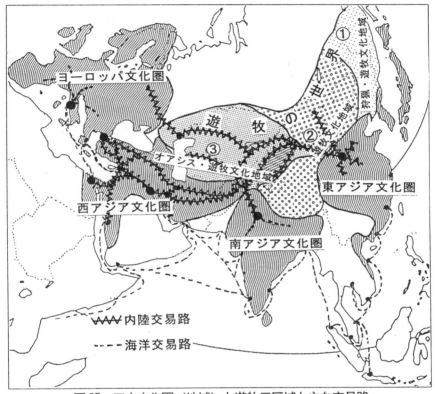

図25　四大文化圏（地域）と遊牧三区域と主な交易路
著者作成

B．都市の性格

都市というものは，特定の目的だけに形成されるというケースはまれで，1つの都市は多様な機能を持っている。しかし都市名をみると何の目的を優先して形成されたのか，どのような役割が強かったのか，といった特徴をある程度読みとることができる。東アジア農耕地域の代表である中国の都市をみると，

「州，郡，県，鎮，郷」など行政目的が強かった都市があり，ほかにも多様な接尾辞を持つ都市がみられる（p10〜12 参照）。このような接尾辞をみると，軍事目的，交易目的，商業（市場）目的など多様な特徴を持ち，それが都市へと成長した事がわかる。多様な都市がある事だけでも，中国という社会は古くから調和のとれた社会であったことが推察できる。見方を変えて中国の主要都市をみると，町全体を城壁で囲む城壁都市が多かった。城壁都市は異民族や反王朝勢力の侵略から都市全体を護るのが目的であり，万里の長城と同じ防衛の役割があった。城壁で囲っていても，中国の城壁都市は地中海周辺にみられたような政治的な自立・独立を目的とする都市国家という性格は持っていなかった。なぜなら城壁都市は王朝との関係が深く，州・県・城・関などの接尾辞を持つ行政・軍事目的の都市が多かったからである。城壁で町全体を保護する伝統があったため，大都市を城市，小都市や町を城鎮と呼ぶようになった。

　同様の見方でロシア支配以前の内陸アジアの都市をみると，まずオアシス地域を除いて基本的に都市が発達せず，都市数は農耕地域と比べて少ないのが特徴であった。数少ない都市名をみると，ordo 類や khoto 類といった遊牧独自の接尾辞を持つ都市が存在する一方で，ペルシア語の ābād, kand, shahr や中国語の「旗」などの異文化接尾辞の付く都市も幾つかみられた。この接尾辞をみただけでも砂漠のオアシス都市は，遊牧地域のためだけに建設されたとは言い難く，最初から異文化圏との交流を意識して都市造りが行なわれたことを読み取ることができる。つまり遊牧文化圏の都市の役割は，遊牧民やオアシス住民にとっては，日用品の生産基地であり，商業地であり，情報・文化の基地であり，宗教活動の場所であったが，もう１つの大きな役割は，交易の要であり，軍事拠点であった。そして都市はそれぞれ独自性（地域的特徴）を持ち，都市国家に近い性格や役割を併せ持っていたのである。

C. 文化の伝播と文化の境

　遊牧民の特徴は，移動することが基本であり，移動の中に生活の場があった。

生活の最小単位であった ail "村" は遊牧民の基本である。この点では遊牧文化全域に共通性がある。他には，東域（モンゴル系，満州系，チベット系）は中国の影響を強く受けると共に，人名や尊称名を使わないという東アジアとの共通性を持っている。逆に西域（トルコ系）は，積極的に人名を活用し，ペルシア語などの異文化語を活用する，いわば西アジアとの共通性を強く持っている。内陸アジアは中国やペルシアの影響を受け入れながらも，交易圏としての独自性を保ち，また双方の文化圏の発展にも寄与してきたのである。

　中華世界が，遊牧民の交易活動から受けた代表的な例をあげる。その最たるものが仏教の伝来であろう。インド発祥である仏教が東アジアへ伝来したのは，当時の中華世界とインド世界が直接人的交流を持たなかったことから考えて，遊牧民によってもたらされたものと言って良いだろう。仏教思想の影響が大きい中華世界の文化や思想は，その後玄奘や義浄などの功績があったとはいえ，遊牧民の思想や文化を抜きにして語る事ができない。つまり中国を始めとする東アジア世界は，文化や思想形成に極めて大きな影響を遊牧民から受けたことになる。農耕民は，遊牧民を侵略者，破壊者という目で評価してきたが，仏教の伝来を考えると，破壊とは比べものにならないほどの新文化形成の立役者だった事になる。このことを充分理解して評価すべきであろう。

　文化伝播という側面からみれば，もう1つの大きな特徴も挙げなければならない。それは，タクラマカンあたりが多様なものの集積地であり，終点の役割を果たしているという点である。地名伝播をみても遊牧地域の二大異文化言語である漢語地名もペルシア語地名もタクラマカンで終わっている。遊牧民を通して東西世界の交流が進んだが，中国の地名や影響力はタクラマカンが限界であり，ここが終点であった。タクラマカンは，砂漠の中に地名を吸収消滅させる特殊な地域性を持っている。地名が吸収消滅しているということは，ここに集まってきた世界の宗教も文化も社会制度も，ここで粗方吸収消滅したことを意味する。そしてここが新たな文化の出発点の役割も果たしたことになる。インド仏教も一旦ここで選別され，政治思想が強い東アジアに合う形のものが伝えられたのだと考える。図25に，世界の四大文化地域を結び付ける遊牧文化

地域をあげたが，この遊牧地域をさらに詳しくみれば，特にオアシス都市のある遊牧地帯（トルコ系の居住地）が，西アジアと東アジア，さらに南アジアも含めた文化交流や交易に重要な役割を果たしてきたことがわかる。図式化することによって，世界の流れがつかみやすい。

D. 両文化圏のかかわり

　東アジア農耕地域と遊牧地域東域の係わりをみる。農耕地域の王国は，万里の長城を築き，長い間それより北の草原や砂漠には強い興味を示さなかった。しかし交易ルートだけは別であり，安全に確保できるようにルートに沿って長城を築いてきた。そうすると，交易ルートは農耕民にとっても遊牧民と同様に非常に重要だったことになる。
　これに対し，遊牧民は，交易を筆頭に，農耕地域の支配にも古くから関心を寄せてきた。そして機会あれば侵略する行動をとってきた。農耕民の漢人が万里の長城を建設した事だけを考慮しても，遊牧民のとった長年の思想や行動が充分推察できる。農耕地域を支配下に入れた代表的な遊牧系の王朝は，元王朝と清王朝であった。この両王朝の特徴は，農耕地域と遊牧地域を一国の領域として支配したところに最大の特徴がある。それゆえ，これにより両文化圏の間には安定した交流が生まれたのである。元の場合は，元の領土内だけでなく，同族の国家であるイル・ハン，オゴタイ・ハン，チャガタイ・ハン，キプチャク・ハンにまで共通する制度を作りあげた。それが結果的に農耕地域と遊牧地域をさらに結び付けることに繋がり，逆に農耕民がそれまであまり関心を示さなかった遊牧地域への進出を促すきっかけになったと推察する。見方を変えれば，これは世界の一体化への足がかりになった。
　現在の両文化圏の状況をみると，遊牧文化地域であった東北地方（満州）や内モンゴル，チベットなどに漢語地名が命名され，その結果漢民族が遊牧文化圏に進出し，中国化・農耕化が進んでいる。農耕民を遊牧地域へ招き入れるきっかけを作ったのは，遊牧民自身の歴史活動にあったと推察する。

5. 南アジアと西アジア・北アフリカの比較

A. 現在の国名と王朝・王国名からみた文化地域の変遷

　両文化地域とも西欧列強の植民地・半植民地の状態に置かれ，第二次世界大戦後に独立を達成したという共通性を持つ。

　独立時における国名の命名をみると，南アジアは宗教を基に国名を作成した。これは宗教の違いを前面に出して国家領域を確定したことを意味する。その結果，南アジアは少ない数の独立国でまとまり，インドは大国となって独立する事ができた。しかし南アジアの王朝・王国をみると，現国名のような神話・宗教名は無く，人名，種族名，家名，都市名等が用いられ，領域には中小王国が林立する歴史を歩んできた。王国名の由来語をみても，アーリア系，ドラビダ系，ペルシア系，トルコ系の言語があり，時代によって様々であった。これは多くの部族が侵入してきてインド世界に住みつき，非常に複雑な部族社会を形成したことを意味している。現国名と王朝・王国名を比べてみると，第2次世界大戦後，大きく舵を切った国家観をもって独立した事がわかる。

　西アジアの場合は，ここで栄えた王朝・王国の殆どが大国であり，名称には古代（文明発祥期を除く）から人名，民族名を多く用いた。人名は支配者の功績が大きく，民族名の場合は民族を基本に据えた国づくりが行われたことを意味する。しかし現国名をみると，王朝・王国とは異なり，地域名や自然名を取り入れている国がかなりある。なぜだろうか？　それは近現代の欧州列強の植民地政策によって，民族内に残る部族主義が利用され，欧州の宗主国から小部族が小国家として独立させてもらった（保護を受けた）という政略的背景があったからである。アラブ系の国家がこの典型だが，分離独立した小国は，民族名では国名が作成できず，また部族名では独立の正当性も薄く，結局地域名や自然名を用いて国名を作成したのであった。その結果，アラブ民族系の国家は

17カ国も誕生した。また西アジア・北アフリカ全体で25カ国誕生した。西アジア・北アフリカの歴史に，これだけ多くの国家が独立した時代はない。国家数や現国名の由来からみて，王朝・王国との間に連続性は感じられない。

ここで，南アジアが西アジア・北アフリカのような背景で独立したと仮定したら，今のインド一国だけでも民族・部族・言語を基本に区分した州の数が28も存在するので，南アジア全体では少なく見積もっても34程の国家が形成されていた事になるだろう。これに対し，西アジア・北アフリカがヨーロッパ列強の干渉を受けずに，民族を基本に独立を達成したと仮定したら，多くてもアラブ系，イラン系，トルコ系，カフカス系，クルド人，それにヨーロッパからの移民によるユダヤ系の国家の6カ国程度になり，少なければアラブ系，イラン系，トルコ系の3カ国程度にまとまったと推察される。また西アジア・北アフリカが，今の南アジアのように宗教を基本にすえて独立したなら，細かく区分してもイスラム教，ユダヤ教，キリスト教と3つ程度で，イスラム教をシーア派とスンニー派に分けたとしても，独立国の数は4つ程度にしかならない。場合によっては，イスラム1国となって独立できた可能性さえある。さらに西アジア・北アフリカが，王朝・王国の伝統を引き継いで独立したなら，アケメネス朝ペルシア，ウマイヤ朝，アッバース朝，オスマントルコ等のように，1カ国かせいぜい2~3カ国程度の国家数の地域となっていただろう。しかし欧州列強の植民地化のため，また欧州と同じ部族優先思想を受け入れたため，小国家がひしめき合う，不安定で混乱と紛争の多い地域に変貌したのである。

両文化地域とも，歴史上経験したことが無い国家建設思想で国造りをしている事になる。すなわち南アジアは宗教による統一化，西アジア・北アフリカは民族分裂化であり，これは歴史的流れとは全く逆の動き（価値観）である。

次に，南アジアと西アジアの境について考察してみる。南アジアのパキスタンはイスラム国家であり，インドとの対立がひどい。歴史をみても，西アジアのアケメネス朝ペルシア，アレクサンドロス帝国、パルティア王国，ササン朝ペルシア，ウマイヤ朝，アッバース朝，ガズナ朝などの大帝国が成立した時代は，インダス川あたりがインド諸王国との境界になっていた。そうすると，現

在のパキスタンの領土も西アジアに含めたほうが良いのではないかという考えが浮かんでくる。しかし地名，文化，社会制度，家族制度等をみると，インド世界の特徴を強く残している。例えば，パキスタンにはカースト制が残っていて，これによって人々の生活が左右されている。西アジアにカースト制度は無い。結局パキスタンはインド世界の文化を持つ国家ということになる。

B. 地名からみた民族移動

南アジアと西アジアの地名全体を総合して比較してみると，南アジアの地名や地名接尾辞は，西アジアには殆どみられない。また南アジアの部族が西アジアを征服して王国を建てたという歴史も殆どない。南アジアの地名が西アジアや内陸アジアにみられないということは，南アジアの人々が西アジアや内陸アジアに移住しなかったからだと考えられる。つまり南アジアの人々にとって，西アジアや中央アジアは魅力ある土地とは映らなかったのであろう。

しかし南アジアをみると，ābād や stan などといったペルシア系の接尾辞や地名（中央アジアも使用）が多く命名されている。地名からみると，一方的に流れ込んできた事がわかる。これは，西アジアや中央アジアから部族・民族が一方的に侵入してきた事を意味している。地名をみていると，南アジアにはこれを防ぐ手だてはなく，為すがままの状態であり，西アジアや中央アジアの人口の受け皿になっていたといえる。その代わり，南アジアの地名は東南アジアに用いられた。そうすると南アジアの関心は西アジア・中央アジアよりむしろ東南アジアに向けられていた事になる。地名の数からみて大移動ではないにせよ，南アジアの人々は，少しは東南アジアへ移住したことが推察できる。

C. 地名からみた宗教の特性

世界宗教の発祥地は，南アジアと西アジアである。南アジア発祥の仏教は，東アジア，東南アジアに拡がっていて世界宗教となっている。西アジア発祥の

キリスト教とイスラム教も四方八方に拡がり，世界中に信仰されている。

　南アジアにはバラモン教，仏教，ジャイナ教，シク教など幾つもの宗教がインド世界の風土の下で生まれた。今はインド発祥の民族宗教の総称であるヒンズー教が中心であり，宗教地名とヒンズー教との間には一体感がある。さらに11世紀以降，イスラム教が入ってきて信仰され，二大宗教となっている。

　西アジア・北アフリカにも，多神教の各部族・民族宗教をはじめ，一神教のユダヤ教，キリスト教，イスラム教が興ったが，現在では，西アジア・北アフリカ一帯はイスラム信仰一色になったと言っても過言ではないほど信者数は多い。現在の南アジアも西アジア・北アフリカも共に宗教活動が盛んで，宗教と共に生きる生き方は，共通性があるように映る。

　しかし地名からみれば，両文化圏には大きな違いがみられる。まず，南アジアでは宗教地名があらゆる種類の地名に用いられ，神話・宗教地名で覆い尽くされている。古代のバラモン教から引き継がれた神名などは，ほぼそのままヒンズー教の神名になっている。その数は数えきれないほど多いと表現した方がよい。さらにマナスルなどの山岳名，クリシュナ川などの大河川名などは，それ自体が神の化身として崇められている。またムンバイ，コルカタ，ダッカのような巨大都市から地図にも記されない小さな農村に至るまで，独自の神が祀られ，神名が都市名や村名を表す名称となっている場合も多々ある。これは神と人間社会が一体化して成り立っていることを示すものである。

　同様の視点で西アジア・北アフリカをみると，宗教地名の活用は南アジアほど多くない。図8と図15を比べてみるとその差は歴然としている。また西アジア・北アフリカに用いられている宗教地名は，今は信仰されていない古代のエジプト，フェニキア，ペルシア，ギリシアなどの多神教の神々が地名化されたものが多く，逆に現在信仰されているイスラム教関連地名は非常に少ない。信者数の多さやムスリムの活動の活発さを考えると，どういう視点から考えてもイスラム関連地名の少なさは不思議な現象と映る。

　そこでこのような宗教地名の種類の違い，すなわちイスラム関連の地名の少なさは何に原因があるのかを考えてみる。地名から分析すると，布教初期の目

的意識の差，布教手段の違い，組織体（集団）にあるように思える。7世紀当時のアラビア半島の乾燥地域（砂漠）には領土国家は存在していなかった。それゆえイスラム教を興して広めたアラブ人は，布教活動以上に領土支配に熱意をみせ，自らの征服地には宗教関連地名ではなく，qasr 類（城塞）や qal`a 類（砦）や misr（軍営都市）といった軍事関連の地名を多く活用しながら国家建設を果たした。地名をみていると，アラブ人は領土を支配し，国家建設を主目的とし，その大義名分にイスラム教を活用したと思えてくる。この行動は，18世紀の国家統一の原動力となったサウジアラビアのワッハーブ派の活動をみても，イスラム初期の行動と同じ性格が感じとれる。ちなみにイスラム教の創始者であるムハンマドは，宗教家（預言者）であるが，軍の指揮官であり，立法官であり，裁判官であり，政治家であった。イスラム教は，教義的には神への絶対信仰，人の平等，全ての人の共同行動（礼拝，信仰告白，断食，喜捨等）を強く要求する宗教（p 212~215 参照）であり，社会的見地からみれば発生当初から宗教・政治・軍事集団の性格を色濃く持っていたのである。この本質は現在も変わることが無い。このような特徴を持つがゆえに，イスラム教には宗教のみを扱う専門職（キリスト教の宣教師や牧師，仏教の僧侶）は，最初から必要としなかったのである。

　以上の内容から，両文化圏の宗教をまとめるなら，インドの宗教は自然環境，自然への畏敬，人々の生活，生き方，人生観等を，神（宗教）という形に変えて表現したものと考える。それゆえ政治組織より重要で，不変なのである。これに対し西アジア・北アフリカで生まれた宗教，特に一神教は，厳しい環境の下で，しかも皆が共に生き抜くために，最低限必要な共通意識や共同行動のために生まれたものと考える。地名からみて，両宗教発祥の根源は異なっている。

D．地域差による宗教の相違

　「地域差による宗教」に触れる前に，宗教をみるにあたり，なぜ地域性にこだわる必要性があるのか，インドを例にあげてみたい。インドの思想は，永遠

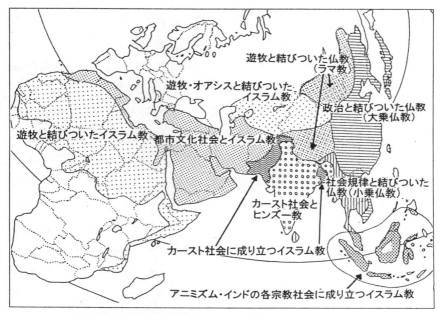

図26　地理的視点から見たインド発生の宗教とイスラム教の特徴
著者作成

なる宗教的価値観のようなものは大変重視する。またそれに付随する社会制度なども重視する。つまり伝統的精神文化やそれに基づく人々の生活や慣習はとても重要なのである。当然神話・宗教と一体となって形成されたカーストという身分制度（ヴァルナとジャティー）は、インド社会の規律としての役割を果たしてきた。ちなみにインド世界全域にカースト制がみられる。これを現実の生活に当てはめて言えば、インド世界の人々は、いずれかのカースト集団に属しているが、カーストの集団はヒンズー教徒の範疇とみなすのである。カーストはヒンズー教社会であることを示す標識の1つなのである。そうするとインド世界では、イスラム教に改宗しても何らかのカーストに属していれば、ヒンズー教社会のカテゴリーに属することになる。インド世界でのイスラムの立場は、ヒンズーの神々の中に、新たにアッラーの神が一つ進入してきたという程の扱いになる。ここに第二次世界大戦後、イスラム教徒がヒンズー教徒から分離独立を求めざるを得なかった主原因があったといえるだろう。

このようなインド世界をみていると，宗教を知るうえで地域性の果たす役割が非常に重要な要因になっていると感じる。現在の分類は，どの宗教も一般に宗教派閥としての分類は行うが，地理的条件による分類という扱い方は殆ど行わない。そこでインド発生の仏教も西アジア発生のイスラム教も，地理的条件，文化の違い，時代背景と結びついて成り立つという特性に視点を当てて分類すると図26のようになる。信仰する神，戒律，経典などは同じでも，決して一緒くたにして扱う事が出来ないほどの違いが生じている。

　具体的に言えば，インド発生の宗教は，南アジアを中心に発展したヒンズー教，南アジアの辺境地域（スリランカ，インドシナ半島）に生き残った上座部仏教，アニミズム信仰の強い遊牧の世界に受け入れられたラマ教，儒教や道教の発展する東アジアに受け入れられた大乗仏教に大別できる。

　同様にしてイスラム教を分類すると，西アジア・北アフリカの都市文化に発展したイスラム教，南アジアのカースト社会に発展したイスラム教，アニミズム信仰とインド文化・宗教が信仰されていた密林の東南アジアに受け入れられたイスラム教，西アジア・北アフリカの都市文化圏と共通性の多い中央アジアのオアシス・遊牧社会に受け入れられたイスラム教，サハラ以南のステップ・熱帯アフリカの黒人社会に受け入れられたイスラム教などに大別できる。

　これら各地の宗教は，宗教名や宗派名が同じでもそれぞれが異なる価値観を持って活動している。このような見方をすれば，宗派の分類だけでは理解できない価値観の違い（ズレ）も理解できる。今後，もう少し地域性からみた宗教に重きを置いて研究する必要があるのではなかろうかと考える。風土（自然環境）の違いは，宗教まで大きく変えることを念頭に置くべきである。

E．都市の重要性

　表6と表7で示した都市を比べてみると，西アジア・北アフリカは52市中34市が，南アジアでは51市中9市が紀元前から継続している都市である。これは，西アジア・北アフリカの都市の6割5分，南アジアの都市の2割弱が紀

元前から存続する都市ということになる。扱う都市によってこの比率は変わるとしても，古代からの伝統を受け継ぐ都市の数の多さに大きな差があることは確実である。両文化圏は共に文明の発祥地であり，都市国家も文明発祥の頃から存在していた。しかしこの大きな差は一体何が原因なのであろうか？

　地名をみていると，南アジアの場合は古代に栄えた都市の多くが消滅し，また新たな都市が生まれていて，都市の重要性は地域開発の進展と共に入れ替わり，場所も移動している事に気づく。南アジアにおける都市の位置的重要性は，北部から南部・東部への通路にあたるほんの一部の都市を除いて決定的な立地条件とはなっていない。むしろ都市の興亡は，王国の興亡が左右していた[72]。つまり王国の発展によって都市の重要性が決定されたと考えられる。

　しかし西アジアはこのような入れ替わりが少ない。少ない理由を探してみると，西アジアの都市は乾燥地域にあり，まず豊富な水が確保できるという絶対条件[73]が必要であり，さらに内陸交易または海洋交易の通路に位置するという立地条件に恵まれる必要があった。事実，この2つの条件に合う場所に都市[74]が生まれ，長く交易に携わり，発展してきた。都市の人口規模は，アッバース朝の都バグダッドが100万以上で，他にイスタンブール，カイロ，イスファハーンなどといった大都市は，数十万の人口を有していた。当時の西欧の大都市パリやロンドンが5万程度だったことと比べてもその重要性が理解できる。西アジアへ侵入した各民族・部族も都市の重要性は認識しており，破壊するどころか都市を支配下に置く事を主目的に侵略した場合が多かった。そしてこのような都市が，高水準の異文化や技術を取り込み，新たな文化や高度な商品を創造したのである。例えば，17世紀のサファビー朝の都イスファハーンは「世界の富の半分が集まる」とまで言われる繁栄ぶりだった。すなわち西アジア・北アフリカの領域には，多民族による王国の興亡が繰り返されたが，主要都市の多くは長く存続したのである。ただ支配民族が入れ替わると，都市名の表記は改名されたか変形された場合が多かった（p150を参照）。西アジア・北アフリカに存続する伝統ある都市というのは，現在のアラブやトルコといった主要民族形成の歴史より，はるかに古い歴史を持っているのである。

F. 接頭・接尾辞からみた都市の特徴

　図5，図6，図7，図10，図11の接頭・接尾辞とその分布状況を比較する。インド世界にはpur類の付く都市が極めて多い。サンスクリット語のpur類やnagar類の付く都市はヒンズー文化中心の都市である。これがインド世界から東南アジアにかけて分布している。インド世界のもう1つの特色は，ペルシア語源のābādもかなり多いことである。Ābādは，侵入したイスラム教徒が用いた接尾辞で，民族でいえば，主にイラン系，トルコ系であった。そうすると，ペルシア系の地名やābādを付ける都市は，イスラムの政治拠点・軍事拠点であり，当然ムスリムが住み着くか，イスラム教の影響力の大きかった都市であった。ābādは新建設の都市だけでなく，支配したヒンズー文化の都市の改名にも用いた。イスラム政権下であることの意思表示やペルシア文化の優位性を前面に出したかったからだろうと推察する。ただイスラム系支配下の重要都市といえど，古くからのpur類やnagar類の接尾辞をそのまま変えずに活用する都市も多くみられた。またインド南部にはドラビタ系のpatnam類も多いので，インド世界にはアーリア系，ドラビタ系，ペルシア・トルコ系と多様な民族による都市文化が重なるように開花したことを裏付けている。

　これに対し西アジア・北アフリカをみると，都市名の接頭・接尾辞に，ペルシア系ではābād，kand，アラビア系ではrabad等が用いられた。またアラビア系ではqasr類，qal`a類の軍事系の接尾辞が大変多く用いられているが，qasr類，qal`a類，misrはイスラムの布教拡大と一体化して用いられたので，イスラム布教のための地名と判断することもできる。ここに1つの特徴がある。この他この地域にはmadīnah，darの接頭・接尾辞も多いが，これは西アジア・アフリカという地域は，イスラム教発生以前から伝統的に独立性の強い都市国家的性格の都市が数多く栄えていたからであろう。接頭・接尾辞をみると，都市の成り立ちと地域的特性が理解できるものが多い。また西アジア・アフリカには，ヨーロッパ系や内陸アジア系の地名も多く残っているので，インド世界と同様に，異文化の影響を強く受けた文化圏である事も示している。

6. 南アジアと東南アジアの比較

A. 植民地からの独立

　インド世界では「ネパール」が名目上の独立を保ち，東南アジアは「シャム」が英仏の領土争奪の狭間で独立を保った。しかしそれ以外の国々は，欧米列強の植民地となり，苦い体験をした。そして第二次世界大戦後に独立を勝ち得た。そういう意味で両文化圏は共通性がある。

　南アジアの場合はイギリスの単独植民地であり，独立国ネパールも領土を削られ，イギリスの影響を大いに受けた。このような支配形態から判断すると，常識的には南アジアが1カ国としてまとまって独立するか，そこまで無理なら少なくともインド，パキスタン，バングラデシュが1カ国となって独立するのが自然であった。しかしインド国内ではヒンズー教徒とムスリムが極度に対立し，民族大移動や殺戮まで行って独立を達成するという痛ましい経過を辿った。そして独立時には，神話・宗教名である「バーラト」と，神聖な国を表わす「パキスタン（バングラデシュを含む）」を国名に選んで独立したのである。パキスタンという国名にいたっては国家創設のために考え出された造語である。このような国名をみると，宗教対立を強く意識したことが分かる。しかしヒンドゥー教とイスラム教は古くから敵対してきたのだろうか？歴史的にみて，700年以上も続いたムスリムの支配時代でも，国王は宗教対立に配慮し，両宗教を認め，ヒンズー教徒とこれほど大きな宗教紛争や対立を起こした事件は一度も無かった。地名もヒンドゥー関連地名とイスラム関連地名が共存していた。それなのにイスラムの指導者ジンナーは，宗教の違いだけを理由に，民族的・血統的共通性や文化的・社会的共通性を無視してまで「2つの民族」と表現して分離独立を求めた。このような思想や対立は，イギリスの植民地支配以降に生じた出来事である。この宗教対立の背景を考えると，イギリスがインドを容易

に支配するために，宗教の違いを利用し，対立を煽り，憎悪をつくり出して支配したのではないかという思いが自然に湧いてくる。

　これに対し，東南アジアの現国名をみると，南アジアとは異なる背景が浮かびあがってくる。インドシナ半島部の国々は民族名（タイ，ラオス，マレーシア）や，インド系神話・宗教関連名（ミャンマー，カンボジア，シンガポール）や，政治色の強い中国関連名（ヴェトナム）等を用い，さらに東インド諸島域の国々は欧州系の国名（インドネシア，フィリピン）を用い，大変多様性に富んでいる。またどの国も領土国家として見た場合はそれなりにまとまりが感じられる。欧米の植民地化以前といえば，都市国家，港市的なレベルの王国か，内陸に栄えた領域の不確定な領土国家と推測され，また統率力も低い王国であったと考えられた。このような欧米の植民地化以前の王国の特色と比べて，第二次世界大戦後に独立した国家は，どこも欧米の宗主国が線引きをした領域や支配形態をそのまま受け継ぎ，本来の支配領域を上回る範囲で独立したという状況が伝わってくる。その典型が東インド諸島域の国々であろう。マレーシアの場合は，マレー半島部の9州と，3つの直轄植民地，それにカリマンタン島のサバ地区やサラワク地区を，英領植民地であるという理由だけで統合して独立した。インドネシアの場合は，一度も国家統合の経験のない多部族・多文化地域を，蘭領という事を理由に統合したため，インドネシアという欧州風の造語を国名に用いて独立を達成した。フィリピンに至っては，領内には一度も王国は成立せず，スペインの支配によって初めて政治的統一が成された。当然歴史的にも全域に共通する名称すら存在しなかった。それゆえ統一国家名称として，宗主国スペインの皇太子フェリペに由来するフィリピナス（英名フィリピン）をそのまま国名に用いざるを得なかったのである。

　以上の内容から判断して，南アジア文化地域では宗主国の陽動によって共通性のある地域内に対立が生じ，宗教紛争のために同一文化地域を分割するという形で独立したが，東南アジアの場合は，宗主国の作った支配形態や支配権をそのまま引き継いだ形で独立を達成し，領土国家に変貌した。ここに両文化圏の大きな違いがみられる。

B. 国名変更の背景にあるもの

　独立後の国名変更という背景から，両文化圏の問題点を考察してみる。東南アジアの国々の中で，「タイ」は第二次世界大戦中に国名を「シャム」から改名した。「マレーシア」は「マラヤ」から改名し，「カンボジア」の場合は「カンボジア」を「クメール」に改名し，再度「カンボジア」に戻している。「ミャンマー」の場合は植民地名の「ビルマ」を現地語表現に改めた。これらの国々の大半は独立後に国名を変更した。また実行こそしなかったが，「ラオス」が「ランサン」へ，「フィリピン」は「マロロス」「ルズビミンダ」「ラプラプ」への国名変更を幾度か考えた。南アジアでは，「スリランカ」が「セイロン」から国名を変えた。このような国名を変える行為は，それまで積み上げてきた実績を放棄し，別の生き方を表明することを意味する。当然改名には大変な労力や費用を必要とする。それでも改名の必要性があった事になる。

　東南アジアでは，独立後に「シンガポール」が「マレーシア」から分離独立し，「東チモール」は「インドネシア」から分離独立した。さらにフィリピン，ミャンマー，インドネシアの国内には今も独立を求める動きがある。南アジアでは「バングラデシュ」が「パキスタン」から分離独立し，スリランカ国内のインド系タミル人も分離独立のための紛争を起こしている。

　これら分離独立や国名の改名の動きが多いことをみると，南アジアも東南アジアも，国内問題が山積されていることを表している。そうすると，第二次世界大戦後の独立に問題があったことになる。南アジアでは，あまりにも宗教を優先させたために分離独立問題が生じたと判断できるし，東南アジアでは，宗主国の決めた領域のまま，歴史的に経験したことのない多様な部族を抱え込んで独立したために，部族を中心に分離独立問題が生じているといえる。つまり植民地時代の後遺症として分離独立問題が生じているのである。南アジアも東南アジアも，国民一丸となって国造りに邁進するための土台が，充分出来ない状態のままに独立したことを表している。

C．宗教の役割，宗教の導入

　インド世界には多種多様な神々が信仰されている。図8に記載された神々は，インド世界では誰でも知っていて，インド全土に共通する大神である。中には1地方，1村落のみに信仰され，他地域の人々の知らない小さな地方神や村神もある。これらの神々の名も，地方名や村名として活用される場合がある。ヒ

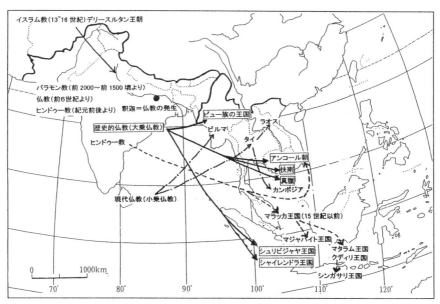

図27　インドの宗教と東南アジアへの伝来と特徴
著者作成

ンズー教徒は，複数の神の祭りに参加し，他の神も崇め，一神教のように1つの神の信仰に固守することはない。それ故インド世界ではイスラム教に改宗したとしても，カースト制度の社会の中ではヒンズー教のカテゴリーに属するものとみなされる。インド世界では，アッラーの神もエホバの神も仏陀神もインドの神々と同じで，1つの神という立場で捉えられるのである。

　東南アジアでは，紀元前後からインドよりバラモン等によって，バラモン教（後のヒンズー教）や仏教（大乗仏教）が伝えられた。確かにカンボジアやミ

ャンマーの語源をみると，バラモンによって伝えられたという説話の様子が納得できる。実際，マタラム王国，クディリ王国，シンガサリ王国，マジャパイト王国，アンコール朝，マラッカ王国（イスラム以前）などは仏教・ヒンズー教の王国であった。ただ，東南アジアは村落社会であっても，それは共同生活を営んでいたので，カーストのような専門化した身分制度や職業観は全く馴染まず，必要としなかったと考えられる。当然カースト制は採り入れていない。東南アジアでは，インドの宗教を土台に据え，土着の精霊信仰や先祖崇拝を組み合わせる形で採り入れたため，抵抗なく取り込めたのだと考える。この事実は，国名や主要地名や首都名にインド関連の地名を積極的に用いている背景を考えれば容易に理解できる。注意を要する事として，東南アジアではインドのヒンズー教や仏教は，国家宗教として導入したものであり，導入時点では民衆の信仰対象として導入したものではないという点にある。この時点でインド世界との違いがみられる。例えば，アンコール・ワット（"寺院のある都城"の意味）やミーソン（"美山"の意味，正称シュリーシャーナバトレーシュヴァラ），ボロブドール（意味不明）等のヒンズー・仏教遺跡も国家威厳や国家安泰のために建設したものであった。ちょうど日本が飛鳥時代から平安時代にかけて中国・朝鮮から導入した仏教も国家仏教として導入し，国家安泰のために利用したのと同じ発想であった。日本では，国家宗教であるがゆえに精神的中心地とし，それが今も「国分寺」等の地名となって各地に残っている。

　では，東南アジアにおける民衆信仰としての宗教はどのように伝わったのかをみると，それは13世紀以降に，新たにスリランカからもたらされた上座部仏教まで待たねばならなかった。日本も同じで，民衆への布教は鎌倉仏教以降のことであり，東南アジアと似た状況が感じられる。つまり13世紀以降にインドシナ半島に信仰された上座部仏教やインドネシア・マレーシアに伝えられたイスラム教は，日本の鎌倉仏教と同じで民衆布教の役目を果たしたのである。それゆえ民間信仰として採り入れた仏教やイスラム教は，権威付けを主目的に主要地名に活用する必要も無くなって，大地名には殆ど用いられなかった。

　フィリピンについても述べておくと，フィリピンにはインド系地名も中国系

地名も用いられていない。地名が命名されていないということは、フィリピンには高度な文化を受け入れる王国は存在しなく、インド系や中国系の文化・宗教が組織的に伝わらなかったことを意味している。国家組織の無い所に、16世紀にスペイン人が来航し、カトリック拡大を目標に庶民向けの布教を行なったのである。そのため、フィリピンは急速にカトリック信仰地域に変わってしまった。フィリピンのカトリック布教は、インドシナ半島の上座部仏教や東インド諸島のイスラム教と同じで、民衆への信仰の役割を担ったのである。

ヴェトナムの場合は中華文化圏に含まれ、中国と似た三教（仏教、儒教、道教）が信仰され、仏教の中でも特に大乗仏教が信仰された。

東南アジアへの宗教導入をみると、国家建設のためと民衆布教のための二段階の役割があったことになる。

D. 侵入者の接頭・接尾辞、国家の尊厳としての接頭・接尾辞

図5、図6、図7、図16、図17を参考にして、接頭・接尾辞からみた両文化圏を比較してみる。まず南アジア（インド世界）ではアーリア系のpur, nagar, kota, ドラビダ系のpatnam, halliなどが用いられている。特にpurが多いが、これらの接尾辞は古代から用いられてきた。その後、ムスリムの侵入と共にペルシア系のābād, stan, shahrなどの接尾辞も頻繁に活用されるようになった。中でも特にābādの活用が多かった。

これに対し、東南アジアをみると、先住民独自の接頭・接尾辞にはkampong（マレー系、クメール系）, muang, ban（タイ系）, barangay（フィリピン）, wan, ywa（ミャンマー）などがある。また導入された接頭・接尾辞には、インド系のpur, nagara, kota, karta, dessa, 中国系のdong(洞), chau(州)などがある。

このような接頭・接尾辞の活用例を分析すると、南アジアに用いられたペルシア語のābādの場合は、purと同格の意味に用いられており、あえて導入する必要も無かったが、侵入者のムスリムがイスラム勢力圏であることを表明す

る手段として用いたものであった。ただ数からみれば，ムスリムの支配が長かった割には，古くからのpurやnagarの方が，異文化系のābādより遥かに強い勢力を保ち続けてきた。このことから推測すると，侵入部族（ムスリム）は軍事的に支配できても，ヒンズー文化や社会制度までは変えられず，支配者でありながらインドの宗教や文化に圧倒され，また社会的，制度的にはヒンズー社会に従わねば支配できなかったことを間接的に示しているととれる。

東南アジアの場合は，導入したnagara, pur, kota, karta, desaなどのインド系接頭・接尾辞を"国家"を表す名称として，あるいは"王都"や"神聖な都市"を表す特別な意味で用いてきた。またnagaraにいたってはナコンnakhonに変形させて活用し，さらにアンコールangkorとして地名に転化させて活用している。このような活用をみると，インド地名に対する尊敬の念が感じ取れる。さらに東南アジアのインド系接尾辞の活用地域と重なって民族語のkampong, muang, ban等も数多く活用されているが，民族系の接尾辞はインド系接尾辞と同等というより，村落や生活区域を表す小単位の場所に用いられた。これらの接尾辞から想像すると，村落を単位とする先住民の社会構造の上に，高い文化のインド系の政治，文化，宗教が覆った形になる。

民族語と導入語の接尾辞の関係から両文化圏の置かれた立場を比較すると，インド世界の人々が異文化を持ち込んで来た侵入部族に対する感覚と，東南アジアの人々が異文化を積極的受け入れた感覚には，まったく異なる事情があったことが推測できる。つまりインド世界では，侵入者は好まざるものであり，侵入者の持ち込んだ異文化はインド系の人々が自ら求めた文化ではないという観が強い。ただ現実には高度なイスラム文化が流入し，これによってインド世界の文化が大いに進展した事実は否定することができない。

これに対し東南アジアでは，インドからの導入地名や接頭・接尾辞は重要であり，国家体制造りに活用すると共に，インド文化を活用した地域文化・宗教思想形成にも大いに役立てたと断定することができる。当然国王そのものの権威付けにも役立ったと判断する。言うまでもなく，東南アジアの文化レベルはインド文化によって大いに向上したのである。

7. 南アジアと内陸（中央）アジアの比較

　南アジアと内陸アジアの場合は，両文化圏の関係を交えながら比較してみる。

A．両文化圏の係わりとその違い

　両文化圏の王朝・王国名をみると共通する名称が多い。その理由は，両文化地域は共通の王国によって支配されたという歴史を幾度か持つからである。例えば，クシャン朝，デリー諸王朝，ムガールは中央アジアに生まれ，そこで力を付けて南アジアに侵入し，インド世界の広大な領土を支配した王国であった。このことから，両文化圏には部族・民族名，人名の活用という共通性が多くみられる。そしてインド世界への侵入者は，その後もインド世界に住み着き，そこでインド化していった。このような歴史的背景もあって，現在のインド国だけでも多くの言語（179の言語と544の方言）が残った。この言語数のかなりの数が侵入者のものであるという。またインドの言語名をみると，その多くはこれらの侵入民族名か出身地域名をあてたものだという（辛島ほか，p.228）。南アジアへの侵入部族はインド化したと言っても，言語の違いが現在でもみられるので，今なおある程度は出身地の伝統も引き継いでいることを示している。そうすると，南アジアの言語名称を調べれば，部族の故郷がインドなのか，西アジアなのか，中央アジアなのか，ということがおおよそ推測でき，さらに部族の性格も大まかではあるが理解できることになる。言語数からも分かるように，南アジアは民族も文化も地名も，ありとあらゆるものを受け入れ，それを消化吸収してインド社会やインド文化の血や肉としていったといえる。そういう特色をインド世界は持っている。このような動きを捉えると，中央アジアからの一方的な侵入であったにせよ，中央アジアと南アジアとの間には，古代から一定の法則的な民族移動が行われ，その関わりは大変深かったのである。

このように，インド世界へは部族・民族侵入が盛んに行われ，西アジアや中央アジアとは古代から血縁的に深い関係にあったが，生き方，考え方，宗教観，価値観をみると，両文化圏は大きく異なるものになっている。

その根拠として，インド世界の現国名は，殆どが神話・宗教関連の名称を用いている。インドの神話・宗教地名は，国名に限らず，自然名，都市名，町名，村名に至るまで用いられているように，宗教が生活の隅々にまで行き届き，文化も芸術も神話・宗教を基本に成り立つものになっている。さらに神話・宗教に付随するカースト制度によって人々の社会的な階級も定められていて，独特の社会構造を構築している。これから判断すれば，南アジアは宗教を基本とする精神的価値観を重視する社会であり，このような特徴の上に成り立つ定住型の農耕社会であると述べることができる。

ところが，インド北部の山脈を越えた乾燥気候の中央アジアでは，国名は全て民族・部族名を用い，地域名も部族名を用いたものが多い。これに加え，"人民，部族の集団"を指す ulus や il は，同時に"国家"も表わすので，内陸アジアは部族・民族集団を重視する社会である事を示している。さらに"支配者"を意味する khān, shāh , beg の称号や人名（支配者名）も多く活用されてきた事実をみると，遊牧文化圏は部族や民族を重視しながら，個人の権力の下に結集する構造から成り立っていたといえる。さらに ordo "軍営"の表現が遊牧全域にみられることから，基本的には攻撃型の性格を持ち，移動型の特徴を持った社会だったといえる。この他，宗教地名の活用は極めて少なく，またカーストのような身分制度や社会階級もみられず，さらに中央アジアでは，宗教も善か悪かと言った明確さを求める一神教のイスラム教を受け入れている。南アジアのように多様な考え方をする宗教とは大きく異なっている。

これらの地名をみると，両文化圏は血縁的に深い関係を持つ部族・民族であるにもかかわらず，生活習慣，社会形態，思想，宗教観，生き方，価値観など多くの点で異なるものになっている。以上の内容から考えて，中央アジアから南アジアへの侵入者は，生活習慣，社会形態，思想まで大きく変えながら，インド社会に溶け込んでいったといえるだろう。

B. 信仰宗教と生活環境の相違

　宗教を中心に述べると，インド世界の神話・宗教は，古代の侵入部族であるアーリア人の神話・宗教思想を出発点としている。イランからインド一帯に居住する「アーリア」人の語源は"部族の宗教を忠実に遵奉せる者"という意味を持つ。これは北西から侵入した遊牧部族の思想だった。インド世界の地名をみていると，このようなアーリア人の宗教形成過程と地名の形成過程は大枠で一致するように思える。その根拠は，南アジアの地名はサンスクリット系を中心に，ドラビタ系，ペルシア系に大別できるが，中心であるサンスクリット系地名といえども，侵入者と先住民との言語が混ざり合い，影響を与え合って形成されている。宗教も民族と同じだった。すなわち，アーリア人は宗教的骨組みを持ち込み，その後多様な土着宗教を吸収し，インドの自然環境の中で時間をかけて形成していったもので，インドの宗教も文化も社会制度も完全にインドの風土から生まれたものといえる。しかし，現在のインド社会のもう1つの信仰宗教であるイスラム教の場合は状況が異なり，自然環境の厳しい西アジアの砂漠で成立し，しかも完成された形でインドに持ち込まれた。この点で，バラモン教（"神秘的な力"），仏教（"悟りを開いた人の教え"），ジャイナ教（"勝利者の教え"），シク教（"弟子"），ヒンズー教（"インドの宗教"）などインド社会で生まれ育った宗教とは性格を大きく異にする。

　これに対し現在の中央アジアをみると，インド世界の宗教のように，全ての現象を宗教と結びつける性格の宗教は見当たらない。インド世界と血縁的に近いアーリア系部族もトルコ系遊牧部族も，インド世界発祥の宗教は信仰していない。インド系の仏教は，インド世界から遠く離れて血縁関係の無いモンゴル，チベット，満州といった東域の遊牧民に信仰されている。中央アジアに暮らすトルコ系やアーリア系の人々は，セム系のアラブ発祥の一神教（イスラム）を受け入れている。遊牧民を統率し，領土・土地に根差さない民族・部族社会には，宗教と政治・軍事を同時に扱い，神の下の平等を説くイスラム教の方が風土にも合致し，受け入れやすかったのだろうと推察する。

C. 遊牧系・インド系住民の分類と移動とその境

　現在の部族・民族分布という立場からみると，遊牧地域は図 25 のように東から①ツングース系の地名（旧満州中心の地域），②モンゴル系・チベット系の地名（モンゴル高原とチベット高原），③トルコ系の地名（アルタイ山脈，タクラマカン以西の地域）があり，三区分できる。①は狩猟・遊牧地域，②は遊牧中心地域，③はオアシス都市・遊牧地域という特徴を持っている。①と②の地名をみると，東アジア（中国）農耕地域の影響を強く受け，中国の支配拡大で今は衰退が著しい。③の地名をみると，ペルシア系の影響が強く，18 世紀からロシアの影響を受け，領土範囲は縮小したが，まだ独自性も残っている。全体的には遊牧文化という共通性はあるが，この中で③の王国や民族のみが南アジアに侵入し，多くの地名も残している。そうすると，単に遊牧文化圏と一言で言っても大変広範囲であり，しかもその性格がかなり違っていることがわかる。

　これに対し，南アジアの部族をみれば，ⓐドラビタ系の地域，ⓑアーリア系の地域に大別でき，そしてⓑのアーリア系の上に覆い被さるように，ⓒイスラム教信仰部族が再度侵入してきて混住している。ⓐのドラビタ系部族とドラビタ系の地名はインド南部に集中している。ドラビタ系の地名は東南アジアにも用いられ，仏教も同様に南部から伝わっているので，東南アジアのインド系の人々はインドの中でもドラビタ系が中心だったことが推測できる。ⓑのアーリア系は，古い時代に北西の乾燥地域から移住してきて，主にインド半島北部から中部一帯を占領して居住地としてきた。ただしアーリア系の文化や宗教に関しては，purやnagar，さらに神話・宗教地名がインド世界全土を覆っているので，南アジア全体はアーリア系部族の精神世界へと変貌してしまったといえるだろう。この事実が強いがゆえに，南アジアは「インド世界」と呼ばれる。つまりインド世界とは，アーリア人の精神文化の世界なのである。一方ⓒのペルシア系の地名もかなり多く分布し，ⓑに覆い被さるように広がっている事実から，アーリア系の住民を支配下にいれて，10 世紀（特に 13 世紀）以降イス

ラム系の王国が発展した様子が理解できる。内陸アジアも南アジアも，文化圏内で部族構成や文化的特色がかなり明確に分類できるという点では，構造上共通性が感じられる。

　このような地名をみると，両文化圏とも長い歴史の中で，大きな民族的移動が起こって現在の構造になったことがわかる。移動をみれば，遊牧圏内では東から西へ，更に北から南へ移動がおこっている。南アジアでは北から南へ，更に西から東へゆっくりと移動した事がわかる。図7を参考にして両文化圏の関係をみれば，西アジア・中央アジアから南アジアへ向かって移動が起こり，インドの一部が民族や文化を押し出す形で，東南アジアにまで拡大している。そうすると，この動きを世界的な民族的動きとして捉えることもできる。言い方を変えれば，乾燥地域（イラン系・トルコ系の文化地域）から熱帯サバンナ（インド地域）の世界に人々が移住し，さらに熱帯雨林（東南アジア）へも移動の手が伸びつつあった様子が浮かび上がってくる。

　地域区分にも触れておく。長い歴史をみると，西アジアに大帝国が栄えた時代は，だいたいインダス川あたりまで侵攻してきた。これはインド世界の乾燥地域と中央アジア・西アジアの乾燥地域を一続きの領域とみなして支配していたことを意味する。現在もインダス川流域以西のパキスタンにはイスラム教が信仰され，西アジアや中央アジアとの宗教的共通性が強く，西アジアか中央アジアの領域に入れても良さそうにみえる。しかし宗教以外の文化的要素から捉えれば，ヒンズークシュ山脈とスライマン山脈がインド世界と西アジア・中央アジアとの境として適当といえる。その理由は，山脈を越えた東側のパキスタン領の平地には，昔から現在に至るまでカースト制度や農耕文化が花開き，イスラム教を信仰する国家（パキスタン）に変わった今も，インド世界と共通した生活スタイルが営まれているからである。そうするとここで注意を要するのは，現在インド世界に含まれるパキスタン領のアフガン地域やバルチスタン地域は，本来西アジア・中央アジアの特徴を持つ領域であり，インド世界ではない領域ということになる。これをみると，文化圏の範囲は，政治的要因（国家領土）によって若干のずれが生じた事になる。

8. 西アジア・北アフリカと東南アジアの比較

A. 乾燥と多雨

　西アジア・北アフリカには,「サハラ」"砂漠",「ルブアルハリ」"空白の地域",「ネフド」"大きな砂丘",「ダハナ」"赤褐色の砂",「カヴィール」"塩分のある荒地",「ルート」"荒れ果てた地" などの砂漠地名がある。また「ペルシア」"騎馬民族領土",「アラブ」"荒野",「ベドウィン」"砂漠の住民",「クルド」"羊飼い" という国名・部族名から,移動を伴う生活であることが分る。

　東南アジアには, 図19で示したように「バンコク」"マコークの木の村",「マラッカ」"マラカの木",「マニラ」"ニラ灌木の場所",「ペナン」"ビンロー樹"「ビエンチャン」"白檀の都市", など熱帯植物名や熱帯産品に関わる地名が分布する。また東南アジアの「マライ」"山（の人）"という部族名からは,熱帯の山間民であることが推測できる。熱帯の山間民は定住生活を基本とする。

　地名から, 両文化地域は全く異なる環境であることがわかる。これはまた, 生き方, 行動力, 民族意識, 価値観など, 全てが異なっていることを意味する。

B. 交易

　次に位置的条件から, 西アジア・北アフリカと東南アジアをみると, 西アジアは東アジア・南アジア・ヨーロッパ・アフリカの接合の位置にあり, 陸海交易の中心的役割を果たしてきた。地名もヨーロッパ, 中央アジアの異文化地名が入り, それ以上に西アジアの地名が, ヨーロッパ, アフリカ, 中央アジア, 南アジアに用いられている。東南アジアへも, 地名, 日常言語, 宗教, 社会制度にわたる多くのものを伝えている。このような地名伝達の多さからみれば, 西アジアは, 文化の導入より拡大の役割を果たしてきた地域だったことが理解

できる。地名拡大の背景を分析すると，軍事力が強く，高度な文化を持ち，巧みな商法を駆使したことも間接的に読み取ることができる。

これに対し，東南アジアをみると，ここも多様な文化圏の地名が入り，西アジアと同様に，東アジアと南アジアを結ぶ交易路の位置にあったことがわかる。しかし東南アジアの地理的位置は大陸の末端であり，海路のみの交易だった。海路という立地条件にもかかわらず，東南アジアの地名を他の文化圏に一切広げていない。この事実をみると，東南アジアの人々は他の文化圏へ出向かなかった事が判る。ここに両文化圏のとった行動の決定的な違いがある。その理由は，何もしなくても東南アジアは珍しい熱帯産品を多く産出した。それを求めて世界各地から多くの商人が集まってきた。その結果商人がもたらした文化や宗教等が，それ以降の東南アジアの歴史や文化・宗教を決定付ける要因になったと判断する。つまり熱帯産品が異文化圏の人々をひきつけたので，熱帯産品が東南アジアの地名や文化や宗教も変えてしまったことになる。多様な内容から推測しても最終的に全ての結論がこの自然的要因にたどり着いてしまう。

C, 国家の規模

国家の形態から両文化地域を比較する。西アジア・北アフリカには，歴史的に核になる国家が存在した。それは時代によってペルシア系（アケメネス朝，ササン朝）であり，ギリシア系（アレクサンドロス帝国，セレウコス朝）であり，アラブ系（ウマイヤ朝）やイスラム系（アッバース朝）であり，トルコ系（セルジューク朝，オスマン帝国）であった。そしてそれらの国家が世界の文化もリードしてきた。西アジア・北アフリカは，歴史上の王朝・王国のように部族も民族も丸抱えにする巨大国家が出現した時代の方が長く，発展も安定もみられた。小国家に分裂した現在の方が社会も政治も不安定である。

これに対し，東南アジアには，西アジア・北アフリカのような世界をリードする王国も文化も全く育たなかった。せいぜい都市国家，港市国家，地域領域国家が栄えた程度であった。東南アジア文化圏としての区分さえ，第二次世界

大戦後に欧米によって意図的に分離作成されたものであった。国名・地名から分析すると，東南アジアは長く単独の小国家として生きてきたので，小単位の政治形態の方がむしろ安定した国家となり得たのである。なぜなら，中程度の領土にまとめた現在のインドネシアやフィリピンやミャンマーでは，今も部族紛争が発生し，分離独立運動が起こっているからである。このような問題は，東南アジアの殆どの国が抱えている。これは政治的に統一された経験のない東南アジアの人々の国家観の違いから生じる根本的な特徴なのである。

D．都市

都市を比較すると，西アジア・北アフリカという地域は，古代から都市が発達し，都市の多くは支配民族が入れ替わっても重要性は変わらず，名称を変えながら延々と栄えてきた。エルサレム（前14世紀アマルナ文書名ウルサリム，ヘブライ名イェルシャライム，ギリシア名ヒエロソリマ，ローマ名アエリア・カピトリナ，アラビア名アル・クーズ）やイスタンブール（ギリシア名ビザンチューム，ローマ名コンスタンチノープル）などは好例であろう。つまり都市は長く続き，現在の民族形成や国家形成時期より古い歴史を持ち，政治の中心であり，多様な文化を生み出す場所であった。さらに madinat, dar, shahr という接頭接尾辞は"都市"だけでなく"国"の意味にも使われるので，西アジア・北アフリカの都市は，都市自体が独立性の強い特徴も備えていたことになる。つまり西アジア・北アフリカ地域は古代から都市文化圏だった。

これに対し，東南アジアでは，古い時代のアンコール・トム（アンコール朝の都），インドラプラ（チャンパ王国の都），マジャパイト（マジャパイト王国の都）などの衰退をみると，都市は重要であったのは事実だが，それは国家建設部族にとって重要であり，都市建設部族が他の部族に敗れれば，都は放棄されるか重要性は極端に減少した。つまり周辺の部族からみれば，その都市は必ずしも重要であるとは限らなかったのである。また東南アジアは，基本的には独立した村落社会であり，歴史的にも都市自体が特別な存在であって，それは王宮の

所在地か特定の交易場所だけに成立した。東南アジアでは，都市は西アジアのような政治的・経済的・文化的立場において，決定的立地条件を持っていなかったのである。しかし現在では，東南アジアにも多くの都市が出現している。が，これは欧米の植民地時代を経験した後に建設され，地域開発の進展と比例して発展したものが多く，一部の都市を除いて新しく生まれた都市なのである。このように都市の果たした役割は，両文化圏で全く異なっている。

E．文明の発信地と文明の受信地

　宗教も文字も西アジア・北アフリカが発祥地であり，ここから異文化地域に広まった。逆に宗教や文字が西アジアに入ってきて定着することはなかった。
　これに対し，東南アジアは，仏教，ヒンズー教，イスラム教，キリスト教と世界の主要な宗教を全て受け入れ，今もどこかの国で信仰されている。宗教同様，文化も文字も積極的に受け入れて活用している。
　このような文化的な伝達現象を世界規模でみると，西アジアから泉のように湧き起こって世界各地に伝わり，各地で風土に合うように改良され，東南アジアに行き着いて終点を迎えるという一連の流れを感じる。地名では，東南アジアはブラックホールのような役割を果たし，南アジアの地名も，東アジアの地名も，西アジアの地名も，ヨーロッパの地名も，東南アジアに伝わって終点を迎えている。西アジアと東南アジアは全く性格の異なる文化圏である。

F．西アジアのムスリムからみた東南アジアのイスラム

　東南アジアへ伝わった宗教の中で，東南アジアのイスラム教について考察してみる。イスラム教の場合は，アラブやペルシアのムスリム商人が直接伝へたものという。これはインド世界西方へのイスラム布教にみられたように，ムスリムが直接領土へ侵入し，武力をもって広めた方法とは違いがある。それゆえ必ずしもインド世界西方と同じ条件でイスラム教が信仰されたとはいえず，活

動や宗教観にもかなり違いがみられる。中でも人口の多いジャワの農村地域は特に異色といわれる。そこで宗教上の違いの発生過程を，地名から推察してみる。東南アジアは元々土着のアニミズム信仰地域であった。そこに紀元前後から国王が権威付けに仏教やヒンズー教を受け入れ，それを国家宗教として広めた。その結果，サンスクリット系の王国名，地名，接頭・接尾辞が東南アジア各地に広まった。このような下地を持つ東南アジアの諸島域を中心に，13～14世紀以降，ムスリム商人がイスラム教を持ち込んだ。歴史学によると，ムスリム商人が国王にイスラムの導入を勧めたといわれる。これは軍事力によるものでもなければ，純粋な信仰の立場だけでもなく，交易が行いやすいという事が最大の理由であったという。一方東南アジアの支配者にとっては，政教一体であり，宗教上大きな問題も無く，高度な文化受理が可能となり，貿易も行いやすいという理由から受け入れたのだという。そのため東南アジアに用いられるイスラム系接頭・接尾辞をみても，bandar "港"やpasar "市場"といった商業的表現と結びつく接頭・接尾辞が導入されている。インド世界のような半ば強制的に付けた ābād "都市"や shahr "城壁都市"といった接尾辞は用いられなかった。東南アジアでは軍事介入無しにイスラム教が伝わったため，住民は強制されずに風土に合うアニミズムやヒンズー・仏教の要素を残し，その上に民衆信仰として都合の良い部分を取り込んだのだと考える。その結果，ジャワ島ではアバンガン abangan "赤い衣"と呼ばれるアニミズム的文化要素を強く持つ自由な農民層のムスリムが生まれた。西アジアや北アフリカのムスリムは，東南アジアのムスリムの行為や宗教観をイスラムの教理から逸脱したもので，ムスリムではないと主張する。しかし，以前のインド世界からの宗教導入過程，その後の商人によるイスラム布教背景，それに西アジアと全く異なる自然環境などを総合して勘案すると，西アジアと東南アジアのムスリムの宗教観の違いの発生は，自然の成り行きであると考える。アニミズムやヒンズー・仏教の下地を持ち，しかも熱帯雨林の村落社会で暮らす東南アジアのムスリムに，乾燥地域で都市文化や都市生活を基本とする西アジア・北アフリカのムスリムと，全く同じ宗教観や宗教行為を求めること事態が不自然なのである。

9. 西アジア・北アフリカと内陸 (中央) アジアの比較

A. 遊牧の世界という共通性と地域区分

　国名命名をみると，西アジア・北アフリカは部族・民族名に基本を置いている。内陸アジアは全て部族・民族である。この点で国家形成の考え方に共通性がある。歴史上の王国名を比較しても，両文化地域は人名，部族名が基本にあり，この点でも共通性がある。また西アジアの王国が内陸アジアの西方まで領土化し，その文化的影響を大いに与えている。逆に内陸アジアの王国が西アジアを支配し，南アジアにも侵入して王国を建設した例が多い。さらに，西アジア・北アフリカには，「ペルシア」"騎馬民族領土（国家）"，「ベドウィン」"砂漠の住民"，「アラブ」"荒野"，「クルド」"羊飼い"などの語源をもつ地名や名称があり，中央アジアには「キルギス」"草原の遊牧民"や「カザフ」"遊牧の集団から袂を分かちし者"などといった語源の地名がある。これらの地名をみても，両文化圏は遊牧の世界という共通性を持っている。西アジアと内陸アジアに共通性のある地名が多いということは，自然条件が似ていると共に，両文化圏は古くから深く関わり合ってきたことを意味する。

　次に両文化圏の領域区分について触れておく。それはアムダリア川以東の地に対して，ギリシア語では「トランスオクジアナ」"オクソス（現アムダリア）川を越えた地"と呼び，ペルシア語では「トゥーラーン」"蛮族の地"と呼び，アラビア語では「マーワラーアンナフル」"川向こうの地"と呼んできた。さらにアムダリア・シルダリア川以西の地にはペルシア系の ābād や kand などを付けた地名が多い。そうすると，地域名や地名接尾辞の特徴から西アジアと中央アジアの境を決めようとすれば，河川でいえば「アムダリア」"アムル町の川"流域と「シルダリア」"黄色い川"の上流域は西アジアに含まれ，さらに山麓地域の「パミール」"峰の麓"高原の麓のフェルガナ盆地周辺も西アジア

に含まれることになる。地名からみて、アムダリア流域とパミール山麓地域のオアシス都市は、本来西アジア文化圏なのである。両文化地域の区分は古くから曖昧であったのは事実だが、19世紀からロシアが侵攻して来て支配し、ソ連成立後はソ連邦を構成する5つの共和国を成立させた。この結果、西アジアの東部が削られ、ソ連崩壊後は中央アジアという遊牧文化圏になったのである。

B. 部族・民族に対する対応の違い

　国名・地名をみると、西アジアと中央（内陸）アジアは共通性が多く、区分する必要はないように映るが、そこにはやはり違いがある。そこでその違いを、アラブとイラン対トルコとモンゴルの4民族の特徴から比較してみる。
　まず典型的なアラブをみると、初期のアラブ人は領域拡大において征服した各地に qasr 類 "城" や qal`a 類 "砦"、misr "軍営都市" を築き、その支配地を基地にして、更に新たな領土を支配下に入れていくという戦法をとった。これが今も地名に残されている。アラブよりはるかに古いペルシア（イラン）系民族も、基本的にはアラブと同じであり、支配下の各地に ābād "町" や shahr "市、町" 類の名を付けた拠点を築き、そこから拡大を図った。これをみると西アジアの各民族は、古くから基本的に同じ思想を持っていたと判断できる。つまりアラブやペルシアは、遊牧を起源とする民族といっても、その根源には都市文化の特徴を強く持ち、都市を基点にして異民族のアラブ化、ペルシア化、或いはイスラム化という共通民族の形成を進めたのである。目的はあくまでもアラブ化、ペルシア化、イスラム化であった。その結果、アラブ人が支配したメソポタミア以南の西アジアと北アフリカは、ほぼアラブ（民族）化してしまった。現在アラビア語使用は26カ国、公用語としている国は24カ国もある。ペルシア語も同様で、使用8カ国、公用語3カ国とペルシア化が著しい。またイスラム化に至っては、図26のごとく文化圏の枠を超えて拡大している。
　これに対し、トルコ、モンゴルは、アラブやペルシアとは性格が違っているように映る。トルコやモンゴルの特徴は、地名や地名接尾辞をみただけでは明

確に違いが出てこない。しかし国家表現をみると，トルコやモンゴルは人種や宗教の違いにこだわらない融通無礙の構造を持ち，支配者に従う部族集団であれば誰でも同胞として抱き込む特徴を持っていた。そして支配した集団をモンゴル語でウルス uls, ulus, トルコ語でイル il, エル el と呼んだ。この名称は共に"部衆，民衆"から生じている。つまり部族混合の集団または部族混合の社会や王国を指したものであり，現代風に訳せば「多民族国家」を意味していた。つまり，多様性を持つ部族・民族を抱え込む混合社会であった。そして内陸の遊牧国家は，トルコ化やモンゴル化を強要しなかったところにアラブやイラン（ペルシア）との違いがみられた。ちなみに，モンゴル帝国はモンゴル高原を中心にして，東アジア，西アジア，東部ヨーロッパまで支配下に置いた史上最大の面積を占める多部族・多民族国家であった。このような大帝国が建国できた背景には，モンゴルに従う部族に対しては，各部族の慣習や宗教，伝統には寛容であり，モンゴル化を強制しなかったことにあったといわれている。それゆえモンゴル帝国は，内からみれば氏族・部族の集合体であったが，外からみればモンゴルという軍事集団であり，帝国であった。ただ従わない部族や国家に対しては，例えば西夏を滅ぼしたように徹底的に破壊したという。

　以上のことから，アラブやイラン（ペルシア）のように都市文化主体で民族の同一化を目指した民族と，トルコ，モンゴルのように遊牧主体の部族連合を主目的としてきた民族との違いが読みとれる。ここに西アジアと内陸アジアの大きな違いがみられる。

C. 国家観の変化

　歴史的立場からみると，トルコやモンゴルの場合は「イル」「ウルス」の人々の生活区域を国土と見なしていた。これは，本来トルコ諸族やモンゴル諸族には，現代のような領土区画の意識や国境という概念を持っていなかったことを表している。ここに遊牧民の本来の国家意識がみえてくる。つまり，従う部族の生活圏が領土とみなされたのである。ところが，領域の明確さを必要とする

領土国家の時代(国境を必要とする時代)や，農耕地域を支配下に置いた時は，領域の不確定な il (el) は使わず，領土を表すペルシア語の stan を付けるような意識に変わった。カザフ人のカザフスタンをはじめとするトルコ系中央アジアの国々，タタール人のタタールスタンをはじめとするロシア領内のトルコ系民族の共和国などはこの例といえる。つまり stan の使用は，間接的な領土意識の表れであり，国家意識の変化の表れであった。

ただモンゴルの場合は，ペルシアの影響を殆ど受けておらず，しかもモンゴル帝国の栄光を受継ぐ自負心が強く，今でも国家表現には ulus "部族集団" を使う。しかし現実には，モンゴル部族は部族連合どころか分割の憂き目にあっている。森林系のブリヤート・モンゴルはロシア領とされ，漠南蒙古（内モンゴル）や漠西蒙古（ジュンガル）や青海蒙古（チャイダム）は中国領とされ，草原を占めるハルハ・モンゴルのみがモンゴル国として独立している。

これに対し，西アジア・北アフリカの国名の特徴や qasr 類，qal`a 類，misr，stan などの接尾辞等をみると，西アジア・北アフリカでは民族を基本とするが，領土意識も兼ね備えた国家を形成してきたととれる。そしてそれは同一民族形成の意図が強い。このような特徴を持つ西アジア・北アフリカに対し，西欧列強が植民地化していく過程で，大民族を構成する末端の部族に取り入り，独立を餌にして味方につけたため，第二次世界大戦後は堂々と部族主義を基本にして国家形成を行うように変わった。ここに西アジア・北アフリカ諸民族の国家意識の変化がみられる。そのため，アラブ民族は分裂国家となってしまった。

D．交易圏

西アジアの地名は，ヨーロッパ，熱帯アフリカ，インド，中央アジアといった周辺諸文化圏に用いられている。逆に西アジアへは，ヨーロッパ，内陸アジアといった東西文化圏の地名が入っている。これらの地名から判断すると，西アジアは文化の接合点であったことがわかる。またアラビア語の特色をみると，古代のセム諸語を基本に，ペルシアの言語，ローマ（ラテン）の言語，ユダヤ

の言語等々，周辺の言語を多く取り込んでいる。この事実は，アラブ人は多様な言語に接し，それを借用し，さらにそれを応用して新言語や新地名を創造したことを示している。現在，アフリカでのアラビア語の使用状況やヨーロッパでのアラビア語系単語の多くの活用例をみると，アラビア語がその後周辺地域に広まっていった事実も読み取ることができる。このようなアラビア語の拡大をみると，交易の果たした役割は大変大きかったことが推測できる。アラビア語の持つ特徴が西アジアの地域的特色を如実に示している。

　これに対し，内陸アジアの王国名やその他の地名をみると，遊牧系の地名を基本に持つが，アルタイ山脈を境として，東半分は中国の地名の影響，西半分はペルシアの地名の影響と，一部だがインドの地名の影響を受けているという特徴がみられる。つまり内陸アジアは，中国，ペルシア，インドを結ぶ交易路の街道であったことが推察できる。いわば三文化圏の要に位置していた。

　このように，西アジアと内陸アジアは，古くから交易によって潤い，豊かな生活や文化が花開いたのである。ただ，一口に交易圏と言っても，両文化圏の内容にはかなり違いがみられる。その1つに，西アジアは陸海路の交易であり，内陸アジアは陸路のみの交易であるという特徴があった。交易の違いばかりではなく，異文化への対応やその後の活用にも大きな違いがみられた。この違いを人体に例えて表現するなら，西アジアは陸海両面からユーラフリカ（アフロ・ユーラシア＝ユーラシアとアフリカ）大陸の物資や文化を流通させた血管（動脈・静脈）の役割を果たすと共に，多様な文化を集散する心臓の役割も果たし，さらに重要都市においては，異文化の特色も活用して新しい文化を創造する肝臓の役割も果たした文化圏であった。つまり西アジア・北アフリカという地域は，長い間世界の文化を結びつけ，その良さを発展させる世界の中心的役割を担ってきた地域だったのである。内陸アジアも西アジアと同じく内陸交易路としての役割を果たしてきたが，西アジアのように，文化の集散や新文化の形成までは起こらなかった。すなわち，内陸アジアは血管の役割は果たしたが，西アジアのように血管と心臓と肝臓の三役までは果たさなかった文化圏であった。ここに両文化圏の大きな違いを感じる。

１０．東南アジアと内陸（中央）アジアの比較

　東南アジア文化地域と内陸アジア文化地域は，直接交流が行われず，当然地名の影響もお互いに全く与えなかった。しかし両文化地域を比較すると，異質性と共通性がみられるので、両面から比較してみる。

A．両文化圏の異質性１

　異質性の１つ目として，現在用いられている東南アジアの国名の言語・語源をみると，民族系，インド系，中国系，ヨーロッパ系があり，しかも多様な由来や語源に分かれている。これは，東南アジアは一つの文化地域として扱えないほど共通性に欠けていることを意味する。また歴史上出現した王国名をみると，東南アジアの王国は"都市"の意味からでた muang, negara, pura を用いて"国家"を表現していた。さらに歴史上の王国名が今も現在の都市名と同じであるという特色も多くみられる。この両特色から導き出せることは，王国の規模は都市的，港市的レベルであったという結論である。これに加え，kampong, ban, barangay といった民族系接頭・接尾辞をみると，独立性の強い村落社会に用いられた。それゆえ国王の力は国土の隅々には及ばず，その影響力も弱いものであったと判断できる。以上のような王国であったことから，東南アジアは，周辺の文化圏に対して，地名でも政治・軍事・文化の面でも影響を与えなかったのである。ただ，例外は古の時代に小舟で移住したと推定されているマダガスカル島のマライ系地名であるが，太古の地名移動は今ここで研究対象としている文化圏の係わりとは目的が異なるので省略する。

　これに対し，内陸アジアは全ての国が遊牧民の名に由来する名称を活用しており，国名命名に対する共通意識がある。歴史上の王国名をみても，内陸アジアにはモンゴル帝国をはじめとして巨大帝国が幾つも生まれた。モンゴルの場

合は史上最大の領土国家であり，多くの部族・民族を支配下に置いた多民族の帝国であった。モンゴルの出現によって，以後の世界が一体化に向かったといえるほど世界史に大きな功績を残した。これは一種のグローバル化の先駆けであった。モンゴル帝国に限らず，内陸アジアの王国は，いつの時代でも周辺の文化圏に大帝国，大集団となって侵入し，多大な影響を与えてきた。世界史における影響力，さらに王国の規模と組織力という点では，東南アジアと内陸アジアは，全く性格の異なる文化圏であった。

B．両文化圏の異質性2

　異質性の2つ目として，都市名，地方名，村落名から比較すると，東南アジアの都市名には，異文化地域から導入した宗教地名，古代インド王国の首都名，理想的名称等が多く用いられていて，平和的な語源を持つ地名が多い。しかも意図的・積極的に受け入れている。これらの地名から受ける印象は，宗教力や権威によって国を治めようとした感覚が伝わってくる。つまり，遊牧地域のような攻撃的行動をとらなくても生きられる環境だったというイメージが浮かんでくる。東南アジア由来の地名が，周辺の文化圏に用いられていない理由の1つもこの居住環境にあったと考える。すなわち，東南アジアという地域は地味が豊かで，外から必要な物資を獲得しなくても生きられた地域だった。

　これに対し，内陸アジアには ordu "軍営"，khoto "城塞都市" の付く地名が広範囲にみられる。これから判断すると，内陸アジアは攻撃的な一面を持っていたことになる。これを裏付けるように，内陸アジアの地名が周辺の各文化圏に拡がり，今も引き継がれている。これを遊牧民の立場からいえば，農耕地から物資を得る行為は，生きるための必要不可欠な手段だった。つまり絶対的な食糧不足の地域だったがゆえに，西アジア，南アジア，東ヨーロッパ，東アジアへ侵攻を繰り返してきたのであろう。乾燥地域で生き抜くということは，生産も，略奪も，交易も同等であり，状況に応じて採らなければならない必要な行動だったのである。ここに両文化地域の違いがある。

C. 両文化圏の共通性1

　共通性の1つ目として，両文化地域は，地名からみて異文化の影響を大いに受け入れているという共通点がある。東南アジアにはインド系地名，中国系地名，イスラム系地名，ヨーロッパ系地名が用いられ，しかも主要地名にこの傾向が強い。これに対し内陸アジアには，中国系地名，ペルシア系地名，欧州（ロシア）系地名，一部だがインド系地名や接尾辞が入っている。これらの地名が用いられているという背景には，両文化圏とも他の文化圏を結ぶ交易路に当たっていたという位置的要因があったからである。

　東南アジアは海洋交易路であり，内陸（中央）アジアは内陸交易路であった。東南アジアは，交易路の他に世界中の人々が欲しがる熱帯産品を持っていたので，わざわざ出向く必要はなく，相手から東南アジアにやってくる交易だった。このように述べるのは，古代から特産品に係わる地名が東南アジアに数多く命名され，また他の文化圏の人々も，東南アジアを特産品の名称（p104～105参照）で呼んでいたからである。

　しかし内陸アジアは，人々を引きつけるだけの魅力のある商品は持ち合わせておらず，西アジア，ヨーロッパ，東アジア，インドの商品を，遊牧民の移動力によって結びつけることでその存在意義を示してきた。いわば世界文化の交流や物資交易を結合する役割を担ってきたのが内陸アジアであった。

　そうすると，一口に交易路といっても，交易の仕方に関しては全く違う内容になる。東南アジアの場合は，交易相手が向こうから来る，いわば出店（店舗）の形態をとり，内陸アジアの場合は，店を持たず，自らが物を運ぶ担ぎ商い（物流）の形態だった。そのため内陸アジアの中でも，特に交流の深さから，西域はペルシアの影響を強く受け，東域は中国の影響を強く受けたのである。

D. 両文化圏の共通性2

　もう一つの共通性をあげる。地球的規模でみて，東南アジアの役割とタクラ

マカンの役割が似ている点である。海と砂漠という全く異なる自然条件だが，地名からみれば共に結集地となり，終点となっている。

東南アジアの地名には，漢語系地名，サンスクリット系地名，ペルシア・アラビア系地名，欧州系地名が多く入っているが，これらの言語はほぼここで全ての伝播が終わっている。タクラマカンには漢語系地名，ペルシア系地名，サンスクリット系地名が入ってきたが，これらも全ての伝播はここで終わっている。またタクラマカンはトルコ系部族の生活圏だが，トルコ系地名もこれより東にはみられない。チベット系地名もこれより北にはみられなくなる。つまり，図28のようにタクラマカンを横断して拡大している地名はない。

そうすると，この両地点が地名からみたブラックホールのような役割を果たしている事になる。そして東南アジアとタクラマカンを結んだ線が，図29のようにアジア全体の文化圏の境になっている。これはまた，両地域が世界規模の思想・価値観の境目にあたるということである。

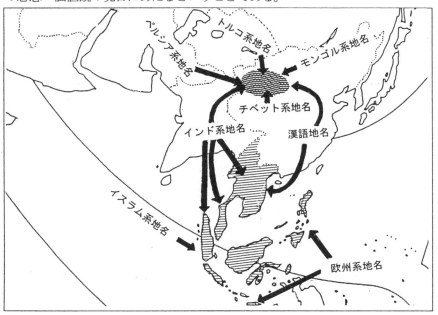

図28　地名の移動と集中地域
著者作成

第7章　アジア全域

　第1章から第5章までは，地名や国名からみた各文化地域の持つ基礎的特色と世界観を記し，第6章では各文化地域の比較考察を記した。これを一枚の図にすると，図29のようになる。この中で丸・楕円で囲った部分は，「はじめに 」の項で述べた「菓子パン」の「アン」にあたる部分で，古くから存在する各文化地域の特徴そのものである。三角で括った部分は，それらをアジア全域に広げて見渡したらどのようなことがいえるか，あるいはアジアをさらに簡略化して表現したらどのような単位に括ることができるか，という事を表したものである。第7章では，図29の内容を中心にして，簡単に説明する。

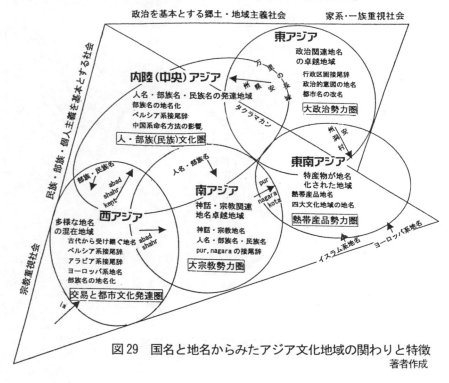

図29　国名と地名からみたアジア文化地域の関わりと特徴
著者作成

1. 一言で表す各文化地域（丸・楕円の部分）

A．東アジア

　東アジアの国名は，中国を中心に方位を意識して命名している。これが基本である。それと共に，中国国家は「殷王朝」の時代から途切れることなく続いている。場合によっては，まだ充分存在が立証されていない「夏王朝」から連続するといえるかもしれない。その理由は，「夏」は「華」と同義語で，古代には中心地を「中夏」と表現し，また漢族の名も古くは華夏族といい，名称からは連続性が読み取れるからである。世界の四大文明のうち，他の三つは古代文明と現代文化との間に連続性がないので，東アジアだけが連続性を持つ文明ということになる。都市名をみると，政治的意図を含む「安，寧，慶，昌，化，鎮」等々の好字を使った地名が多く，また市町村の接尾辞には，行政関連の「州，県，鎮，旗，郷」等を用いた地名も多い。更に政権が交代すれば，国家の主要都市名を意図的に改名する行為もみられた。このような特徴を持つ中国では，政治は全ての社会組織の中で最高の位置にあり，尊敬され，精神分野の宗教までも政治遂行のための一道具として扱う程の力を持っていた。

　周辺諸国の朝鮮半島や日本も，中国の地名命名方式を見習った。そういう意味では共通する価値観を持っている。また対外関係をみると，平和的に君臣関係を結び，「中華世界」という独特の外交と世界観を形成してきた。そこには武力行使は伴わなくても，国家関係は明確な序列をもって成り立つ世界であった。それゆえ東アジアでは，地名考察においても，中国，朝鮮半島，日本，遊牧地域と，国家ごとに考察できる特徴が生じたのである。

　当然根底にあるのは政治・国家意識の強さで，政治色のたいへん強い東アジアでは，政治色の強さゆえに，現代政治による Partition（分離，分割）が起こった。それは中華人民共和国と中華民国，大韓民国と朝鮮民主主義人民共和国の分割である。これは政治的イデオロギーの相違以外の何物でもない。そし

て分裂国家はそれぞれ統合を謳いながらも，簡単には統一の姿勢を見せていない。同様の条件下にあったドイツの場合は，民衆の意思で政治的分割より民族的共通性を優先し，東アジア文化圏に近いヴェトナムの場合は，軍事力によって国家統一を果たし，政治による Partition は放棄してしまった。東アジアは民族的対立より，政治的対立のほうが影響は大きいのである。

このような特色から，政治関連地名が他の要素から成る地名より強い影響力を持っているといえるので，東アジアを「政治地名圏」＝「大政治勢力圏」と表現することができる。東アジアは国家主体の世界なのである。

B．南アジア

南アジア（インド世界）の国名は，インドの国内呼称名「バーラト」をはじめとして，多数の国々が神話・宗教関連の名称を用いている。地名をみても，「ガンジス」「クリシュナ」などの河川名，「チョモランマ」「マナスル」などの山岳名，「カシミール」「ビハール」などの州名，「ムンバイ」「コルカタ」などの主要都市名，さらに小さな町村名にも多種多様な神話・宗教地名が普通に用いられている。人名にも「クリシュナ」「ドゥルガ」など多くの神様の名が活用されている。これに加え，宗教地名を補佐するように，全土にアーリア系の pur, nagar, kota などの接尾辞が活用されている。このような神話・宗教地名やアーリア系接尾辞の分布は，アーリア人の文化がインド世界全域に行き渡っていることを示すと共に，彼らの宗教であるヒンズー教を基本にした思想や社会制度が全国隅々にまで普及していることも間接的に示しているといえる。そしてアーリア人の宗教とそれに付随する思想や文化や社会制度のみられない地域を Mleccha "蛮族，夷狄" と表現し，文化的劣等地として蔑視する宗教的中華思想も強く持っている。さらにインド世界には政治遂行のための行政区画に当たる接尾辞も無く，また歴代の王国には年代や所在が曖昧な王国や，記録にさえ残らない王国も存在したのである。インド世界では，神話・宗教のような永遠なるものを特に重視する世界なのである。

このように，インド世界は宗教の影響があまりにも強く，現代国家形成の主要因になったが，宗教が強力だったが故に宗教による Partition が生じた。特にヒンズー教とイスラム教の対立によるインド対パキスタン・バングラデシュの分離独立は，まさに宗教の違いによるものなのである。

一方，部族名や人名も多く用いられ，さらにペルシア系の ābād と shahr も都市名に多用され，イスラム教信仰もかなり多い。これはインド世界の持つもう1つの顔である。これは，インド世界はいつの時代でも民族侵入に悩まされてきたことを間接的に物語っている。このことからインド世界は，多様性を持つ社会であると同時に，統一性の無い社会であるともいえる。ただ数から判断して，部族名や人名も，ペルシア系地名や接尾辞も，中心であるアーリア系の神話・宗教地名や接尾辞を上回るほどの影響力は持ち合わせていない。

以上の内容をまとめると，インド世界はアーリア人の文化・思想・社会制度によって成り立っているといえるので，「アーリア系地名と神話・宗教地名圏」＝「大宗教勢力圏」であると表現することができる。

C．西アジア・北アフリカ

西アジア・北アフリカの市町村名をみると，ヨーロッパ系の地名が無視できないほど多く活用されている。この他，中央アジアの地名も西アジア北部に活用されている。しかし，基本は現地語の地名であり，それはアラビア語系（現在，使用26国，公用語24国）とペルシア語系（現在，使用8国，公用語3国）である。ペルシア系地名や接頭・接尾辞は，西アジア北部を中心に内陸アジアと南アジア方面（東方）へ拡がっている。アラビア系の地名や接頭・接尾辞は，西アジア南部を中心に北アフリカや南ヨーロッパ，ブラックアフリカ方面（西方）へ拡がっている。ペルシア系地名やアラビア系地名は，共に広大な領域に広がっていて，数からみても周辺異文化地域の影響を受けた以上に周辺地域に大きな影響を与えている。これらの地名をみていると，各時代を通じて，絶えず西アジアの民族が異文化圏に出かけ，また異文化地域の民族も往来し，交流

が盛んに行われた地域柄だった様子が伝わってくる。多くの民族の往来が盛んだったがゆえに，民族の自覚が強くなり，民族・部族を中心とする思想が出来上がったと推察する。現代の西アジア・北アフリカをみても，アラブ系だけでなく，イラン系中心の国家，トルコ系中心の国家，ユダヤ系国家等といった民族主義優先の国家が生まれた。

　アラブ民族（人）をみると，当然民族意識は強いが，民族形成以前の部族主義も非常に強く残っている。その部族主義によって Partition が生じ，アラブ系国家は 17 も誕生した。独立後，アラブ系国家の連合の動きやその後の分離等の動きをみると，部族主義の強さは民族主義以上とみなければならない。

　もう 1 つの特徴として，ペルシア系の shahr 類やアラビア系の qasr や qal`a 類，misr などは，軍事行動から生じた接頭・接尾辞である。これは遊牧文化圏の特徴であり，宗教より優先される思想である。つまり民族・部族の拡大時期（イスラム教布教と重ね合わせて）は軍事力に頼ったのである。それゆえ西アジア・北アフリカは，地名からみると「軍事地名勢力圏」のような一面を持っている。しかし軍事関連地名の命名は，勢力圏の拡大が行われた一時期だけであり，それ以後は，ābād, kand 類，dar，madīnat 類，rabad 類などの非軍事関連の接尾辞が用いられた。これは，西アジアや北アフリカという地域性は，支配地拡大の一時期を除いて平和的な移動や交流が中心だったことを間接的に表している。またイスラムの布教もおおらかだった。

　以上，西アジア由来の地名の拡大，種類，特徴，さらに異文化地名の受け入れも含めて分析すると，西アジア・北アフリカ文化地域は，古くから民族や文化の交流，物資の交易が盛んだった姿が浮かび上がってくる。それゆえ西アジア・北アフリカは，「交易文化圏」と置き換えて表現することもできる。

　さらに西アジア・北アフリカのオアシスには，古代から都市が発展し，その都市の多くが現在も絶えることなく存続している。都市の発生年代をみると，「イラン」「アラブ」「トルコ」といった現在の民族の骨格が形づくられる以前から存続している都市が多い。さらに都市の語源は，今は存在しない古い時代の部族言語からできている名称も多い。これは支配民族が入れ替わっても，都

市が西アジア・北アフリカの発展を担ってきたことを示す証といえる。つまり，都市に文化や宗教が生まれ，さらに異文化も入り，それらを融合して更に新たな技術や文化等を創造し，交易路を通して世界各他に発信してきたのである。以上の内容から，西アジア・北アフリカは「都市文化圏」であると表現することもできる。

　結論として，この2つの要素を併せ，西アジア・北アフリカは「交易と都市文化発達圏」であると表現することができる。

D．東南アジア

　東南アジアは，現在の国名をみても，歴史的な王国名をみても，文化地域全体の柱になるような地名は見当たらない。先住民独自の接頭・接尾辞をみても"村"を表すkampong, ban, barangay等の有力なものはあるが，全域にまたがる接頭・接尾辞はみられない。また"都市"を表す接頭・接尾辞のnegara, nakhon, pura, chiang, bandar などは，異文化地域の接尾辞を直接使用するか，変形させたものであるが，これらも東南アジア全域に活用されているものは1つもない。当然導入されたインド系地名や中国系地名，更にイスラム関連地名やヨーロッパ系地名は，どれも文化圏全域に共通する地名にはなり得ていない。見方を変えれば，このような多様な地名を導入している東南アジアは，宗教・思想・文化・技術等，多様なものを四文化圏から受け入れ，うまく生かしてきた地域だったと述べる事もできる。

　では，東南アジア全域に共通する地名が存在しないのかと言えば，使用密度は高いとは言えないが，図19のように，「マニラ」「バンコク」「マラッカ」など，特産物や熱帯産品に関する地名が，ほぼ全域に命名されている。しかもこの名の由来言語は現地語である。つまり現地の人々が自然に名付けた地名なのである。現地語による熱帯産品由来の地名に加え，古代のインドでは東南アジアを「スバルナドヴィーパ」「カルプーラドヴィーパ」「タコーラ」などという特産品名で呼び，ヨーロッパも現在のマルク諸島を「スパイス諸島 Spice

Islands」などという産物の名称で呼んでいた。このような地名をみると，現地の人々も異文化地域の人々も，東南アジアは熱帯産品の一大拠点であるという事を古くから認めてきたことになる。

　以上のことを総合すると，東南アジアは自他共に認める「特産物地名圏」＝「熱帯産品勢力圏」であると表現することができる。

E．内陸アジア

　内陸アジアは，独立国の「モンゴル」「カザフスタン」「ウズベキスタン」「キルギス」「タジキスタン」「トルクメニスタン」の全てが部族・民族名を国名としている。王朝・王国名をみても，東域では「匈奴」「柔然」「契丹」「蒙古」などが興り，西域では「キプチャク・ハン」「エフタル」「カラ・キタイ」などといった部族・民族名の王国名が興った。また自由な遊牧活動が行われていた時代（ロシア支配下以前）は，遊牧民は国家を ulus や il "部族の衆，部族集団国家" と表現し，部族や民族の連合体であることを表明してきた。

　もう1つは，西域を中心に人名が大変多く用いられているという特色がある。集団や部族の代表者，国家建設の功労者といった個人名がそのまま王国名に活用された。そしてそれが「ウズベク」のように民族名にまで発展した例もある。

　内陸アジアは遊牧中心の世界で，ここでは領土支配意識より，民族・部族・人の支配意識が強く，民族・部族・人をどのように統率するかということに神経を使ってきた事がうかがえる。つまり領土といえば，土地では明確な範囲の規定が無く，支配下部族の住む場所や生活空間がそのまま領土とみなされていたということになる。この点が農耕文化地域との決定的な違いである。

　農耕地域のように領域範囲が明確に規定され，領土支配の重要性を意識するようになるのは，ロシアの支配下に入り，農地開発が進み，さらに地下に眠る資源の重要性が見直されてからのことである。

　そうすると，内陸アジアは「人・部族・民族地名圏」＝「人・部族・民族文化圏」であると表現することができる。

2. 特色・価値観から分類するアジア（直線の部分）

A，政治，文化，家系・郷土を重視する地域

a)．政治重視地域

　中国では，為政者は天が認めた権力者であるとし，崇拝の対象とされた。この為政者（中華王朝）が直接支配した異民族地が，その後どんどん漢民族地化していった。そして漢民族化した地域が政治を最重視する価値観の地域になったのである。さらに中華王朝と交流した周辺諸国も，中華王朝の政治的・文化的影響を受け，政治を重視する地域となった。

　最初に，政治重視地域を形成と拡大からみれば，中原と呼ばれた黄河流域のみが華夏族（本来の漢民族）の地だった。華夏族は文化が高く周囲から尊敬された部族であった。秦王朝はこの価値観を大いに利用し，中央集権制度を採って支配下に置いた異民族地を中華と同等の地域とみなす政策を採り，抵抗する異民族をうまく支配した。これは異民族の漢民族化であった。その結果，中華領域も一気に華中，華南，西域回廊方面に拡大したのである。第二に，政治重視思想の浸透政策を地名からみると，中華王朝の支配した異文化地域に，権力と威厳を誇示するために，漢字による多様な政治関連地名を命名した。その結果，異民族地も政治優先の漢字地名圏に入り，地名の増加と共に異民族の漢民族化が浸透していったのである。第三に，政治重視思想の定着・発展を宗教活用の例からみれば，為政者が巨大仏像を造らせ，国家の安泰を願った。これは国家権力による宗教（精神面）の統制であった。この他，玄奘のインド留学の禁止，鑑真の渡日禁止などの沙汰も国家権力によるものであった。日本でも国分寺や大仏の建立，宗派祖師（法然，親鸞，日蓮）の流罪，キリスト教の禁止等，これらも正に政治による宗教統制であった。このような政治優先政策は，行政，地名命名，宗教の統制等々あらゆる手段を使って成し遂げられた。その結果が，今の政治重視思想地域の形成となった。仮に王朝が民衆から尊敬され

ず，政治権力が弱かったなら，異民族地は言うに及ばず，漢民族内だけでも複数の国家が誕生していたと推察する。中国の強大な政治権力が巨大国家を誕生させ，民族も文化も宗教も発展させてきたのである。中国は価値観の異なる遊牧国家との武力抗争こそ幾度も行なったが，同じ中華世界内での国際交流は，世界のどの文化圏よりも平和が続き，その期間は数千年に及んだのである。

b)．高い文化重視地域

　中華世界に属する地域の人々は，高い文化に敬意を払った。高い文化を学ぶ意欲はどの文化地域でも強いが，特に中華世界の国家は特別である。それは隣国や異文化地域の文化が高ければ，自国の文化と入れ替えてでも導入する積極性を持っていた。この点が他の文化地域と異なるところである。例えば，律令制度は隋や唐の制度だが，中華王朝の強制や指示が無くても，周辺諸王国（日本，朝鮮半島，ヴェトナム）は積極的に律令制度を自らの意思で導入して国内改革を行った。また中国で，仏教が国家や人々をまとめるのに都合が良いと判断すれば，自国の宗教（儒教，道教等）があっても積極的に導入し，また更なる仏教研究のため，高僧（玄奘や義浄）らは自らの意思でインドに出かけ，仏典等を持ち帰って中国社会に取り込んだ。日本も同様で，中国に出かけて仏教を学ぶと共に，高僧（鑑真）の来日を頼んだ。さらに明治時代には欧米文化を進んで導入した。これらはすべて異国の高度な文化を積極的に導入した好例である。同様の事が現代でもみられた。それは中国，朝鮮，韓国は，日本を敵視しながらも，国家表現に「人民共和国」「民主主義人民共和国」「民国」という和製漢語を用いた。この国家表現も先進文化の導入の範疇といえる。このように歴史をみても高い文化を重視した事例が少なくない。この奥には，文化の高さを尊敬する価値観が人々の心に強く浸透しているからだと推察する。

　このような高い文化重視に当たって，重要な役割を担ったのは，漢字ではなかったかと考える。表意文字である漢字は，言葉が通じなくても，漢字さえ覚えれば意味は理解できる。また中国語を使わなくても，自国語にも応用できる。漢字にはこのような特殊な機能が備わっている。漢字は，地域性，民族的特長を残しながら高い文化を発展させる要因を含んでいるのである。

c). 家系（一族宗家）・郷土重視地域

　世界のどの文化地域（圏）でも，一族や地域集団を大切にする。このことは不変である。しかしそれにも程度の差はある。地域集団や一族集団が国家形成にとって途轍もなく大きな力となっているか，国家形成には血族や部族・民族集団の方が大きな力となっているか，地域差が感じられる。

　中国では，王朝名には封土名か出身地名を用い，また地方王国名には以前の有力王朝名か由緒ある王国名を何度も借用した歴史がある。この背後には郷土や名声，権威重視の思想が強く浸透しているからだと考える。また「家」のつく地名が各地にみられるが，「家」は一族を表している。逆に一代限りの個人名は用いられていない。以上の背景から考えて，個人より先祖を含めた一族を重視する思想や伝統重視思想が強いと推測する。個人は一族の中の一人という捉え方であり，東アジアでは重要な価値観の一つとなっている。

　実際，一族集団や地域集団は，何かにつけ共同行動をとってきた。例えば海外で活躍する中国系の人々は，「郷幇」"出身地の地縁集団"や「業幇」"職業的連帯集団"という組織を結成して，お互いに助け合い，協力して発展している。これは古代からみられた中国人の生き方であり，現在も変わらず引き継がれている。そして個人は，出身地集団，同業者集団，一族集団に身を委ねる価値観を持っている。以上のことをまとめると，「一族宗家重視主義＝家系重視主義」と「地域重視主義」の思想が特に強い社会であるといえる。これらの思想は，他の文化圏では中華世界ほど重視されない価値観である。

　これを国家に当てはめて考えると，この価値観は漢民族思想の中心を占めていると感じる。その理由は，中国語と言っても，漢民族の居住地の華北〜華南だけでも，9種類の話し言葉[75]があるという。これが欧州なら，少しの違いでも分離独立の方向に進む。しかし漢民族内に分離独立の動きがあるという話は聞いたことがない。12億の漢民族が，風土，言語，食文化，生活習慣等々に大きな違いがあるにもかかわらず分離独立を求めないのは，漢字と政治思想を共通とし，国家に対しても一族主義や同郷・同族意識と同様の価値観を持ち，自己主張より漢民族の1人という意識を強く持ち続けているからだと考える。

B，部族・民族，宗教，個人を重視する地域

a)．部族・民族重視地域

　内陸アジアの国名・王国名は，部族・民族，人名地名圏であるといえるほど部族・民族名や人名が多い。南アジアや西アジア・北アフリカにも，部族・民族名を用いた国名や王国名，人名を用いた王国名や都市名が多い。東南アジアの一部にも部族名がみられる。これは特定の部族・民族によって国家が形成されたという歴史背景があったことを意味する。そして強大な部族・民族は，周辺の弱い部族・民族を支配下に入れ，時代と共に同化し，巨大な部族・民族集団を形成していった。部族・民族の力が国家形成に行き着いたといっても良い。部族・民族の中で，民族名のほうが国名や王国名に用いられることが多いが，実際の行動や思想の基本は部族にある。更に北西のヨーロッパをみると，部族中心主義となり，民族主義はほぼみられなくなる。そして部族や民族をまとめあげ，強力な集団を築いたのは有能なリーダーであった。リーダーの才覚によって国力は大きく変わった。それが地名，王国名に残されている。

　このような地域は，部族・民族の血を受け継いでいるという自負心が強い。そしてこの価値観の地域には，「家系主義」「一族主義」思想より，むしろ「血統主義」「個人重視主義」思想を優先する思想が強いと判断する。

b)．宗教重視地域

　そもそも宗教は，自然への畏敬，社会や人生の不安など，全ての人々が必ず持つ普遍的な感情から生まれると考える。つまり全世界で宗教は生まれるのである。特に，南アジアと西アジア・北アフリカに，世界の三大宗教や多様な民族宗教が生まれた。当然この地域には宗教地名が多く命名された。宗教地名の多さは，それだけ人々の日常生活や社会慣行に宗教が大きな影響を及ぼしてきた事実を間接的に表している。国名を使ってこの背景を示せば，南アジアの神話・宗教関連の現国名は，宗教の違いによって国作りが行なわれた事実を示しているし，またイスラム世界でも，国名の一部に「イスラム」を付ける国家はイスラム教の強い影響力によって国家が成り立っている事を示している。

当然この地域では，宗教は部族や民族や国家の枠をはるかに超えており，一国家や一民族で宗教を論じ，左右させる事など不可能な存在となっている。
　一方で，個人主義や自由主義や合理主義といった欧米の価値観も入ってきて，これも国家の枠を越えて広まっている。宗教重視地域では，宗教的価値観と欧米の価値観との相違や対立が，今の紛争の主原因の１つになっている。
　最後に現代社会の背後にある宗教の特徴を，地理学的見地から述べてみたい。

㋑　世界宗教（仏教，キリスト教，イスラム教）と民族宗教の違い

　世界宗教は，一神教であれ，多神教であれ，人間界の集団全体の規律や生き方を重視した教えを説いている。と同時に，個人の心の中にも入り，個人を救う教えも説いている。つまり宗教活動そのものが人々の生活や社会との関わりで成り立っている。現在，世界には宗教地名が多いが，これは宗教がいかに人々の生活や社会に根付いてきたかを証明している。そしてその教えは，どの民族にも受け入れられる内容となっている。ただイスラム教の場合は，発生当初から，布教活動・社会活動・政治活動・軍事活動は一体という特徴を持っていたため，宗教と政治・軍事が結びついた活動が現在も行なわれるのである。
　これに対し民族宗教（ヒンズーの神々，ギリシア・ローマの神々，日本の神道等々）をみると，神々は自然の中に存在し，宇宙を支配し，超能力を持ち，超人的であり，国や民族や都市を守り，人々には自然から生じる御利益（場合によっては害）を与える。それゆえ人々に信じ続けられ，神名は古くから地名や名称に用いられてきた。しかし個人の心の中に入って，それぞれの悩みを聞き，救いの手を差しのべる性格の神ではない。このような特徴からみて，民族宗教は，自然への畏敬や民族・部族・都市保持のために，これらを神への信仰という形に変えて成立したものと考える。ただ環境の違いは大きく，社会背景や考え方も異なり，どの民族にも受け入れられる神とはならない特長を持つ。

㋺　一神教（イスラム教，キリスト教）

　"これ以外に神なし" "人は神によって救われる" という思想の一神教について述べる。一神教は乾燥地域で生まれた。乾燥地域は生きる事自体が厳しい環境である。多様な人々の協力なしに乾燥地域で生き抜く事は誰もできない。

つまり多様な意見を受け入れていては生きられないのが乾燥地域であり，当然一定の規制も要求も必要となる。例えば，イスラム教には義務のザカートや自発的なサダカ（共に喜捨である）と呼ぶ一種の救貧税がある。また同じ西アジアの乾燥地域で生まれたキリスト教にも救貧税がある。この税は，余裕のある者は貧しい者を救う義務があり，厳しい環境を共に生きる（総合扶助）という価値観を最重視している。共に生きるという裏には，人間は平等という考え方がある。つまり乾燥地域では，平等であるはずの人々が困っていれば，救うのは善であり，救わないのは悪であるという絶対的な価値観となっている。これは乾燥地域に生きる人々の辿りついた最終的な知恵であり，それを宗教という普遍の力で拘束している。善か悪かという一神教の絶対的な考え方は，乾燥という厳しい自然環境が育んだ宗教観であると考える。宗教は，生きるための教えであり，社会的規制でもあった。それゆえ布教・拡大・保護のためなら武力行使もいとわない性格も併せ持つ。イスラム教の拡大方法やキリスト教徒による十字軍の遠征等の歴史的事実をみると，このことが良く理解できる。

(ハ) 多神教（仏教）

世界宗教である仏教は多神教であり，熱帯・亜熱帯の湿潤地域で生まれた。雨季には一帯が水浸しになる湿潤地域は，あらゆる面で多様性に富んでいる。生活環境が多様であれば社会も多様で，生き方・考え方も多様である。このような環境や社会に暮らす人々には，唯一絶対という規制思想は馴染まない。仏教はバラモン教の信仰される社会で生まれたが，バラモンの社会には既に環境に即した多くの神々が信仰され，様々な見方や価値観があり，多くの身分社会に分かれていた。そういう社会にあって，人の平等，人としてあるべき姿，悟りにいたる心構え，永遠なる真理などを説いたのが仏教である。仏教は，一神教のような"規制と共生"の宗教とは根源が違い，多様性を尊重しながら，人々の心に受け入れられる教えに専念した宗教であった。その特徴から，欧米人から仏教は"神を持たない宗教"と評され，一神教とは次元の異なる見方をされることが多い。仏教は，主に環境に多様性のある東方地域の人々に広まっていった。自然に受け入れられたのだろう。当然の事だが，仏教は一神教のような

武力や政略,または移民によって布教するような活動はとらなかった。仏教は教えに専念し,説法だけで広まった宗教なのである。

しかし今,世界を見渡すと湿潤地域を含めた全世界に一神教が信仰されている。一神教は,完成した形で教えを伝え,武力も政治力も布教活動と同時に活用した。そうなると人々の心に入り,環境とは無関係に信仰されるのである。

c), 個人主義重視地域

地名からみた個人主義の価値観の推移に視点を当てるなら,東から西に向かって「国家主導主義」(政治優先)地域→「民族・部族優先主義」地域→「個人重視主義」地域へとその中心思想が変わっていくように思える。個人主義重視地域は,地名では中央アジア,南アジア,西アジアから始まって,西方ほど強くなる。ここではヨーロッパやアメリカは扱わなかったが,ヨーロッパも個人を重視する価値観が強い。そしてヨーロッパの派生社会であるアメリカ社会は,個人主義思想が最も強い世界となっている。南アジア,西アジア・北アフリカ,ヨーロッパの個人重視主義は,いわば集団の中での個人重視であり,集団を導く役割を果たす目的が強い。これは現代社会で一般に用いる個人主義(本人自身の権利)とは少し趣が異なっている。

近代以降のアメリカ社会では,最初はリーダー(ヨーロッパの王族,貴族,探検家,新大陸の大統領,政治家,軍人)の地名化であったが,後には一般人(酋長,鉄道会社社長,郵便局長,娘の名等)まで地名化の対象にした点に特徴がある。アメリカ社会は世界の民族・部族の集合地であり,いわばサラダボールのような社会であった。それゆえ人名の地名化には,旧大陸では見られなかった特徴が生じた。この命名背景には,開拓民が自分の力だけを信じ,自分の権利は自分で守りながら未開地を開墾していかねばならなかった歴史や,言語も習慣も文化も価値観も異なる人々が世界中から入植して来て,同じ場所で生き抜くために,独自の個人主義思想が生まれたと推察する。つまり国土開発の歴史過程で,アメリカ式個人主義(個人中心)思想が形成されたといえる。アメリカ社会は,開拓時から既にグローバル社会(人種のモザイク)だったのである。現在世界を風靡しつつある個人主義は,アメリカ型の個人主義である。

3．二つの価値観の境

　中央アジアのタクラマカンには多様な言語地名がみられる。トルコ系地名，漢語系地名，ペルシア系地名，インド系地名，チベット系地名である。これらの言語はどれもタクラマカン砂漠を横断して用いられていない。タクラマカンは，シルクロードとして四大文明圏を結ぶ交易ルートだった。交易とは一般には物資や異文化を運び伝える役割を持つ。しかしタクラマカンに地名を吸収する特色がみられるということは，交易は単なる運び屋ではなく，別の役割も担っていたのだと思えてくる。四大文明圏は，自然環境の違い，生活スタイルの違い，文化の違い，価値観の違い，宗教観の違い等々が存在する。そうすると，そのままの状態で運んでも輸入相手に全て適合するはずがない。つまりタクラマカンまで運ばれてきた物資も文化も思想等も，輸出地域特有のものは一旦ここで終わりを告げ，ここから先は輸入先に見合うものや，必要とされる形に変えたものが伝えられたと考える。これが交易の役割だった。

　似たことが東南アジアにも当てはまる。先住民言語地名の他に，インド系地名，漢語系地名，イスラム系地名，欧州系地名という四大文明圏の地名が活用されているが，東南アジアを通り越して用いられていない。東南アジアも交易ルートだが，シルクロードのような運び屋とは違い，出店のような役割であり，フルイの役割を果たした。つまり東南アジアは，独自色の強い各文化地域特有の灰汁（個性）を吸収するフィルターの役割を果たしたのである。

　これを地球的規模の文化に当てはめると，タクラマカンと東南アジアを結ぶ線が境目となって，アジア全体の変更地点，さらに世界レベルの価値観や思想体系の変更地点になっていたと推察する。例えば政治・文化重視思想と宗教・民族重視思想，集団重視思想と個人重視思想等々の変更地点である。このような場所は2つ以上の異なる世界文明の境目にあって，異文化受け入れに寛大な場所，自然環境で言えば砂漠や熱帯雨林という人々を寄せ付けない場所が好都合だったのではなかろうか。

おわりに

「はじめに」の項で、文化地域（圏）を理解しやすいように菓子パンに例えた。ここでは文化地域の持つ根源的なアンの部分（文化地域のDNAにあたる）を考察すると共に、各文化地域の比較考察も行ってみた。結論として、各文化地域の人々の生き方、価値観、宗教観、国家観等々には違いがみられたが、それを更に突き詰めれば自然環境や地理的位置の違いが背景にあった。そしてそこで暮らす各地域の人々は、その違いをうまく生かしながら独自の文化を築いてきたことが理解できた。またその足跡が国名・地名に引き継がれていた。

このような歴史的背景の下で育った現代社会だが、特に第二次世界大戦後は、全世界が欧米流の自由・平等、個人主義、民主主義、経済優先主義等々を正義とするグローバル化に巻き込まれ、世界中を欧米風の価値観で、しかも一律化した価値観で捉える思想が主流となった。その結果、現代のグローバル化は正の方向にばかり導いたとは言い難く、負の問題も残す結果となった。

まずグローバル化が正（成果）の方向に進んだという立場からみるならば、国家数の急増があげられるだろう。現在国連加盟数は193カ国であり、第二次世界大戦直後の加盟国が51カ国であったのと比べれば、大変な数の増加である。国家数の増加は、政治的に諸民族・諸部族の権利が認められたことに繋がる。もう1つ、国家間交流でいえば、数カ国の話し合いによる連合化、集団化が進められたことである。これは現代のヨーロッパが好例である。ヨーロッパは歴史上絶えず隣国との戦争を繰り返し、45カ国も独立国がひしめきあう部族国家の文化圏となったが、戦争の反省から、第二次世界大戦後は経済協力を御旗に集団化の動きが出てきて、それが政治的結合へと進み、今ではヨーロッパの6割に当る28カ国が加盟するEUへと変貌を遂げた。その後加盟国間に戦争は一度も発生していない。東南アジアでも集団防衛のための結束が出発点となってASEANを結成した。ASEANはEUと比べてゆるい集団化である。独立当時は東南アジアも熱帯アフリカも同じレベルに映ったが、今や180度違

う発展地域に変わった。ASEAN内でも国家間の戦争は発生していない。ではこのような連合化・集団化にはどのような利点が生じたのかといえば，それは各国の話し合いの重視，大国も小国も尊重，市場の拡大による経済発展，領域内の諸国家との文化交流や文化協力，共同行動等々が行なわれた。そうすると，そこから相互理解や新たな同胞意識が生まれ，領域外からの圧力に対する安全保障の面でも威力を発揮した。すなわち武力ではなく，共同行動，交流や協力体制，相互理解優先の思想が平和を構築する正の要因になったと考える。

　逆に，現代のグローバル化を負（課題）の面から述べるなら，現実に起きている各地域の紛争があげられる。紛争は一部の有力な部族・民族の権利や利益を認めた事と引き換えに，弱い民族・部族の権利や利益を蔑ろにしてきたところに問題の所在がある。具体例を示せば，パレスチナ難民，分割されたクルド人の統一独立行動，ウイグル人やチベット人の反中国の動き，各国における少数部族の反政府闘争や独立闘争等が挙げられるだろう。もう1つ挙げれば，長年培ってきた地域特有の生き方や価値観や宗教観等といった独自の文化を，グローバル化の御旗によって一律化し，個性や価値観を蔑ろにしてきた事による混乱もこの範疇に入る。例えば，西アジアや北アフリカの乾燥地域における生き方，すなわちイスラムの教えに基づく政教一体の理論や制度，イスラム社会における共生の思想や共同行動，このような価値観が欧米の思想によって軽視され，個人主義，自由主義，経済優先主義あるいは部族中心主義等々がまかり通り，イスラムの伝統的価値観が大きく崩された。事実，1つにまとまっていたアラブ民族は，ヨーロッパが係わってきてから部族主義が優先されて17カ国もの独立国に分かれた。領土・民族分割である。この分割が国家間対立，国内対立，宗教対立や宗派対立へと進み，今では地域の人々の命や乾燥地域で生きるための伝統的価値観まで危うくしている。これらは負の側面である。

　現代のグローバル化，すなわち現段階の国際的思想や価値観だけでは克服できない事が多々噴出してきた。国際化・グローバル化の真っ只中にいる現在，国家間の総合理解や協力関係，弱小異民族尊重や異文化理解等々をもう一度見つめ直し，再検討する時代に入ったといえるだろう。

注

1) 「アジア」とはアッシリア語の asu が語源で"日の昇る方"すなわち"東"を意味する。これに対し「ヨーロッパ」は asu の対語で，ereb "日の沈む方"すなわち"西"を意味する。エーゲ海東岸あたりを境に用いられたものといわれる（Adrian, 1974, p37, p87）。

2) 『史記』は前漢時代の司馬遷の歴史書で 前90年ごろ成立，2千数百年の通史。この中で「中華」とは四瀆の地とある。『史記』巻三 殷本紀第三に，四瀆を 「東為江，北為済，西為河，南為淮，四瀆已修万民有居」と記載している。四瀆とは，今の黄河，済水，淮水，長江の四大河川に挟まれた 地域を指した。

3) 「夷狄」の中で，方位では「東夷，西戎，南蛮，北狄」， 数では「九夷，八狄，七戎，六蛮」などと表現し，中華に対して蔑んだ。なお 最初に「中華」をうまく政治に利用した秦の領域は本来西戎（夷狄）の地であった。

4) 「朝鮮」の名の使用は「檀君朝鮮」が最初であった。しかし明の時代は「檀君朝鮮」の時代があったのを知らなかったので， 次の「箕子朝鮮」の時代が最も古いと思い，明が「箕子朝鮮」に因んで与えたという。

5) 『旧唐書』 巻一百九十九上 列傳第一百四十九上 東夷 日本 に次のような文章がある。「日本國者，倭國之別種也。以其國在日邊，故以日本為名。或曰‥倭國自悪其名不雅，改為日本或云‥」。

6) 呉晗の『朱元璋伝』（1991, p.141）に「歴史上的朝代称号，都有其特殊的意叉。大体上可以分作四類，第一類用初起的地名…，第二類用所封的爵邑…，第三類用当地的産物…，第四類用文字的含叉…」と記している。

7) 『元史』巻七本記第七世相四。また『易教』にも「大哉乾元，萬物資始‥」（乾元は天の道，万物化成の根源を意味する）とある。

8) 『朱元璋伝』に「大明的意叉出于明教．明教本有明王出世的伝説」とある。

9) 華厳経の菩薩品第二十七に 「東北地方に菩薩の住處あり，清涼山と名付け，過去の諸々の菩薩常に中に於いて住みしき。 かしこに現に菩薩あり，文殊師利と名付け・・・」とある。「文殊師利 Manju suri」は"満州"の語源である。

10) 「漢」とは，"水の流れていない川" すなわち"天上の銀河"を表す象形文字から生じている。 使用された国の数をみると「前漢」「後漢」「蜀漢＝三国時代」「漢＝前趙」「成漢」「後漢＝五代」「南漢」「北漢」「漢＝元末の陳の政権」の9カ国が存在した。

11) 『後漢書』巻八十五 東夷列傳第七十五 にもこれを補う内容の「勾麗一名貊（耳）」，「勾麗別種因名之小水貊」という記載がある。

12) 「渤海」，中国東北地方に興った王国は，はじめは「震国」"東方の国"の意味（アジア歴史事典8-p.310）と名乗ったが， 712年に唐から渤海郡王に封ぜられた事に因んで「渤海」と改名した。郡名は 渤海という海の名に由来し，その海の名は 夏・商の時代に中原の発族が海岸地帯に移住したことから生じた。「発」の音は「渤」と同じで"発族の海"の意味になる（世界

13) 『北史』巻九十四 列傳第八十二に 百済「初以百家済因号百済」"多くの家が集まるから「百済」をとった"とある。 しかし金沢は"貊族の国"の意味と説く。
14) 『皇明世法録』奨順代畔五 巻八十 套虜琉球に「或云於古為流虬地界万濤蜿蜒若虬浮水中因名後伝謂之琉球」という記載がある。
15) 『朱元璋伝』に「第三類用当地的産物, 如遼（鑌鉄）, 金…」とある。
16) 「金」の名の起こりの阿什（＝按勒赤喀）は女真語で"黄金"を指す。
17) 『大漢和辞典』等によると, 「村」"いなか", 「家」"数件の家, 家系", 「子」"小村", 「房」"家屋, 住家", 「集」"集まった家", 「荘, 庄」"荘園, 領地", 「場」"場所", 「墟」"市場の村", 「「里」"故郷, 住まい", 「郷」"いなか, 村里", 「屯」"軍の駐屯地", 「営」"兵営", 「城」"城壁", 「堡」"砦", 「関」"関所", 「店」"店屋, 宿屋", 「舗」"店屋", 「廠」"工場", 「站」"停留場", 「津」"渡し場", 「橋」"橋付近の集落", 「浦」"水際の地", 「口」"入り口" などが接尾辞として用いられている。
18) 『中国的地名』に寄意地名是以善良意義或吉祥語詞構成其專名部, 寄以主観願望和旨趣的地名。例如 安寧, 長寿, 興隆, 保靖, 遵義, 崇徳, 彰化, 博愛, 和平, 互助之類, 為数甚多とある（中国歴史・文化地理図冊より）。
19) 『中国的地名』に這些地區的開発較遅, 希望其文化能向中原看齊, 於是出現很多以「化」為名之地, 如開化, 昌化, 歸化, 懐化, 承化, 興化之類 （中国歴史・文化地理図冊より）とある。
20) 『朝鮮総督府調査資料代三十八輯―朝鮮の集落―』
21) 『朝鮮王朝実録』世祖大王実録巻八に「野人倭人倶為我藩籬倶為我臣民・・」とある。他にも世祖大王実録巻四十五に「況我殿下即位以来, 徳洽仁深,・・若野人若日本若三嶋若琉球國, 四夷皆來庭焉」と記している。
22) 1949年に制憲議会で国内呼称名は「バーラト」, 対外的に「インド」を国名とする案を採択した。
23) ドラビタ語族の人々（南部）はアーリア系の人々と異なり, ラーバナこそが英雄で, アーリア系の ラーマは卑劣であるとする逆転の考え（思想）を持つ。それ故国名に用いられた。
24) インドムスリムには, 侵入者自身（征服王朝の侵入家臣団）とインド世界での改宗者がいる。改宗者にも2種あり, 1つは低カーストやカースト外の改宗者（貧農, 職人層）で, これが圧倒的多数を占める。もう1つはとわずかな工業資本家が多い（石田, 1971, P.152pより）。
25) 各聖地とは 4つの神領, 7つの聖都, 3つの祖霊地, 51の母神坐所をさす。
26) カースト cāsto の語源は, ポルトガル語のカスタ casta に由来し, ポルトガル語のカスタは ラテン語のカストゥス castus に由来し, "家柄, 血統"を意味する。インド世界のカーストと言えばバルナとジャーティーを指す。バルナ varna は"色"を意味し, ジャーティー jāti は "生まれを同じくする者"を意味し, 集団を指した。この他アウトカースト（カーストに属さない低身分）があり, ヒンズー語で アチュート achut（不可触民）と呼ぶ。

27) ガズニー朝の侵入に従ってインドに来た人物。その著書インド誌の一説に記載されたものより引用（下中, 1984, p. 387）。
28) ヒンズー社会では，生まれた時に与えられた階級は死ぬまで同じである。権力者になっても，金持ちになっても，善行をしても，悪行をしても変わる事は無い。これは現在のイスラム教国家のパキスタンでも，バングラデシュでも同じである。ただ日本のような，インド世界の外に出れば差別は無い。
29) 『周書』巻五十列伝第四十二　異域下に「突厥者, 蓋匈奴之別種, …居金山陽, 為茹茹鉄工。金山形似兜鍪, 其俗謂兜鍪為「突厥」遂因以為號焉。」とある。
30) 「ペルシア Persia」とは，ファルス Fars に ia "地方，国" をつけた名。Fars はサンスクリット語のパルサ parsah "馬" が語源である。
31) 以前，「Trucial Coast」"休戦海岸"，「Trucial Oman」"休戦オマーン" と呼ばれた。
32) イギリスは，名門のハシミテ家の第3子ファイサルをイラクの国王に，第2子のアブドラーをトランスヨルダンの国王に据えた。
33) 古代は アラム Aram "アブラハム" または "高地" の意味とよばれた。イスラム以降はエッシャーム Esh-Sham "北（左）" とよぶ。
34) バビロニアやアッシリアではエジプトをミスリ Misri, ヘブライ語ではミスライム Misrajim "境界" と呼んだ。現国名「ミスル」はこの名に由来するという説もある。ただ現在の呼称名「ミスル」はカイロの正式名ミスル・アル・カーヒラ misr al Qahira "勝利者の軍営都市" に由来するとみた方が妥当と思われる。その理由は，カイロ（初期フスタート）はイスラム支配時に建設された軍営都市であり，拠点であった。のち統治拠点を中心に国家が形成されたからである。また現在の北アフリカ諸国をみても，拠点都市（モロッコ, アルジェリア, チュニジア）を国名に当てる特徴を持っている。
35) 古代，国土はケミ Kemi, ケムト Kem-t "黒い土の国", 或いはバクト Baq-t "オリーブの国" などと呼んだ。また時代によって，下エジプトはメフ Mehu "パピルスの国", 上エジプトはシェマウ Semau "灌漑用水路網の国" と呼んだ。なおプタ神とはナイルの泥から人や動植物など全てのものを創り出す創造神であり，最高神であるという。それゆえ都も "プタ（プタハ）神の居所" ＝ギリシア語で「アイアギプトス」＝「エジプト」とよばれた。
36) 「トリポリ」"三都市" の意味の名は，フェニキア支配時代に3つの市「レプティス・マグナとオエアとサブラタ」があったことからその名が生じた。
37) 「シュメール」は，キエンギラ Kiengira がケンギル Kengir に，さらにシュンギル Chungir, 次にシュギル Shugir, 最後にシュメール Sumēr と変わった。チグリス・ユーフラテス下流域の湿地, 沼沢地を指した名。
38) 旧約聖書には Hitte, エジプト人は H-t, バビロニアやアッシリアでは Hatti と呼んだ。
39) ペルシア語 khor "太陽" と zemi "土地, 国" で "太陽の国" の説もある。
40) 楔形文字で ka "門" dingir "神" ra "の" ki "場所" と記されていた。これをヘブライ語訳して bab "門" el "神" と表現した。

41) "所有されたもの=奴隷"を意味し，トルコ系などの白人奴隷を指す。
42) Ābād は "人の集まる所，集落地，村" を語源とする。これが発展して "町" を指し，現在は大都市にも用いる。古い語根を辿ると "水" を ab というので，アーバードは "水のあるところ" を指す。ちなみに "水のないところ" はビーアーバーンという（黒柳，2002, p. 2 ほか）。
43) Shahr 類は "支配するところ" を語源とする（黒柳，2002, p. 1056 ほか）。Sahr "市，都会" に stan "地域" を付けた Sahrestan は "郡" を意味する。
44) Kand 類は "掘られたところ" を語源とする。"ābād より一段低く掘った場所" を指す。郊外との境にできた集落（黒柳，2002, p. 1403 ほか）。
45) Stan は，語源的には "神様のいるところ" を指した言葉からでたもの。今は "地域，国" の意味が強くなった（Words and Places, 1882, p. 332 ほか）。Stan は印欧祖語の sta "〜が多い場所" に関連した語ともいう。
46) ペルシア語は，イラン，アフガニスタン，タジキスタン，アゼルバイジャン，パキスタン，ウズベキスタン，バーレーン，イラクの 8 カ国で使用されている。公用語として使用しているのは，イラン，タジキスタン（タジク語），アフガニスタン（ダリー語）の 3 カ国である。
47) Qasr 類や hissar 類は，語源的には "取り巻くもの" "ブロックされたもの" を指す。"砦" 特に "王宮の特徴を備えている砦" を表す（J・Bartholomew, p. 1）。
48) Qal`a 類は "砦" "防衛" を指すが，Qasr 類と共にラテン語→アラム語→アラビア語へと入った（J・Bartholomew, p. 3 ほか）。
49) Madīnah 類は "支配権の及ぶ場所" を意味し，ma は "場所"，dyna は "支配権" を意味するユダヤ語から入った（J・Bartholomew, p. 2 ほか）。
50) Rabad 類は，本来 "結ぶ"→"たまり場"="宿場町" の意味で使われた（Adrian, 1974, p. 20 ほか）。
51) アラビア語は，アラブ首長国連邦，アルジェリア，イエメン，イラク，イスラエル，イラン，エジプト，エリトリア，オマーン，カタール，クウェート，コモロ，サウジアラビア，シリア，スーダン，ソマリア，チャド，チュニジア，パレスチナ，バーレーン，マリ，モーリタニア，モロッコ，ヨルダン，リビア，レバノンの 26 カ国で使用される。公用語となっているのはイラン，マリを除く 24 カ国である。24 カ国のうち，アラブ民族が多数を占める国家は，7 カ国（イスラエル，エリトリア，コモロ，ソマリア，チャド，モーリタニア，パレスチナ）を除いた 17 カ国である。
52) 西アジア系の地名としては，フェニキア語源の代表例として，リスボン "良港" のほか，コルドバ "大都市"，マルタ "避難所"，カディス "城壁"，セビリヤ "低地"，マラガ "塩" 等がある（室谷，1997, p. 131〜p. 134）。アラビア語源としてマドリード "建築用木材" のほかグアダラハラ "石の小川"，ジブラルタル "タリクの山" 等がある（室谷，1997, p. 152〜p. 153）。地名以外でも，イタリア語にアラビア語の単語が多く導入・活用されている。
53) アラブ民族の定義は，「①わが父祖の地に住まい，②われらの言葉を話し，③わが文化に育まれ，④われわれの栄光を誇りとするもの」とされている（B・lewis, 1966, p. 10）。部族的血統や以前の歴史過程は含まない。

54) 「メッカ」の語源は，マコラバ（マクラバ）"神殿，聖地"説の他，フェニキア語のマカク Makak "廃墟"という説もある（Adrian, 1974, p. 137 ほか）。またイスラム教の唯一絶対神アッラー Allāh の名は，アラビア語のアルイラーフ al+ilāh で ilāh は"神"を意味する普通名詞である。
55) 近世から第2次世界大戦まで，日本は現在の東南アジアを「南洋」と呼んできた。日本人も数多く出かけ，17世紀には，東南アジア居住の日本人総数は10万人以上であったといわれる。日本からの一方的な交易で，交易地や居住地は，現在のヴェトナム，タイ，フィリピン，カンボジア，インドネシア，ミャンマーと全域に及んでいた。1633年の鎖国令以降急速に衰えた。
56) 民族学者(1956)である。著書『東南アジアにおける国家と王権の概念』では，国土や王，宮廷も宇宙観を持ち，王が国土と民族を支配するという思想で，首都そのものが国家となっている事を説いている。
57) 「モンゴル」とは"勇ましい人"という意味。他にタタール語にみられる mung "銀"（谷岡, 1998, p. 1038）という説もあり，女真族の「金」王国に対応（対抗）する名であるという（椙村, 1985, p. 248）。
58) 「キプチャク・ハン」の名は，キプチャク草原の名に由来し，草原名は集団名に由来する。集団名の意味は，オグズの伝承によれば"中が腐り，穴が空いた木"を意味するカブクに由来するという。伝説の人物オグズ・カガンは洞のある木で生まれたのでキプチャクと命名した。そして，その子孫はキプチャクの民と呼ばれるようになったとある（小松ほか, 2005, p. 160）。
59) アイヌ語の例として，積丹（シャコタン）半島の名はアイヌ語で"サクコタン""夏の部落"を意味する。「カムイコタン」はカムイ"神"とコタン"部落"すなわち"魔の里"を意味する（渡辺ほか, 1968, 七 p. 127 と p. 73）。
60) 「アルタイ」とは"金の山"の他，トルコ語のアラタウ"まだらな山"の意味が語源という説もある（椙村, 1992, p117）。
61) 「テンシャン」は匈奴語を意訳した中国語で"天山"の意味。本来の中国名は，雪に覆われていたので"白山，雪山"などといった。（和泉, 1999, p289）
62) タリム盆地名はタリム川の名に由来し，意味は"河の流れが集まるところ"という意味だという（牧, 1980, p198）ほか。
63) 「クンルン（崑崙）」とは，古代ホータン地方の言葉で"南の山"の意味。ホータンの南にあるので，この名で呼ばれた（和泉, 1999, p282）。また中国では『史記』大腕伝で，玉石が中国にもたらされ，また黄河の源流であると思い，崑崙と呼んだという。崑崙は古代中国では伝説の地名であった。
64) Sogdiana はギリシア語表現で"ソグド人の土地"の意味だが，ソグドの語源は不明。アムダリアとシルダリアの中間地域で，中でもザラフシャン川流域を中心とする地域を指したと思われる。アレクサンドロス大王に征服され，この時から呼ばれた表現である。この地は古代から高い文化が開花した。中でも1370年にティムールがサマルカンドを都にして大帝国を築いた時代は特に繁栄し，世界の文化の中心の1つとなった。
65) 「タクラマカン」とは"砂の海"のほか，ウイグル語で"入ったら出られない"という説もある（和泉, 1999, p. 73）。

66) 「シルクロード」。この名称は，19世紀にドイツのリヒトフォーヘンが「ザイデンシュトラーゼ Seidenstraße」"絹の道"と表記したのがおこりである。
67) 「ハーン」「カーン」khān，その下に準カガンのヤブグ yabghu（副王に用いた），その下にシャド shad（イランの shah にあたり 別部の有力者に与えた），その下にベグ beg（トルコ系部族の称号＝アラビアのアミール Amīl と同じ）がある。もう1つの大きな称号にスルタン Sultan があるが，これは宗教が絡んだイスラム世界の支配者に与えられた名称で，西アジアを支配した後の称号であった。
68) 「タタール」とは突厥が北アジアのモンゴル高原で遊牧生活を送っていた諸部族の総称として用いたもので，チュルク語で"他の人々"を意味する。漢語では「韃靼」と表記する。12世紀にタタール部の支配下にあったモンゴル族のチンギス・カーンが 統一してからモンゴルという総称で呼ばれたが，ヨーロッパに侵入したときにタタール部の名から，モンゴル軍をタタールとかタルタルと呼ぶようになった。ラテン語のタルタル tartar には"地獄"という意味がある（和泉, 1999, p. 197）。
69) 「カザン」または「カザニ」はカザンカ川の名から。-ka は"川"を意味する接尾辞。カザンは モンゴル語で"鍋"の意味らしく，地形から名づけたという。13世紀半ばにタタール人によって建設された（召ほか, 1983, p. 407）。
70) 「フン hun」は "Hun族"で"匈奴"と関連があり，-gary は "人，外国人"を意味する（椙村, 1985, p. 248）。
71) インドでは「ブラフマーナ」と言い，この漢音訳が「婆羅門」である。日本でも「婆羅門」という漢字から 「バラモン」と言う表現を一般的に使用する。ヴェーダ文献の一部にも「ブラフマーナ」の名がみられ，混同されやすいので，カーストの階級表現を言う場合は「バラモン」と表記する。
72) 例えば，インドのムガール帝国の都ファテープル・シークリー（勝利の市の意味）は,建設年代は16世紀と新しいが，既に廃墟と化している。またヴィジャヤナガル王国の都で人口50万を数えたハンピも，チャンデッタ王朝の都カジュラーホも 今では廃墟と化し，遺跡として世界遺産に指定されている。当時はどれもインドを代表する大都市であった。
73) 例えば，カイロはナイル川，バグダッドはチグリス川，ダマスカスはアンチレバノン山脈からのバラダー川，テヘランは エルブールズ山脈の湧水や各小河川，イスファハーンはザーヤンデルード川等で，水の得られる場所であった。水の確保は西アジア・北アフリカの都市の絶対条件であった。
74) 都市の立地条件について，イブン・ハルドゥーン(1332~1406)は『歴史序説』の中で次のような条件を挙げている。(1) 障壁（防衛のため），(2) 空気の良さ（自然条件），(3) 水（自然条件），(4) 牧草地（ラクダ・馬＝交易），(5) 耕作地（都市・交易の人々の食料），(6) 木（燃料），(7) 海辺の近く（位置＝海洋交易），を挙げている。
75) 9種類の話し言葉とは，華北官話，西北官話，江淮官話，西南官話，呉方言，贛方言，湘方言，閩方言，粤方言をいう。

文献

Adrian Room(1974):『Place Names of the World』. David and Charles Newton Abbot, 216p.
Adrian Room(1980):『Place Name Changes since 1900 A World Gazetteer』. Routledge and Kegan Paul, 202p.
愛知大学中日大辞典編纂処編(1999):『中日大辞典』. 大修館書店, 2520p.
蟻川明男(1993):『世界地名語源辞典』. 古今書院, 486p.
バチー・ビン・ウォンチ・平岡閏造(1940):『馬来日本語』. 南洋協会台湾支部, 877p.
B・Lewis・林武・山上元訳(1970):『アラブの歴史』. みすず書房, 194p.
ブノアメシャン・河野鶴代・牟田口義郎訳(1978):『砂漠の豹イブン・サウド』. 筑摩書房, 343p.
C・Roth・長谷川真・安積鋭二訳(1970):『ユダヤの歴史』. みすず書房, 322p.
Calvert Watkins(1985):『The American Heritage Dictionary of INDO-EUROPEAN ROOTS』.Houghton Mifflin Company, 112p.
藤岡謙二郎(1979):『日本の地名』. 講談社, 206p.
Eilert Ekwall(1991):『The Concise Oxford Dictionary of ENGLISH PLACE-NAMES』Fourth Edition. Oxford at the Clarendon Press, 546p.
フランク・B・ギブニー(1995):『ブリタニカ国際大百科事典』全22巻. ティービーエスブリタニカ.
飯塚浩二(1975):『飯塚浩二著作集』2 東洋史と西洋史のあいだ 世界史における東洋社会.平凡社, 532p.
池田末則(1977):『日本地名伝承論』. 平凡社, 756P.
池田末則・丹羽基二(1992):『日本地名ルーツ辞典』. 創拓社, 1078 P.
今村鞆(1933,1994再版):『朝鮮地名研究集成』―朝鮮の国名に因める名詞考・地名編―. 草風館, 414p.
井上謙治・藤井基精(2001):『アメリカ地名辞典』. 研究社出版, 487p.
Isaac Asimov, 小栗敬三訳(1969):『アシモフ撰集―世界の地名―』. 共立出版, 250p.
Issac Taylor(1882):『Words and Places Etymological Illustrations of History,Ethnology,and Geography』 Macmillan and co, 375p.
石井米雄・高谷好一・前田成文・土屋健治・池端雪浦(1994):『東南アジア

を知る事典』.平凡社, 521p.
石田保昭(1971):『インドの課題』.三省堂, 352p.
伊東亜人・大村益夫・梶村秀樹・武田幸男(1986):『朝鮮を知る辞典』.平凡社, 544p.
岩瀬弘一郎(1938):『満州地名の研究』.古今書院, 297p
和泉光雄(1999):『世界の地名・その由来(アジア編)』.講談社出版サービスセンター, 392p.
和泉新(1981):『現代中国地名辞典』.学習研究社, 672p.
梅棹忠夫(1974):『文明の生態史観』.中央公論社, 290p.
梅棹忠夫監修(1986):『世界歴史大事典』全22巻.教育出版センター.
John Bartholomew & son Limited(1994):『The Times ATLAS of the World』. Times Books London, 223p.
角川日本地名大辞典編纂委員会(1978~1990):『角川日本地名大辞典』全49巻.角川書店.
鏡味完二(1977):『地名の語源』.角川書店, 390p.
香川幹一(S3):『地名の起源』.南光社, 26p.
鎌田正・米山寅太郎(1987):『漢語林』.大修館書店, 1293p.
金沢庄三郎(1912,1994再版):『日韓古地名の研究』.草風館, 506p.
辛島昇・前田専学・江島惠教・応地利明・小西正捷・坂田貞二・重松伸司・清水学・成沢光・山崎元一(1992):『南アジアを知る事典』.平凡社, 933p.
河都利夫編(1978):『東南アジア社会文化辞典』.東京堂出版, 387p.
木村正史(1998):『アメリカ地名語源辞典』.東京堂出版社, 298p.
小原新三著(1915,1994再版):『朝鮮地名研究集成』―朝鮮の面洞里の調査―.草風館, 414p.
京大東洋史辞典編纂会(1981):『東洋史辞典』.東京創元社, 1138p.
『元史』巻七.
『後漢書』巻八十五.
『北史』巻九十四.
『旧唐書』巻一.
小松久男・梅村坦・宇山智彦・帯谷知可・堀川徹(2005)『中央ユーラシア』を知る事典,平凡社,624p
『皇明世法録』奨順代畔五.
黒柳恒男(2002):『新ペルシア語大辞典』.大学書林, 2002p.
護雅夫(1976):『古代遊牧帝国』.中公新書, 258p.
中村元(1977):『世界の歴史5 ガンジスの文明』.講談社, 415p.
中村新太郎(1925):朝鮮地名の考説.地球四(一), pp.82-91,(二), pp.60-68,(三), pp.63-69,(四), pp.59-68,(五), pp.61-71,(六),

pp.76-85,（七）, pp.67-75.（以上を,1994 再版:『朝鮮地名研究集成』—朝鮮地名の考説—. 草風館, 414p.）
南洋経済研究所(1942):『大南洋地名辞典』. 丸善, 1176p.
日本イスラム協会(1991):『イスラム事典』. 平凡社, 495p.
日本史史料編纂会編(1974):『文政・天保国郡古圖撰集』. 京文閣.
日本史史料編纂会編(1974):『日本史探訪地図・史料総覧』. 京文閣, 839p.
西嶋定生(1978):『世界の歴史4—古代4・東アジア世界の形成1—』. 岩波書店, pp.3-19.
岡野一郎(1933):『満州地名辞典』. 日本外事協会, 293p.
大石五雄(1981):『地名のルーツ in アメリカ』. オーエス出版社, 238p.
歴史百科第5号(1979):『日本地名事典』. 新人物往来社, 404p.
李成市(2000):『東アジア文化圏の形成』. 玉川出版社, 90p.
司馬光:『資治通鑑』全十巻.
『史記』巻三.
清水兵三(1915,1994 再版):『朝鮮地名研究集成』—現代朝鮮洞里名の研究—. 草風館, 414p.
下中邦彦編集(1973):『世界大百科事典』全33巻. 平凡社.
下中邦彦編集(1984):『アジア歴史事典』全10巻. 平凡社.
下中邦彦編集(1984):『アジア歴史事典 東洋資料集成』. 平凡社, 556p.
下中邦彦編集(1980〜2005):『日本歴史地名大系』全50巻. 平凡社.
下中彌三郎編集(1955):『世界歴史事典』全22巻. 平凡社.
下宮忠雄・金子貞夫・家村睦夫(1990):『スタンダード英語語源辞典』. 大修館書店, 648p.
『周書』巻五十.
白鳥庫吉(1970 再版):『白鳥庫吉全集』全9巻, 岩波書店.
白鳥庫吉(1986):『塞外民族史研究』上・下. 岩波書店, p745, p521.
椙村大彬(1985):『世界の地理名称—上巻—』. 古今書院, 440p.
椙村大彬(1986):『世界の地理名称—下巻—』. 古今書院, 462p.
椙村大彬(1992):『世界市町村名称』. 古今書院, 478p.
杉山正明(2003):『遊牧民から見た世界史』. 日本経済新聞社, 465p.
召献冬・周定国・沈世順・馮経葆・王世珍・霍郁華(1983):『外国地名語源詞典』. 上海辞書出版社, 567p.
『隋書』巻八十四.
高橋勝(1928):『外国地名解説』. 明治図書, 377p.
谷川健一(1994):『民俗地名語彙事典』上・下 日本民俗資料集成第13・14集. 三一書房, 554p, 475p.

文献

竹内与之助(1988):『字喃字典』.大学書林, 694p.
譚其驤(1991):『中国歴史地図集』.第1冊-8冊.三聯書店(香港).
田中啓爾(1973):『中国大地図』.京文閣, 284p.
田中啓爾(1975):『GRAND ATLAS SOUTH EAST ASIA SOUTH PACIFIC OCEAN』.京文閣, 244p.
T・F・Hoad(1986):『The Concise Oxford Dictionary of ENGLISH ETYMOLOGY』.Oxford New York Oxford University Press,552p.
知里真志保(1956)『知里真志保著作集-地名アイヌ語小辞典』別巻Ⅰ,Ⅱ.平凡社, 394p,322p.
陳正祥(1982):「中国歴史・文化地理図冊」原書房, 190p.
『朝鮮王朝実録』世祖大王実録巻八.
呉晗(1991):『朱元璋伝』.人民出版社, pp.139.
牧英夫(1980):『世界地名の語源』.自由国民社, 283p.
松尾敏郎(1977):『日本の地名』.新人物往来社, 250p.
松岡静雄(s12):『日本古語辞典』.刀江書院, 608p.
松山納(1994):『タイ語辞典』.大学書林, 1291p.
三浦徹(2001):『イスラームの都市世界』.山川出版社, 90p.
水野弘元(1968,2005再版):『パーリー語辞典』.春秋社, 425p.
向山武男(1926,1994再版):『朝鮮地名研究集成』―朝鮮平安道南市地方の部落名―.草風館,414p.
室谷茂(1997):『地名が語る世界』.清水書院, 223p.
諸橋轍次(1988):『大漢和辞典』全15巻.大修館書店.
山北篤監修(2002):『東洋神名事典』.新紀元社, 637p.
山中襄太(1968):『地名語源辞典』.校倉書房, 458p.
山崎元一(1986):『古代インド社会の研究』.刀水書房, 455p.
山崎元一・石澤良昭・蔀勇造・稲葉穣・広末雅志・小西正捷・永ノ尾信悟・三田昌彦・石川寛・辛島昇・田村克己・斎藤照子・深見純生(1999)『世界の歴史6南アジア世界・東南アジア世界の形成と展開』.岩波書店, 374p.
山崎摠與(1941):『満州国地名大辞典』.日本書房, 935p.
柳田国男(1961):『地名の研究』.筑摩書房, 496p.
矢沢大二編集(1970):『日本の文化地理』全18巻.講談社.
善生永助(1933):『朝鮮総督府調査資料第三十八輯―朝鮮の集落―』(全3巻).朝鮮総督府嘱託.
吉田東伍(1899～1907,1992再版):『大日本地名辞書』全8巻.冨山房.
渡辺光・木内信蔵・山口恵一郎・式正英・正井康夫・竹内啓一(1982):『世界地名大事典』全8巻.朝倉書店.

索引

ア

愛知　20, 21
アイユーブ朝　68
アイル（ail類）ail, aile, ayl, ayil, アル al, アギル agil　23, 123, 133, 134, 165
アヴァ　96, 97
アウランガバード　45, 49
アウレアケルソネス　105
アエリア・カピトリナ　150, 190
青森　20, 21
秋田　20, 21
アク ak　74
アクス　128
アグラ　45
アグラブ朝　67
アケメネス朝ペルシア　67
アコスー　126, 128
アゴラ agora　42, 84
アシガバード　125, 127
アスタナ　127, 128
アストラハン　127, 138
アストラハン・ハン　121, 122, 162
アセアン ASEAN　115, 217
アゼルバイジャン　62, 80, 147
アダナ　75, 76
アチェ　95, 97, 114
アッサム　49
アッシャーム　62, 80
アッシリア　70
アッバース朝　68　81

アーディル・シャヒー朝　38
アナトリア　76
アーバード ābād　43, 44, 52, 58, 59, 71, 73, 82, 85, 125, 132, 141, 148, 149, 164, 175, 181, 192, 194, 206
アバンガン　192
アフガニスタン（ダウラ・エスラミーエ・アフガニスタン）　60
アフガン　35, 187
アフマドナガル王国　39
アフワーズ　74
アムダリア　193
アムリットサル　45
アムール　146
アーメダバード　45, 48
アメリカ（合衆国）、米国　2, 17, 215
米（アメリカ）領フィリピン　156
アユタヤ（プラナコンシアユタヤ）　94, 97, 101, 103
アラウンパヤ　96
アラハバード　45
アラビア　77, 79, 85
アラビア語（系）　72, 73, 83, 84, 85, 86, 101, 149, 175, 196, 197, 205
アラビアフェリックス　65
アラブ　79, 85, 86, 152, 188, 193, 194, 195
アラブ系　86, 110, 152, 167, 189
アラブ民族（人）　80, 83, 87, 88, 152, 153, 171, 206, 218
アラブ共和国連邦　61, 63
アラブ首長国連邦　61, 80, 87
アラブ連合共和国　61, 63
アラブ連邦　61, 65

アラム　38, 69, 138
アーリア（アーリアーン）　34, 52, 185
アーリアヴァルタ　34, 56,
アーリア系（人）　167, 185, 186
アリマダナプラ　95, 97
アルクーズ　150, 190
アルジェ　76
アルジェリア　64, 80, 86
アルタイ　135
アルタンブラク　126
アルマティ　127, 128
アルメニア　61, 147
アレクサンドリア　75, 78, 86
アレクサンドロス帝国　67
安（アン）　12, 14, 18, 30, 101, 139, 146, 156
アンイ（安邑）　14
アンカラ　75, 85
アンコール（朝）　42, 94, 97, 158, 180, 182
アンコールトム　95, 190
アンコールワット　95, 180
アンタルヤ　75
アンティオキア　78
アーンドラ朝　38, 39, 51
アンニン（安寧）　12
アンホイ（安徽）　16
アンマン　75
アンヤン（安陽）　14
アンリン（安陵）　14

イ

イア ia　77
イアバディオウ　105

家（いえ, か, チィア）　10, 17, 28, 151, 157, 211
イエメン　65
イギリス領サバ　156
イギリス領サラワク　156
イギリス領シンガポール　156
イギリス領ビルマ　156
イギリス領マラヤ　156
イクシュヴァーク朝　37
石川　20, 21
イシャーナプラ　94, 97
イスケンデルン　75, 78
イスタンブール　75, 86, 150, 174, 190
イスファハーン　74, 86, 174
イスマイリア　78
イズミル　75
イスラエル（王国）　61, 70, 80
イスラマバード　46
イスラム（教, 教徒）44, 50, 57, 58, 59, 78, 86, 89, 138, 168, 170, 171, 172, 173, 175, 176, 179, 180, 184, 185, 191, 192, 205, 212, 213, 214,
イスラム（世界, 社会）　81, 84, 110, 218
イスラム（文化, 系）　43, 51, 83, 101, 111, 182, 189
夷狄（いてき, イーディ）　3
イドリース朝　67
茨城　20, 21
イポー　103
イマード・シャヒー朝　38
イラク　65, 87
イラン（イラン・イスラム）　60, 80
イラン系　110, 137, 152, 175, 194, 206
イリアンジャヤ　101, 114

イリ・カガン　121
イリク・ハン　121
イル il　121, 130, 131, 133, 137, 162, 184, 195, 196, 208
イルクーツク　146
イル・ハン国　68, 120, 121, 162, 166
岩手　20, 21
殷王朝　203
インコウ（営口）　151
インダス川　33, 187
インディアンアーチペラゴ Indian Archipelago　92
インド（シンドウ）　33, 50, 53, 54, 56, 57, 58, 110, 138, 145, 167, 168, 171, 173, 176, 182, 183, 184, 185, 186, 187, 204, 205
インドシナ半島　107, 180, 181
インド世界　33, 37, 44, 47, 51, 53, 54, 55, 56, 57, 58, 59, 110, 139, 140, 141, 142, 143, 144, 167, 169, 172, 173, 175, 176, 179, 182, 183, 184, 185, 186, 187, 204, 205
インド（文化・系）　94, 107, 111, 128, 138, 183
インドネシア　91, 106, 111, 113, 114, 115, 158, 177, 178, 190, インドラプラ　97, 190
インドール　45

ウ

ヴァーラーナシ　45
ヴァラビー国　40
ヴァルダナ（ハルシャヴァルダナ）　37
ヴィジャヤナガル王国　40
ヴィラ Vila　102
ヴィラ・デ・リキカ　102
ヴェトナム（越南）　24, 27, 91, 99, 101, 106, 107, 110, 113, 146, 152, 155, 158, 159, 177, 181, 204, 210
ウズベキスタン（ウズベク）　83, 116, 147, 162, 208
宇都宮　21, 22
ウーハン（武漢）　14, 15
ウマイヤ朝　68
浦（うら、ほ、ブウ、ボ）　10, 18, 151, 157
ウランウデ　146
ウランバートル（ホト）　23, 125, 126
ウランホト　125
ウリャスタイ　126
ウリャンハイ　135
ウルス ulus　5, 32, 121, 130, 131, 133, 137, 162, 184, 195, 196, 208
ウルムチ　126

エ

衛（えい、ウェイ）　6
営（えい、イン、ヨン）　10, 18, 151
エジプト（エジプト・アラブ）　62, 77, 80, 84, 87, 152
エジプト王国　69
エスキシェヒル　75
越（えつ、ユエ）　6
愛媛　20, 21
エフタル　121, 138, 208
エベンギ　135
エルサレム　75, 86, 89, 150, 190
エレバン　76

エレンホト　125
燕（えん，イェン）　6

オ

オイラート　121, 155
大分　20, 21
大阪　20, 21
大津　20, 22
岡山　20, 21
沖縄　20, 21
オゴタイ（ハン・ウルス）　120, 121, 162, 166
オスマントルコ帝国　68
オホーツク　146
オマーン　65
オランダ（蘭）領東インド　156
オリエント（文化，時代）　81
オルド ordo，オルドゥ ordu，オルダ orda　23, 32, 123, 124, 134, 141, 164, 184, 199,
オルドス　23
オロチョン　135

カ

化（か，ホワ，hoa）　12, 30, 101
夏王朝　203
カイセリ　75, 76
カイフォン（開封）　14, 15
カイホワ（開化）　12
カイロ（ミスル・アル・カーヒラ）　62, 75, 86, 174
カヴィール　79, 85, 188
カーカティーヤ朝　39
香川　20, 21

鹿児島　20, 21
カザニ（カザン）　127, 128, 138
カザフスタン(カザフ)　83, 116, 162, 193, 196, 208
カサブランカ　76
カザン・ハン　121, 122, 162
カシミール　35, 47, 52, 204
カージャール朝　69
カースト　47, 53, 58, 140, 142, 169, 172, 179, 180, 184,
ガズナ朝　40
カスル qasr，カサル kasar　72, 83, 84, 148, 149, 171, 175, 194, 206
カタール（ダウラ・アル・カタール）　66, 80, 87
カダンバ朝　38
カッシート　69
カトマンズ　46
カトリック　181
神奈川　20, 21
金沢　20, 22
華南（かなん，ホワナン）　16
カーヌヴァ朝　37
カブール　74, 86
華北（かほく，ホワベイ）　16
加羅/伽耶（から，カヤ）　8
カラ kara　74
カラ qal`a，カラト qal`at, qalat, kalat　72, 83, 148, 171, 175, 194, 206
カラガンダ　127, 128
カラキタイ(黒契丹，西遼)　122, 138, 208
カラシャハル　125
カラチ　46
カラチュリ朝　40

索引　233

カラ・ハン　121, 162
カリマンタン　104
カルプーラドヴィーパ　105, 207
韓（かん，ハン）（中国）　6
韓（かん，ハン）（朝鮮半島）　8
漢（かん，ハン）　6, 7, 27, 28
漢（かん，前趙チェンチャオ）　7
漢（かん，蜀漢スーハン）　7
漢（かん，南漢ナンハン）　7
漢（かん，後漢ホーハン）　7
カンウォンド（江原道）　18, 19
ガンジス川　47, 204
カンスー（甘粛）　16
カンダハル　74, 78
ガンディーナガル　45
カンド kand, ケント kent　71, 73, 82, 125, 132, 148, 164, 175, 206
カンバリク　23
カーンプル　45
カンボジア　92, 99, 106, 113, 114, 155, 177, 178, 179
カンポン kampong, カンプン kampueng, kanpung　99, 108, 113, 114, 181, 182, 198, 207
漢民族（人）　3, 26, 29, 125, 132, 140, 141, 143, 152, 153, 159, 166, 209, 211

キ
旗（き，チー）　10　148, 156, 164
魏（ぎ，ウェイ）　6, 9, 27, 120
ギーザ　75
キジル kyzyl　74
北アフリカ　147

キタイ khitai　4, 9
契丹（きったん）　9, 119, 208
岐阜　21
キプチャク・ハン　120, 121, 162, 166, 208
キプロス　66
墟（きょ，トゥ）　10
キョイ köy　74
京　151
京都　21
匈奴（きょうど，フン hun, フンヌ hiung-nu）　9, 118, 208
キョンギド（京畿道）　19
キョンサンナムド（慶尚南道）　19
キョンサンブクド（慶尚北道）　19
ギリシア（語、人、文字）　76, 84, 152, 189
キリスト教　78, 84, 86, 89, 143, 191, 213, 214
キルギス　117, 193, 208
キルギス・ステップ　117, 129
キレナイカ　64
金（ジン）　6, 9, 29, 118, 120, 138

ク
区（く，チイ）　10
クアラルンプール　103, 104
クウェート　64, 80, 86, 87
グジャラート　49
クシャン（クシャーナ）朝　39, 138, 183
クシャトリア　51, 143
クジルオルダ　124, 127, 128
クスマプラ　42
百済（くだら，ペクジェ）　8

口（くち，ぐち，グ，コウ）　10　11，
　18　148，151，157
クチン　　103，104
クディリ（王国）　　96，97，180
クトゥブ・シャヒー朝　　38
国（くに）　　19
グプタ朝　　39
熊本　　20，21
クメール（人）　　93，113，114，178
クリシュナ川　　47，170，204
クリミア（クリム）　　138
クリム・ハン　　121，122，162
クルジスタン　　152
グルジャラ朝　　39
クルド　　79，85，188，193
グルン（gurun）　　7
郡（ぐん，クン，ジュン quan）　　11，18，
　19，22，101，164
軍（ぐん，チン）　　11
群馬　　20，21
クンルン　　135

ケ

ケソン　　103
ケルマンシャー　　74
県（けん，シェン，huyen）　　10，11，22，
　26，101，139，148，156，164
元（げん，大元，大元ウルス）　　5，6，9，
　29，118，120，138，166

コ

胡（こ，フ）　　118
子（こ，し，ツ，ツー）　　10，17，148
　151，157

呉（ご，ウ）　　6
コイチョウ（貴州）　　16
郷（ごう，シアン）　　10，11，19，22，156，
　164
高知　　20，21
甲府　　21，22
神戸　　21，22
後金（こうきん，ホウジン，アイシン）　　7
高句麗（こうくり，コグリョ）　　7，8
高車（こうしゃ）　　9，118，119
高麗（こうらい，コリョ）　　5，8
コーカンド　　127
コーカンド・ハン　　121，122，162
コジコーテ　　45
コタ kota，コッタ kotta，カルタ karta，カ
　ルト karto，ケルト kerto（サンスクリット
　系）　　42，100，101，109，112，128，
　157，181，182，204
コーター王国　　40
コタバル　　103
コタン（アイヌ系）　　23，125
コーチン　　46
コト khoto，ホト hoto，コトン khotun（内系）
　23，32，124，125，132，164，199
コム　　74，89
コモリン岬　　47
コーリア Korea　　4，5
コルカタ（カルカッタ）　45，47，170，204
ゴールコンダ王国　　40
ゴール朝　　40
コロンボ　　46
コワン（広）　　12
コワンシーチョワン（広西壮）　　16
コワンチョウ（広州）　　12，15

コワントン（広東）　16
コンスタンチーヌ　76
コンスタンチノポリス（コンスタンチノープル）　150, 190
コンヤ　75

サ

寨（さい，チャイ，サイ）　10, 148
蔡（さい，ツァイ）　6
サイイド朝　37
サイゴン（現ホーチミン）　104
埼玉　20, 21
サウジアラビア　63, 80, 87
佐賀　20, 21
サカルトベロ　61, 80, 147
ササン朝ペルシア　68
サータバーハナ朝　38
サッファール朝　68
札幌　20, 22
サナア　75
サバ　91, 177
サハラ　79, 188
サハリン　146
サファビー朝　68
サマルカンド　125, 127, 132, 135, 155
サーマーン朝　67, 120, 162
サライ　127
サラトフ　127
サラワク　91, 177
サリー sary　74
サルウィン　104
サン San，サンタ santa　101, 109
サンカルロス　102
三韓（さんかん，サムハン）　5, 8
サンスクリット語　41, 46, 56, 100, 132
サンフェルナンド　102

シ

市（し，シ, thi）　10, 18, 19, 101, 148
シーアン（西安）　14, 15
シェンシー（陝西）　16
シェンヤン（瀋陽）　15, 16
滋賀　20, 21
シク教　170, 185
シージン（西京）　16
静岡　20, 21
自治区（じちく，ツチイイ）　10, 11
シーチャチョワン（石家荘）　17, 28, 151, 157
ジッダ　75, 85
シナイ　7
シナスターナ　4, 7
シホテアリン　146
島根　20, 21
シャーshāh, シャヒーshahi　38, 69, 121, 131, 137, 184
シャイシュナーガ朝　37
ジャイナ教　170, 185
ジャイプル　45, 49
シャイレンドラ　95
シャオシン（紹興）　15
ジャカルタ　101, 104, 157
シャハル shahr，シェル shehr，シャル shar，シェヒル sehir　43, 58, 59, 71, 73, 82, 83, 84, 141, 149, 151, 164, 181, 190, 192, 194, 206
ジャパン Japan　4

ジャフナ　46
シャム　90, 114, 155, 176, 178
ジャムシェドプル　46
ジャムナガル　46
ジャヤ jaya　100, 101
ジャワ　104, 155
ジャーン（ザイヤーン）朝　67
シャンシー（山西）　16
シャントン（山東）　16
シャンハイ（上海）　15, 157
ジャンブドヴィパ　34, 56
集（しゅう，チィ）　10, 148, 151, 157
周（しゅう，チョウ）　3
州（しゅう，チョー，チュ，chau）　10, 18, 19, 26, 101, 139, 148, 151, 156, 164, 181
柔然（じゅうぜん）　9, 118, 119, 208
シュメール　69
シュリビジャヤ　95
ジュンガル　129
ジョージア（グルジア）　61, 80, 147
商（しょう，シャン）　6
省（しょう，シォン）　10
小アジア　147
上座部仏教（小乗仏教）　173, 180
城市（じょうし，チョンシー）　14, 156, 164
城鎮（じょうちん，チョンチェン）　156, 164
ジョクジャカルタ　101, 104
ジョチ・ウルス　120, 121, 162
ジョドプル　45
ジョホール　96, 97
ジョホールバル　103
新羅（しらぎ，シルラ）　8
シーラーズ　74

シリア（シリア・アラブ，エッシャーム）　62, 77, 80, 86, 87, 152
シリンホト　125
シルクロード　136, 216
シルダリア　193
城（しろ，じょう，チョン，チェン，ソン）　10, 11, 17, 18, 101, 148
秦（しん，チン）　3, 6, 28
晋（しん，ジン）　6
清（しん，大清，チン）　6, 7, 9, 28, 29, 118, 120, 138, 145, 159, 166
シンガポール　91, 93, 97, 101, 103, 106, 114, 157, 177, 178
シンガサリ王国　180
シンシャン（新郷）　157
シンチャンウイグル（新疆維吾爾）　16, 146
シンド　35
身毒（しんどく，スンドゥ）　34
シンロン（興隆）　12

ス

隋（ずい，スゥイ）　6
スエズ　75, 85
スキタイ　122
スク sk　132
スコータイ　95, 97, 103
スタン stan　44, 72, 73, 82, 83, 130, 137, 181, 196
スーダン　66
スーチョウ（蘇州）　14, 15
スーチョワン（四川）　16
スパイスアイランズ（諸島）　105, 207
スバルナドヴィーパ　104, 105, 207
スマトラ　104, 155

スマラン 104
スラカルタ 101, 104
スーラト 45
スラバヤ 104
スリジャヤワルダナプラコッテ 46
スリナガル 46
スリランカ 34, 50, 178
スンダカラパ 104

セ

西夏(せいか, シーツィア, 大夏) 9, 118, 120, 134
青海蒙古 129
西遼(せいりょう, シーリャオ) 122
セイロン 34, 178
セーヴァナ朝 40
関(せき, コワン, クワン) 10, 11, 148
薛(せつ, シュエ) 6
セーナ朝 39
セブ 103
セミパラチンスク 127, 132
セリカ 7
セルジュークトルコ(セルジューク朝) 68, 120, 162
セレウキア 78
セレウコス朝シリア 67
仙台 20, 22

ソ

楚(そ, チウ) 6
ソイチャン(遂昌) 12
荘, 庄(そう, チョワン) 10, 148, 151, 157
宋(そう, ソン) 6

曹(そう, ツァオ) 6
ソウル 18
ソグディアナ 129, 135
ソ連 17, 116, 130, 133, 194, 218
村鎮(そんちん, ツォェンチエン) 156

タ

タイ(ムアン・タイ), タイ系 90, 97, 98, 106, 113, 114, 177, 178
ダイヴェト(大越) 95
ダイオン・イェケ・モンゴル・ウルス 5
大韓民国(だいかんみんこく, テハンミングク, 大韓帝国, 韓国) 5, 161, 203, 210
大月氏(だいげっし) 118, 119, 138
ダイコウヴェト(大瞿越) 95
タイシュン(泰順) 12
大乗仏教 173, 179, 181
タイユワン(太原) 15
タウガス 7
ダウラ dawla, ダワラ dawala 87
タウングー 96, 97
高松 20, 22
タクラマカン 129, 132, 136, 165, 201, 216
ダゲスタン 83
タコーラ 105, 207
タジキスタン(タジク) 83, 117, 147, 208
タシケント 125, 127, 128, 135
タシュクルガン 127
ダシュト・イ・キプチャク 117, 129
タタール(スタン) 83, 133, 138, 196
ターチン(大慶) 12
ダッカ 46, 47, 170
タートン(大同) 15

ダナン 103
ダバオ 104
ダハナ 79, 85, 188
ターヒル朝 67
タブリーズ 74
タプローバネー 35
ダマスカス 75, 86
タムガージュ 7, 28
タリム 129, 135
ターリン（大連） 126
ダル Dar 73, 83, 84, 149, 151, 175, 190, 206
站（たん，チャン） 10, 148
タンバパンニー 35

チ

チアンシー（江西） 16
チアンスー（江蘇） 16
チェジュド（済州道） 19
チェン chiang 101, 109, 113, 207
チェンシー（鎮西） 12
チェンチャン（鎮江） 12
チェントー（建徳） 12
チェンナイ（マドラス） 45
チェンマイ 101, 103
チェンユワン（鎮遠） 12
チェンライ 101
チチハル 126
チッタゴン 46
千葉 20, 21
チベット（系） 16, 119, 132, 146, 155, 185, 186
チャイナ China 4
チャガタイ・ウルス 121, 162
チャガタイ・ハン 120, 121, 162, 166
チャガンド（慈江道） 19
チャールキヤ朝 38
長（チャン） 12
チャンアン（長安） 12
チャンシャー（長沙） 15
チャンシン（長興） 12
チャンチャコウ（張家口） 17, 151, 157
チャンチュン（長春） 15
チャンディガル 45
チャンパ 94, 155
チャンホワ（彰化） 12
中央アジア 54, 116, 118, 120, 129, 130, 132, 133, 161, 162, 173, 183, 184, 185, 193, 198, 200
中華（ちゅうか，チョンホア） 3, 27, 28, 152, 158, 161
中華世界 25, 27, 28, 29, 32, 110, 139, 140, 142, 144, 154, 155, 161, 165, 203, 209, 210
中華人民共和国（ちゅうかじんみんきょうわこく，チュンホワナンミンクンハークォ） 3, 203
中華文化 111, 141, 143, 181
中華民国（ちゅうかみんこく，チュンホワミンクォ） 3, 203
中国（ちゅうごく，チュンクォ）（系） 3, 4, 6, 7, 10, 12, 13, 14, 15, 16, 17, 24, 25, 26, 27, 28, 29, 30, 95, 101, 110, 139, 140, 141, b 142, 143, 144, 145, 152, 153, 156, 157, 158, 159, 161, 164, 165, 203, 209, 210, 211
チュニジア 64, 80, 86

チュニス　76
チュンチョンナムド(忠清南道)　19
チュンチョンブグド(忠清北道)　19
朝鮮(ちょうせん、チョソン)　4，7，24，26，27，31，143，145，152，155，159，161，210
朝鮮半島　7，18，19，25，31，139，142，203，210
朝鮮民主主義人民共和国(ちょうせんみんしゅしゅぎじんみんきょうわこく、チョソンミンジュジュウィインミンコンファグク)　4，203
庁(ちょう、ティン)　11
チョーチヤン(浙江)　16
チョモランマ山　47，204
チョルラナムド(全羅南道)　19
チョルラブグド(全羅北道)　19
チョンチン(重慶)　12，15
チョンチン(崇慶)　12
チョントー(成都)　15
チーリン(吉林)　16，126
陳(ちん、チャン)　6
鎮(ちん、チェン)　10，12，18，30，148，156，164
チンハイ(青海)　16
チンハイモンクゥ(青海蒙古)　5，129，196

ツ

津(つ)　20，22
津(つ、ジン、チン)　10，18，148
ツングース(系)　123，126，132，135，186

テ

亭(てい、チョン)　18

鄭(てい、チュン)　6
ディヴェヒ　36
ティムール帝国　67，120，138，162
ティンプー　46
デサ dessa, desa　100，112，157，181，182
テヘラン　74
デリー　45，48
デリー・スルタン五王朝(デリー諸王朝)　38，138，183
テルアビブ・ヤッファ　75
店(てん、ティェン)　10，148
テンシャン(天山)　135，136
天竺(てんじく、ティェンズウ)　34
テンチン(天津)　15

ト

ドイツ　204
唐(とう、タン)　6
道(どう、ト)　11，18，19
洞(don, dong、トン、ドン)　18，19，101，109，113，181
堂(どう、タン)　18
東京　21
トゥグルク朝　37
東胡(とうこ、トンフ)　118
東南アジア　54，90，94，100，102，103，104，105，106，107，108，109，110，111，112，113，114，115，154，155，156，157，158，159，160，176，177，178，179，180，181，182，188，189，190，191，192，198，199，200，201，207，208，212，216
トゥマセク　93

トゥーラーン　129, 146, 193
突厥（とっけつ）　9, 118, 119
ドゥルックユル　35, 50
トゥールーン朝　67
徳島　20, 21
ドシャンベ　127
栃木　20, 21
鳥取　20, 21
ドバラーバティー　95
吐蕃（とばん，トゥボ）　9, 118
トビリシ　76
富山　21
ドラビダ系　42, 52, 167, 185, 186
トランスオクジアナ　129, 193
トランスヨルダン（王国）　63
トリヴァントラム　45
トルファン　155
トリポリ　75
トリポリタニア　64
トルキスタン　129, 130
トルクメニスタン（トルクメン）　83, 117, 147, 162, 208
トルケスタン　126
トルコ　60, 73, 80, 128, 138, 162, 194, 195,
トルコ系（人，語）　73, 83, 123, 128, 152, 167, 175, 185, 186, 189
トルファン　126, 128, 135
奴隷王朝（どれいおうちょう）　40
屯（とん，トゥン）　10, 18, 23, 124, 148, 151
トンイン（東営）　151
トンジン（東京）　16
トンブリー　96, 97, 103

トンペイ（東北）　16, 26, 125, 126
トンホワ（敦化）　12

ナ

内陸アジア　110, 116, 126, 127, 128, 130, 133, 161, 164, 165, 183, 184, 187, 193, 194, 197, 198, 199, 200, 208, 212
長崎　20, 21
長野　20, 21
ナガル nagar, nagaru，ネガラ negara，ネゲリ negeri，ナカル nakar（以上サンスクリット系）　ナカル nakar，ナガル nagaru（以上ドラビダ系）　42, 52, 97, 100, 107, 109, 112, 140, 141, 145, 157, 158, 175, 181, 182, 198, 204, 207
ナーグプル　45
名古屋　20, 22
ナコン nakhon（タイ系）　42, 97, 100, 182, 207
ナコンプノム　100
ナコンラッチャシマ　100
ナジュド・ヒジャス王国　63
那覇　20, 22
ナムベト（南越）　91
奈良　20, 21
ナルマダ川　47
ナンギアス　7, 28
南京（ナンキン，ナンジン，ナンチン）　12, 14, 16, 150, 151
南京町　29
ナンダデビ山　47
ナンチャン（南昌）　12, 15
難波京　74

ニ

新潟　20, 21
ニザーム・シャヒー朝　38
西アジア　73, 80, 85, 110, 148, 149, 151, 153, 167, 168, 169, 174, 188, 191, 192, 194, 196, 197, 206　215
西アジア・北アフリカ　60, 67, 74, 77, 78, 79, 80, 81, 82, 84, 86, 87, 88, 89, 146, 148, 149, 150, 151, 152, 153, 167, 168, 170, 173, 174, 188, 189, 190, 191, 192, 193, 196, 205, 206, 212 215
日本　4, 8, 19, 20, 21, 22, 24, 25, 26, 27, 28, 31, 32, 139, 142, 143, 145, 152, 154, 155, 159, 160, 161, 180, 203, 209, 210
ニンシャホイ（寧夏回）族　16
ニンポー（寧波）　15
ニンホア（寧化）　12

ヌ

ヌサンタラ　92

ネ

寧（ねい，ニン）　12, 18, 30, 156
ネイモンクゥ（内蒙古），内モンゴル　16, 129, 132
ネパール　35, 50, 176
ネフド　79, 85, 188

ノ

ノヴァ Nova　102
ノヴァ・サグレス　102

ハ

場（ば，チャン）　10
バイカル　146
ハイデラバード　45, 49
ハイナン（海南）　16
ハイフォン　103
ハイラル　126
バエンホト　125
パガン　95, 97
パキスタン　35, 50, 55, 168, 169 176, 178, 205
バクー　76
漠西蒙古（ばくせいもうこ）5, 129, 196
バグダッド　75, 86, 174
バクトリア　69
漠南蒙古（ばくなんもうこ）　5, 196
漠北蒙古（ばくほくもうこ）　5,
ハサ　79
パサル pasar　101, 192
パサルアラス　101
パサルピノ　101
橋（はし，ばし，ギョ，チャオ，キャオ）10, 18, 148, 151, 157
バシコルトスタン　83
バスラ　75, 86
パータリプトラ　42
パッラヴァ朝　39
パトナ　45
パトナム patnam，パティナム pattinam　42, 52, 181
伐（ばつ，ポル）　18
はつか（客家）　29
ハノイ　103
バーバリ　147, 148

バビロニア（バビロン）　70
ハフス朝　67
バフマニー朝　37
パフラビー朝　68
ハマー　75
ハマダーン　74, 86
ハミ　126, 128, 155
パミール　193
ハムキョンナムド（咸鏡南道）　19
ハムキョンブグド（咸鏡北道）　19
ハヤスタン（ハヤスタニ）　61, 80, 147
パーラ朝　40
バーラト（バーラタバルシャ, バーラトバルジャ）　33, 50, 56, 144, 176, 204
ハラブ　75
ハラホト　125
パーラマーラ朝　39
バラム baram　43
バラモン（教）　33, 34, 50, 51, 140, 143, 170, 179, 185
バランカイ barangay　99, 108, 113, 114, 157, 181, 207
パリ palli,, パッチ patti　42, 52, 181
パリ　174
ハリアナ州　47
バリク　23
バリード・シャヒー朝　38
バルカ　128
ハルジー朝　37
バルチスタン　35, 152, 187
ハルツーム　76
パルティア王国　69
ハルドワル（ハラドワル）　46
ハルハモンゴル　5, 116, 129, 196

ハルビン　126
パレスチナ　152
バーレーン（マムラカ・アル・バーレーン）　66, 80, 87
パレンバン　104, 155
ハーン khān　8, 121, 130, 131, 137, 162, 184
バン ban, bang　99, 113, 157, 181, 182, 198, 207
ハンガリー　138
バンガロール　45
バングラデシュ　36, 50, 55, 59, 176, 178, 205
バンコク　96, 97, 103, 104, 157, 188, 207
ハンサワディー　97
パンジャブ　35, 52
バンダル bandar　101, 192, 207
バンダルスリブガワン　101, 104
バンダルホメイニ　78, 88
バンダルマハラン　101
ハンチョウ（杭州）　15, 151
バンドン　104

ヒ

ヒヴァ　135
ヒヴァ・ハン　122, 162
ヒエロソリマ　150, 190
ビエンチャン　96, 97, 103, 104, 188
東アジア　3, 6, 24, 27, 28, 32, 110, 138, 139, 141, 143, 144, 145, 146, 148, 149, 150, 151, 152, 153, 154, 155, 156, 157, 158, 159, 160, 161, 163, 165, 166, 191, 203, 204

東インド諸島　154, 177
東チモール　92, 106, 114, 178
東トルキスタン　129
ヒサル hissar, hisar　44, 72, 126
ビザンチン（ビザンチューム，ビザンチオン）　150, 190
ビシャカパトナム　45
ビージャプル王国　40
ビシュケク　127
ビーダル王国　39, 40
ヒッタイト　69
ビハール州　47, 204
ヒマラヤ　36
兵庫　20, 21
ピョンアンナムド（平安南道）　19
ピョンアンブグド（平安北道）　19
ビラ・デ・リキカ　102
ビラドアスルーム　148
ビルマ　91, 114, 178
広島　20, 21
ヒンズー（教，教徒，社会）　41, 50, 51, 57, 58, 142, 170, 172, 173, 176, 179, 180, 182, 185, 191, 192, 204, 205, 213

フ

府（フ，ブウ，）　10, 18, 19, 22
ファイサラバード　46, 49
ファーザーインディア Further India　107
ファーティマ朝　68
ファンヘナムド（黄海南道）　19
ファンヘブグド（黄海北道）　19
フィリピン　93, 99, 106, 107, 109, 111, 113, 114, 115, 158, 177, 178,
180, 181, 190
プウム phum　99
フエ　103
フェニキア　70
フェルガナ　122, 127, 135
福井　20, 21
福岡　20, 21
福島　20, 21
房（ふさ，ぼう，ファン）　10, 148, 151, 157
ブータン　35, 50
フーチエン（福建）　16
仏教　50, 58, 59, 136, 138, 143, 165, 169, 170, 173, 179, 180, 181, 185, 186, 191, 192, 210, 213, 214
プトレマイオス朝エジプト　67
フナン（扶南）　96
フーナン（湖南）　16
プネ　46
プノンペン　103
ブハネシュワル　45
ブハラ　127, 128, 132, 135
ブハラ・ハン　121, 122, 162
フフホト（呼和浩特）　17, 23, 125, 126
フーペイ（湖北）　16
プラティハーラ朝　38
ブラマプトラ川　47
プラム puram　43
フランス領インドシナ　156
ブリヤート（ブリヤートモンゴル）　5, 129, 135, 196
プル pur, プラ pura, ポール pore　41, 42, 52, 84, 97, 100, 101, 107, 109, 112, 140, 141, 145 157, 175,

181, 182, 198, 204, 207
ブルサ 75
プルシャプラ 42
ブルネイ（ネガラブルネイダルサラーム） 92, 97, 106, 111, 155
フレグ・ウルス 68, 120, 121, 162
ブワイフ朝 67

ヘ

平安京 74
ベイルート 75
ヘイロンシャン（黒竜江） 16
ペキン（北京，ベイジン） 12, 14, 16, 139, 151
ベク beg 121, 131, 137, 184
ペグー 97
ペシャワル 42, 46
ベドウィン 79, 85, 188, 193
ペナン 103, 188
ヘブライ王国 68
ベラール王国 40
ペルシア 60, 77, 79, 85, 188, 193, 194, 195
ペルシア語（系） 43, 52, 58, 71, 72, 82, 84, 85, 86, 141, 149, 164, 167, 175, 189, 205
ヘレニズム 81
ベンガジ 75, 78
ベンガル 35, 36, 52
ペンジケント 127

ホ

堡（ほ，ブー，パオ，ボ） 10, 11, 18, 148

舗（ほ，プウ） 10
ホイサラ朝 38
北魏（ほくぎ，ペイウェイ） 9, 29, 118, 138
ホータン（ホタン） 127, 128, 135
ホーチミン 103
渤海（ぼっかい，パルヘ） 8, 118, 120
北海道 20, 21
ポートサイド 75, 78
ホーナン（河南） 16
ボパール 45
ホーピン（和平） 12
ホブド 126
ホーペイ（河北） 16
ホラズム 135
ホラズム・シャー朝 69, 122
ポリス polis 84, 149
ボルネオ 104
ボロブドール 180
ホワイホワ（懐化） 12

マ

マイソール（王国） 40, 45
マウリヤ朝 39, 51
前橋 20, 22
マガダ国 40
マグラビア 66
マジャパイト（王国） 96, 97, 180, 190
マシュハド 74, 78
マシュリク 80
マディーナ madinah，メディーナ medin 72, 83, 84, 149, 151, 175, 190, 206
マドゥライ 45
マドラス 47

マドリード　77
マタラム（王国）　96, 180
松江　21, 22
松山　20, 22
マナスル山　47, 170, 204
マニラ　103, 104, 157, 188, 207
マハーバーラト山脈　36
マムラカ mamlaka　87
マムルーク朝　70
マラケシュ　76
マラータ同盟　40
マラッカ（王国, 市）　96, 97, 104, 111, 155, 180, 188, 207
マラヤ（マレー, マライ）, 系　91, 99, 108, 113, 114, 178, 188
マリーン朝　69
マルタプラ　101
マレーシア　91, 106, 111, 114, 177, 178
マーワラーアンナフル　129, 146, 193
マンガロール　46
満州（まんしゅう）,（東北トンペイ）　23, 125, 126, 132, 146, 185
マンダレー　103

ミ

三重　20, 21
ミスル misr　72, 83, 149, 171, 175, 194, 206
ミスル（ミスル・アラブ）　62, 80, 86
ミーソン　180
ミタンニ　70
水戸　20, 22
南アジア　33, 37, 41, 46, 48, 50,

52,, 53, 54, 110, 139, 140, 141, 145, 167, 168, 169, 170, 173, 174, 176, 177, 178, 181, 183, 185, 186, 187, 191, 204, 212, 215
南マルク　114
宮城　20, 21
宮崎　20, 21
ミャンマー　90, 91, 99, 106, 113, 114, 115, 158, 177, 178, 190
明（ミン）　6

ム

ムアン muang, モン muong, メン meng　97, 98, 99, 107, 108, 113, 181, 182, 198
ムアンサワー　97
ムアンシェントーン　97
ムガール帝国　39, 59, 138, 183
ムクデンホト　23
ムータンチャン（牡丹江）　126
村（むら, そん, ツゥン, ソン thon, スン thun, スォン huon ）　10, 22, 101, 109, 148, 151, 157
ムラービト朝　70
ムレッチャ mleccha　47, 204
ムワッヒド朝　70
ムンバイ（ボンベイ）　45, 47, 170, 204

メ

盟（めい, モン）　11
メジナ　78
メソポタミア　65, 84
メダン　104

メッカ　75, 86, 89
メディア王国　70
面（メン，ミョン）　18, 19

モ

モスル　75, 85
盛岡　20, 22
モルジブ　36
モロッコ　66, 80, 86
門（もん，メン）　11
モンゴル（蒙古）帝国，族，系，高原　5, 32, 116, 118, 121, 123, 125, 126, 133, 134、135, 146, 162, 186, 194, 195, 196, 198, 199、208
モンツィェンホウエイツチシェン（孟村回族自治県）　17

ヤ

ヤータヴァ朝　39
山形　20, 21
山口　20, 21
山梨　20, 21
ヤルカンド　127, 128, 135
ヤールーホト　125
ヤンギヒサル　126
ヤンゴン　103
ヤンチョウ（揚州）　14, 15

ユ

邑（ゆう，ウブ）　19
遊牧地域（地帯 世界，系）　9, 23, 24, 25, 26, 32, 110, 118, 131, 133, 134, 135, 136, 137, 162, 166,

186, 193
ユダヤ教　89
ユーラフリカ(アフロユーラシア)　151, 197
ユンナン（雲南）　16

ヨ

陽（よう，ヤン）　18
横浜　20, 22
ヨルダン（ヨルダン・ハシミテ）　63, 80, 87
ヨーロッパ　30, 82, 84, 111, 149, 191, 215, 217
ヨーロッパ連合（EU）　218
ヨン（永）　12
ヨンカン（永康）　12
ヨンショウ（永寿）　12

ラ

ライプル　45
ラオス　90, 106, 113, 114, 177, 178
ラクナウ　45
ラサ　126
ラジャ raja　100
ラジャスターン　49
ラーシュトラクター朝　38
ラタキア　78
ラテン語　76, 84
ラバド（都市名）　76
ラバド rabad, リバド ribād（接尾辞）　73, 148, 175, 206
ラホール　46
ラワルピンジ　46
ランサン　96, 114, 178

リ

里（り，リ，ty）　18, 19, 101
リィチェアトン（李家屯）　17
李氏朝鮮　4
リスボン　77
律令制　158, 210
リビア（リビア・アラブ）　63, 80, 87, 152
琉球　9, 155
リャオニン（遼寧）　16
リヤド　75
リャンガンド（両江道）　19
梁（りょう，リイアン）　6
涼（りょう，リイアン）　6
遼（りょう，リャオ）　4, 9, 29, 118, 120, 138,
リヨン（和寧）　4

ル

ルアンプラバン　95, 97, 103
ルオヤン（洛陽）　15, 16
ルティアナ　45
ルート　79, 85, 188
ルブアルハリ　79, 85, 188

レ

レバノン　65, 80

ロ

路（ろ，ルゥ）　11
ロシア　30, 130, 146, 147, 194
ロディー朝　39
ローマ　78, 84

ロンドン　174　ロンボク　104
ロンドン　174　ロンボク　104

ワ

倭　8, 27, 31
和歌山　20, 21
ワッハーブ（王国，派）　68, 171
ワン wan, ワ ywa　99, 108, 113, 114, 181

著者略歴

室谷　茂
むろや　しげる

1948年　石川県生まれ
兵庫教育大学大学院博士課程修了
現在　兵庫県立大学，神戸国際大学 非常勤講師
博士（学校教育学）

国名・地名から読み解く
アジアの思想と価値観

2015年3月6日　　初版発行

著　者　室谷　茂
発行者　「神戸地理」研究会
発売元　株式会社　清水書院
　　　　〒102－0072
　　　　東京都千代田区飯田橋3－11－6
　　　　☎　03（5213）7151　（代）
　　　　FAX 03（5213）7160
　　　　http://www.shimizushoin.co.jp
　　　　振替口座　00130-3-5283
印刷所　広研印刷株式会社

ISBN 978-4-389-22572-8